Alexandra Sorgenicht

Intuitio[illegible]

GOLDMANN

Alexandra Sorgenicht

INTUITION

Wie du die Stimme deiner Seele stärkst und für ein selbstbestimmtes und freies Leben nutzt

Mit Illustrationen von Brian Storm

GOLDMANN

3. Auflage
Deutsche Erstausgabe April 2024

Wilhelm Goldmann Verlag, München,
in der Penguin Random House Verlagsgruppe GmbH,
Neumarkter Straße 28, 81673 München
produktsicherheit@penguinrandomhouse.de
(Vorstehende Angaben sind zugleich Pflichtinformationen nach GPSR)

Umschlag: Uno Werbeagentur, München
Umschlagmotiv: © FinePic®
Redaktion: Anke Schenker
Satz: Satzwerk Huber, Germering
Druck und Bindung: GGP Media GmbH, Pößneck
Printed in Germany
LG · CB
ISBN 978-3-442-22380-0

»Vernunft, du wirst immer halb blind sein.«
– Marguerite Porete, *Der Spiegel der einfachen Seelen*, circa 1308

INHALT

HALLO!

Ich freue mich, dass du dieses Buch aufgeschlagen hast, denn das heißt, dass du dich für deine Seele interessierst. Umgekehrt interessiert sich deine Seele ganz sicher für dich, denn du hast dieses Buch gefunden! Wenn du die Kommunikation mit deiner Seele erst mal in dein Leben integriert hast, wirst du dich verblüfft fragen, wie du eigentlich so lange ohne sie ausgekommen bist.

Ich mache mich in diesem Buch in gewisser Weise nackt bis auf meine Seele. Ich tue das, weil Intuitionstraining generell nicht über Theorie funktioniert, sondern nur über Erfahrung. Und weil ich Verletzbarkeit und Transparenz für die wesentlichen Faktoren menschlicher Entwicklung und Verbindung halte. Außer meinen Einsichten und meinem Wissen zu den Themen Intuition und Menschwerdung gebe ich hier deshalb auch Geschichten aus meinem Leben und dem anderer Menschen weiter, die ich dabei begleitet habe, ihre Intuition wiederzuentdecken. Diese Geschichten sind sehr persönlich. Sie sind manchmal schmerzhaft und traurig, manchmal einfach berührend. Immer sind es Heldenreisen, die ganz individuelle Wege aus Verletzung, Trauma, Angst und Unsicherheit in ein erfülltes, intuitives Leben beschreiben.

»Seele leben«, das ist kein Schlagwort, das ist die alltägliche Realität eines intuitiven Menschen. Es beeindruckt mich immer wieder aufs Neue, was über die Integration der Intuition möglich wird. Vor zwanzig Jahren hätte ich niemals gedacht, dass ich ein Leben führen kann, wie ich es heute führe, und ich bin unendlich dankbar dafür. Was ich noch weniger für möglich gehalten hätte, ist, wie viele Menschen ich dabei unterstützen durfte, nach und nach alte Wunden zu heilen, damit sie heute erfüllt – im Wortsinne beseelt – leben können. Eigentlich ein Wunder, aber keins, das vom Himmel fällt, sondern eines, für das man selbst aktiv, über tägliche Praxis, etwas tun kann.

Kein Buch der Welt kann ein mehrjähriges Training ersetzen. Darum geht es mir auch nicht. Ich habe dieses Buch geschrieben, weil mir am Herzen liegt, dass alle Menschen, die sich entwickeln wollen, die heilen wollen, die letztlich werden wollen, wer sie sind, sich erinnern können, dass sie den Schlüssel zu ihrer ganz eigenen Reise bereits in sich tragen. Und schon beim Lesen machst du den ersten Schritt in dein intuitives Leben – ganz von selbst. Die zahlreichen Übungen, die ich in dieses Buch integriert habe, werden dich zusätzlich auf deinem Weg in dein intuitives Leben unterstützen.

Deine Intuition ist die Brücke zwischen deinem irdischen und deinem transzendenten Sein. Ich bin der Überzeugung, dass jeder Mensch ein spiritueller Mensch ist - auf die ureigene Weise. Gleichzeitig ist es aktuell für viele Menschen nicht leicht, die für sie richtigen Räume dafür zu finden. Die etablierten Religionen verlieren zunehmend an Mitgliedern. Aktuell sind die Menschen mit Religionszugehörigkeit in Deutschland in der Minderheit, aber das ist noch nicht sehr lange so. Der skandalöse Machtmissbrauch, nicht nur in den großen Kirchen, und der noch skandalösere Umgang durch Macht- und Verantwortungsinhaber, die Transparenz und Aufklärung verlangsamen oder sogar blockieren, ist sicher einer der wesentlichen Gründe, warum viele Menschen enttäuscht sind und sich abwenden.

Die Alternative zu den etablierten Religionen, die spirituell angemalte »Glücksindustrie«, ist in großen Teilen vor allem ein hervorragend funktionierendes Geschäftsmodell, das Menschen die Illusion verkauft, sie könnten über magische Abkürzungen glücklich werden, ohne wirklich an sich arbeiten zu müssen.

Zwischen beidem – der über Machtstrukturen funktionierenden Kirche einerseits und der »Hokus-Pokus-Fidibus-alles-ist-Licht-und-Liebe-Spiritualität« andererseits – existiert noch weitgehend eine Leerstelle. Wenn wir in der Situation, in der wir uns als Menschheit aktuell befinden, Bewusstsein für unsere Rolle erschaffen und Verantwortung für unseren Platz in der Welt übernehmen wollen, müssen wir diese Leerstelle mit Wissen, Bewusstsein und Methodik füllen. Diese Zeit fordert von uns Menschen, spirituell zu reifen und erwachsen zu werden.

Klingt herausfordernd? Ist es auch. Wie jede Heldinnenreise ist auch das Abenteuer des intuitiven Lebens nicht immer leicht. Aber obwohl es ein lebenslanger Weg ist, ist jeder einzelne Schritt hin zu dir selbst unendlich wertvoll. Deine Intuition ist die Stimme deiner Seele. Sie weiß, dass du nicht bist, was dir widerfahren ist. Sie weiß, wer du bist und was du kannst. Und sie kennt deinen Weg. Folge ihr.

EINFÜHRUNG – DAS IST DOCH ALLES EINBILDUNG

Ich gab mein Bestes, die große Tüte mit Wäsche zu tragen, ohne dass etwas herausfiel. Wir wohnten in einem großen Mietshaus in einer Stadt im Ruhrgebiet. Der Flur war dunkel, und der Geruch nach abgestandenem Essen und gewohnheitsmäßiger Enttäuschung ließ ihn noch enger wirken, als er ohnehin schon war. Vor unserer Wohnungstür angekommen, spürte ich plötzlich die grellrote Energie meiner Mutter im Rücken. Ich konnte gerade noch die Wäschetüte absetzen und mich ducken. Die Faust traf mich so nur an der Schulter und nicht, wie sonst, in der Nierengegend. »Du blöde Kuh! Du hast den Schlüssel vergessen! Was machen wir jetzt? Ich muss arbeiten!«, schrie sie mich an. Ich war fünf Jahre alt.

Fünfzig Jahre später nehme ich die gefährliche grellrote Energie, die ich früh durch meine Mutter kennenlernte, immer noch häufig wahr. Im Supermarkt, im Zug, in Zoom-Räumen und besonders in den sozialen Medien – sie ist wirklich nicht selten. Häufiger noch sehe ich ihre Vorbotin, eine dunkellila oder auberginefarbene Ausstülpung, die über der grellroten Energie liegt. Unkontrollierte Aggression und der Versuch, diese, aus Angst vor sozialer Sanktion, zu kontrollieren.

Für mich sind diese Zustände oder Energien nicht nur fühlbar, ich kann sie auch »sehen«. Als Kind war ich täglich von dieser Energie umgeben, sie war oftmals lebensgefährlich für mich. Ich überlebte. Und zwar sicherlich auch deswegen, weil ich vorhersehen konnte, wann der Ausbruch von Dunkellila zu Grellrot unmittelbar bevorstand. Vor allem aber überlebte ich, weil ich wusste, dass die gewaltvolle und missbräuchliche Zeit meiner Kindheit nicht andauern würde. Denn ich konnte viel mehr sehen als nur die Gefahr, die von meiner Mutter ausging. Ich sah die Schönheit in den Seelen vieler

Menschen und auch in meiner Seele. Dadurch wusste ich, dass die vernichtenden Beschimpfungen und Abwertungen, die ich mir zu Hause anhören musste, keine Wahrheit in sich trugen. Intuitiv wusste ich, dass ich wertvoll war und dass mein Leben wertvoll war.

In den dunkelsten Stunden meiner Kindheit und Jugend, in denen ich Gewalt und Missbrauch ertragen musste, habe ich meinen Körper verlassen und mich auf die Seelenebene konzentriert. Diese Ebene war und ist für mich ein Ort im Kosmos, an dem ich reine Energie bin und reine Energie wahrnehme. An diesem Ort bin ich frei und erfahre gleichzeitig eine erfüllende Verbundenheit mit allem, was ist. In meiner Kindheit und Jugend gab mir dieser Ort vor allem Sicherheit und Schönheit. Dort war es immer hell, ruhig, liebevoll und sicher. Ich hatte kein Zuhause und keine Eltern im eigentlichen Sinne, und so wurde die Seelenebene mein Zuhause.

Als kleines Kind hinterfragte ich natürlich nicht, was ich sah, es war ganz natürlich für mich. Ich konnte Farben um Menschen herum sehen; wusste genau, wie sie sich fühlen; sah, was sie gerne verbergen wollten, wo sie physische Schmerzen hatten, und hatte klare Ahnungen, wenn sich jemandes Leben dem Ende näherte. Mit Tieren zu kommunizieren war leicht für mich, und ich nahm allerlei Wesenheiten wahr, die andere nicht wahrnahmen. Manchmal erschienen mir diese Wesenheiten im Traum, oft unterhielt ich mich mit ihnen, bevor ich einschlief, und sie schenkten mir immer Trost und Gewissheit.

Als Kind wusste ich nicht, dass diese Wahrnehmungen intuitive Wahrnehmungen waren, und ich machte mir auch keine Gedanken darüber. Ein Therapeut hat mich einmal als Polarblume bezeichnet: »Es gibt Menschen, die erblühen, obwohl sie in extrem lebensfeindlicher Umgebung aufgewachsen sind. Wir wissen noch nicht, warum das so ist, aber wir wissen: Sie sind selten, aber es gibt sie. Polarblumen nenne ich Menschen wie Sie.«

Vielleicht war oder bin ich eine Polarblume. Ich mag das Bild, auch wenn ich mich mittlerweile eher als eine der bunten Blumen auf der Wildblumenwiese meines Lebens sehe. Warum ich trotz mehr als schlechter Startbedingungen »erblüht« bin, weiß ich ziemlich genau: weil ich den Zugang zur Stimme meiner Seele, zu meiner Intuition, nie verloren habe. Ich weiß nicht, wie oft ich mir in meinem Leben den Satz »Das bildest du dir bloß ein« anhören musste, wenn ich meine intuitiven Wahrnehmungen verbalisiert habe. Unzählige Male. Nicht umsonst kämpfen die meisten Teilnehmerinnen des Intuitionstrainings Monate, wenn nicht sogar Jahre mit der Unsicherheit, sich alles, was sie wahrnehmen, nur einzubilden.

Letztlich ist das vernichtende Urteil »Das bildest du dir bloß ein« Ausdruck von Unsicherheit und Unvermögen einem Raum gegenüber, von dem wir alle wissen, dass er existiert und einen großen Einfluss hat – bei gleichzeitigem Wissen, dass wir nicht die geringste Ahnung haben, wer wir in diesem Raum sind und wie wir uns darin verhalten können und sollen. Aber eins ist sicher: Wir können uns daran erinnern, wie es ist ein intuitives Leben zu führen!

1
Ich hab's dir doch gleich gesagt! Schöne Grüße, deine Intuition

»Der intuitive Geist ist ein heiliges Geschenk und der rationale Geist ein treuer Diener. Wir haben eine Gesellschaft erschaffen, die den Diener ehrt und das Geschenk vergessen hat.«

– Albert Einstein

INTUITION – WAS IST DAS EIGENTLICH?

Wir wissen alle ganz genau, dass es eine Ebene in uns gibt, die glasklar weiß und wahrnimmt – und die sich dem Verstand entzieht. Wir wissen das, weil wir es alle schon in der einen oder anderen Weise erfahren haben. Diese Erfahrung war beglückend oder womöglich eher unangenehm: Wir hatten bei einer wichtigen Entscheidung ein »unbestimmtes Gefühl« oder eine »Ahnung«, die der Vernunft entgegenstand. Wir haben versucht, alles richtig zu machen, haben die »innere Stimme« ignoriert, wollten »vernünftige« Entscheidungen treffen – und haben das Ergebnis bereut. »Ich hab's doch gewusst!«, so reagieren wir dann häufig, ärgern uns über uns selbst, nehmen uns vor, es beim nächsten Mal »besser« zu machen. Und haben nicht die geringste Ahnung, wie das eigentlich geht: »es besser machen«. Denn die meisten Menschen wissen überhaupt nicht, wie sie der Intuition folgen sollen.

Übung: Reflektiere eine intuitive Erfahrung

Nimm dir einen Moment, um eine intuitive Erfahrung zu reflektieren. Wann hast du das letzte Mal gedacht: »Ich hab's doch gewusst!«? Was genau hast du gewusst? Wie hat sich dieses Wissen geäußert? Warum hast du nicht darauf gehört? War es eine »innere Stimme«? Eine, die dein Wissen angezweifelt hat? Was war dies für ein Gedanke? Kennst du den Gedanken? Hast du ihn häufiger? In welchen Situationen taucht er auf? Kannst du den Gedanken oder die »Zweifel-Stimme« jemandem oder einer Zeit in deinem Leben zuordnen? Was ist geschehen, weil du nicht auf dein inneres Wissen gehört hast? Was hätte geschehen können, wenn du darauf gehört hättest? Überlege, in welchen Situationen es sich lohnen könnte, dir die Grundlage deiner Entscheidungen bewusster zu machen. Räume dafür in den nächsten Wochen und Monaten immer ein kleines zusätzliches Zeitfenster ein, bevor du entscheidest.

Unsere Intuition weiß Dinge, die wir rational betrachtet, nicht wissen »können«. Kinder vertrauen ihrer intuitiven Wahrnehmung – bis sie es verlernen.

DER INTUITION ZU FOLGEN IST KINDERLEICHT … FÜR KINDER

Für Kinder ist es völlig normal, Dinge zu »sehen« und »zu wissen«, die nicht der Ratio entspringen. Sie sehen Farben, die um einen Menschen herum sind; wissen, dass das Haustier oder die Oma bald sterben wird; und ihnen ist klar, dass der Onkel lügt. Kinder haben einen unverstellten Zugang zu ihrer Intuition und zu ihrer Fähigkeit, Energien wahrzunehmen. Und sie vertrauen sich. Sie vertrauen sich selbst so lange, bis sie immer wieder negatives Feedback für den selbstverständlichen Ausdruck ihrer intuitiven Wahrnehmung bekommen. Neben »Das bildest du dir nur ein« kann die Abwehr auch stärker ausfallen, von »Sei nicht so unverschämt« bis zu »Du bist böse! So etwas sagt man nicht«.

Selbst wenn abwehrende Reaktionen auf ihre intuitiven Wahrnehmungen und deren Ausdruck nicht ausgesprochen werden, sondern nonverbal erfolgen, spüren Kinder das mehr oder weniger ausgeprägte Unbehagen der Erwachsenen genau. Sie nehmen feinfühlig wahr, was erwünschtes und was unerwünschtes Verhalten ist, und passen sich an. Sie verlernen die präzise Wahrnehmung ihrer Intuition und vertrauen ihrer intuitiven Wahrnehmung irgendwann gar nicht mehr.

Fallbeispiel: Greta, 3. Klasse

Eine der Trainerinnen, die ich ausgebildet habe, ist Doro L. Sie ist Grundschullehrerin und integriert das Intuitionstraining in ihre Begleitung der Kinder. Doro erzählt uns ihre Geschichte von Greta, 3. Klasse:

»Ich kann viele Beispiele von Begebenheiten erzählen, in denen das Intuitionstraining es mir ermöglicht hat und aktuell ermöglicht, Schulkinder schnell und wertfrei zu begleiten. Für mich ist das intuitive Wahrnehmen, also das Sehen von Energien, ein wichtiges Tool im Umgang mit den Kindern geworden, auf das ich nicht mehr verzichten möchte. Ich erkenne schnell, worum es im Kern geht, was ein Kind braucht und biete einen freien Raum, in dem jeder und jede so sein kann, wie er/sie ist. Die Kinder fühlen sich gesehen, und das ist unendlich wertvoll für eine organische Entwicklung.

Eine der vielen Geschichten, die ich über kindliche Intuition erzählen kann, ist die von Greta. Sie war in einer dritten Klasse meiner Schule und hatte unkontrollierbare Wutausbrüche. Keiner ihrer Lehrer konnte Greta beruhigen. Sie schmiss mit Stühlen durch die Klasse und ging letztlich sogar so weit, mit einer Schere zu drohen. Eines Tages holte mich der Lehrer in Gretas Klasse, weil er die Situation nicht lösen konnte.

Als ich in die Klasse kam, robbte Greta über den Boden und schrie wie am Spieß. Als ich auf sie zuging, versteckte sie sich hinter einem Stuhl. Ich setzte mich zu ihr auf den Boden und sprach beruhigend auf sie ein. Immer wieder sagte ich ihr, dass es in Ordnung sei, dass sie wütend ist. Ich sagte ihr, dass sie wütend sein darf und dass ich ganz genau wüsste, dass sie einen richtig guten Grund hat, so wütend zu sein. Schließlich bekam ich sie dazu, mir in mein Büro zu folgen. Sie robbte den ganzen Weg über den Flur. In meinem Büro angekommen, war sie sehr aus der Puste, aber durch die körperliche Anstrengung deutlich ruhiger.

Ich erlaubte ihr, wütend zu sein und ihre Wut auch auszudrücken, unter der einzigen Bedingung, dass sie weder sich noch mich verletze. Sie haute noch ein wenig auf meinem Schreibtisch rum, aber nicht mehr wirklich mit Kraft.

Ich wusste, dass ihre Mutter sterbenskrank war, und fragte sie, ob sie wütend sei, weil ihre Mutter krank ist. Sofort fing sie wieder an zu schreien, schnappte sich einen Kuli von meinem Schreibtisch und warf ihn gegen die Wand. Weinend und verzweifelt schrie sie: ›Sie lügen mich an! Sie sagen mir, die Mama würde wieder gesund! Dabei weiß ich doch, dass sie stirbt!‹

Ich war sehr betroffen und fragte Greta, ob ich sie in den Arm nehmen dürfe. Sie stimmte zu. Ich sagte ihr, dass ich es gut verstehen würde und mir vorstellen könne, wie furchtbar schwer es sein muss, das Wissen zu haben, dass die Mama stirbt, aber nicht darüber sprechen zu dürfen. Ich sagte ihr auch, dass ich mir vorstelle, dass sie sehr einsam sei und dass es sehr schwer ist, was sie trägt, viel zu schwer für ein Kind.

Sie weinte lange haltlos in meinen Armen, aber irgendwann beruhigte sie sich. Zwei Jahre war Greta allein gewesen mit ihrem Wissen, ihrer Angst, ihrem Schmerz. Sie hatte Schlafstörungen und Wutausbrüche entwickelt – was mich überhaupt nicht mehr wunderte.

Leider konnte ich bei Gretas Familie keine Veränderung bewirken. Die Überzeugung, dass man ›das Kind schützen müsse‹ und dies

> nur durch Nicht-Besprechen der wirklichen Situation erreichen könne, blieb auch dann noch bestehen, als ich sagte, dass sie es bereits wüsste. Die Familie sagte mir in dem Gespräch auch, die Prognose sei, dass die Mutter von Greta noch ein- bis eineinhalb Jahre zu leben habe. Intuitiv wusste ich, dass es sich leider nur noch um ein paar Wochen handeln würde.
> In dieser Zeit holte ich Greta immer wieder zu mir, sprach mit ihr und nahm sie in den Arm. Sie war weiterhin sehr traurig und einsam, aber immerhin konnte sie wieder schlafen, und die Wutausbrüche ließen nach.
> Eines Nachts wurde ich mit einem furchtbaren Schmerz in meiner Brust wach, es fühlte sich an, als hätte man mir das Herz herausgerissen. Ich spürte Greta nahe bei mir, und ich wusste, dass ihre Mutter in der Nacht gestorben war. Zu Gretas Klassenlehrer sagte ich an dem Morgen, dass es gut sein könne, dass Greta heute nicht käme, weil ihre Mutter gestorben sei. So war es auch.«

Gretas Beispiel zeigt auf bestürzende Weise, wie klar Kinder wissen, was wahr und was unwahr ist, und wie quälend es sein kann, wenn dieses Wissen ignoriert wird.

Als Kinder passen wir uns dem an, wofür wir positive Bestätigung bekommen, und wir unterdrücken das, worauf wir negatives Feedback bekommen. Negatives Feedback kann sein: offene Abwertung wie Auslachen oder Schimpfen oder – subtiler, aber keineswegs weniger vernichtend – das Abwenden der Bezugsperson, Liebesentzug oder das Ignorieren einer Äußerung. Natürlich kann es auch Bestrafung oder sogar physische Gewalt sein, das ist für eine gelungene Unterdrückung der Intuition aber gar nicht notwendig.

Auf diese Weise, aufgrund von Ablehnung und/oder Strafe, haben die meisten von uns sehr früh gelernt, dass unsere Intuition nicht in Ordnung ist. Dementsprechend haben wir sie immer weiter unterdrückt. Sie ist nicht »weg«, denn das ist gar nicht möglich, wir können unsere Intuition genauso wenig zerstören wie unsere Kognition.

Aber, sie bleibt meistens im Vorbewussten – und so konnte sie nie reifen. Wir konnten sie nicht mitnehmen in unseren Prozess des Erwachsenwerdens und der Identitätsfindung und haben sie für unsere Lebensgestaltung dementsprechend gar nicht, oder nur unzuverlässig, zur Verfügung.

Wir verzichten in unserer Gesellschaft komplett auf die Intuition, die eine wesentliche Säule für unsere freie und selbstbestimmte Lebensgestaltung ist. Und so treffen wir immer wieder unstimmige Entscheidungen, im Kleinen und Privaten genauso wie im Großen und Politischen – obwohl wir es doch eigentlich besser wissen müssten.

MISSVERSTÄNDNISSE

Das Phänomen Intuition umfasst einen komplexen Bereich des menschlichen Seins. Die Art und Weise, wie man sie im Allgemeinen und wissenschaftlich versteht, wird dieser essenziellen menschlichen Fähigkeit nicht gerecht.

Im deutschen Sprachraum wird Intuition oftmals mit »Bauchgefühl« übersetzt – wir entscheiden »aus dem Bauch heraus«, haben in Bezug auf einen Menschen oder eine Situation »ein komisches Gefühl im Bauch« oder haben bei einer Entscheidung »Bauchschmerzen«. Das so verstandene »Bauchgefühl« ist eine nicht greifbare Größe und unberechenbar. Es ist faktisch so, dass uns jemand oder etwas »Bauchschmerzen« machen kann, unser Körper also auf eine Wahrnehmung reagiert. Dass eine Körperreaktion ausgelöst wird, die wir im Bauch fühlen können, kann aber ganz verschiedene Ursachen haben. Es kann ein Geruch sein, der uns an etwas erinnert. Eine fremde Stimme kann der Stimme einer Person gleichen, die wir lieben. Es kann auch sein, dass wir einfach wissen, dass uns jemand mit etwas konfrontieren möchte, mit dem wir uns nicht auseinandersetzen wollen. Auch eine Projektion auf eine Person kann etwas im Bauch auslösen, nämlich die sprichwörtlichen »Schmetterlinge«.

Das Bauchgefühl, wie es allgemein beschrieben wird, ist etwas sehr Schwammiges. Manchmal ist es da, manchmal nicht. Es ist nicht klar definiert, und eigentlich versteht darunter jeder, was er will, und manchmal sogar das, was gerade am besten in die Erzählung passt. Nicht selten muss das »Bauchgefühl« als nicht hinterfragbare Begründung für Entscheidungen oder Verhalten herhalten, wenn sich jemand nicht tiefer auseinandersetzen oder generell nicht verantworten möchte.

Übung: Unterschiedliche Erfahrungen bewusst machen

Bestimmt hast du schon die Erfahrung gemacht, dass das, was du für dein »Bauchgefühl« hältst, goldrichtig war – und auch die gegenteilige Erfahrung: dass es dich in die Wüste geschickt hat. Weißt du, warum es das eine Mal richtig war und das andere Mal falsch?

Nimm dir einen Moment, zu reflektieren und aufzuschreiben, wie die Situation war und worum es ging, als du das »falsche Bauchgefühl« hattest. Überprüfe für dich, ob es wirklich das war, was du als Bauchgefühl verstehst – oder war vielleicht womöglich doch etwas Wunsch oder Egowille dabei? Wenn Letzteres der Fall war, wie kannst du »richtiges Bauchgefühl« und »Wunschkonzert« unterscheiden? Mach dir eine Notiz dazu, damit du beim nächsten Mal bewusster entscheiden kannst.

In der Wissenschaft wird Intuition als »Wissen, das auf Erfahrung beruht«, »Erfahrungswissen« oder »gefühltes Wissen« beschrieben, auch als dem »unbewussten Denken« entspringend. Weil die Intuition in der wissenschaftlichen Interpretation den Erfahrungen und den Gefühlen zugeordnet wird, vermutet man, sie entspränge dem limbischen System, also dem Bereich im Gehirn, der für das Verarbeiten, Einordnen und Erinnern (Abrufen) von Gefühlserfahrungen zuständig ist. Erfahrungen sind eine wertvolle Quelle für unsere Entwicklung. Wesentlicher als die reine Erfahrung ist aber immer, was wir aus ihr machen, das heißt, wie wir die Erfahrung einordnen und verarbeiten.

Ein simples Beispiel: Wenn du schlechte Erfahrungen mit Hunden gemacht hast, wird dir dein Erfahrungswissen bei der Begegnung mit einem Hund »sagen«, dass du unbedingt vorsichtig sein musst. Du verkrampfst dich. Und wenn der Hund, auf den du triffst, auch unsicher ist, machst du sehr wahrscheinlich eine weitere verunsichernde Erfahrung, die du in deinem »Erfahrungswissen« abspeicherst. Du machst dann in Bezug auf Hunde mehr und mehr Erfahrungen, die unangenehme Gefühle erzeugen oder aktivieren, und glaubst womöglich schließlich, diese Gefühle und diese Erfahrungen wären die Wahrheit. Dann wäre in diesem Fall die Wahrheit: »Hunde sind gefährlich.« Das ist natürlich, so pauschal behauptet, nicht wahr. Weil du es aber, womöglich vorbewusst, für die Wahrheit hältst, hast du gar keine Wahl mehr. Vielleicht begründest du es irgendwie rational, aber die Wahrheit deines Erfahrungswissens wird sein: Das Leben mit Hunden kommt für dich nicht infrage.

Das ist ein einfaches Beispiel für einen komplexen Wirkmechanismus, der sich außer auf Angst vor Hunden auf alle Lebensbereiche bezieht, auch auf etwas so Wesentliches wie dein Selbstbild (wer bin ich, was will ich, was kann ich?) und auch dein Partnerbild (wer tut mir gut?). Du kannst dir sicher leicht vorstellen, wie negative Erfahrungen deine Perspektive auf deine Möglichkeiten im Leben einschränken, wenn du das aus diesen Erfahrungen gewonnene Wissen nicht hinterfragst.

»Erfahrungswissen« als Definition für die Intuition ist also sehr ungenau, denn das Phänomen beschreibt schlicht die Summe der Erfahrungen, nicht das Ergebnis deiner Arbeit mit deinen Erfahrungen. Die wenigsten von uns haben alle gemachten Erfahrungen, gute wie schlechte, verarbeitet und sinnstiftend als zuverlässige Quelle von Wissen eingeordnet. Beide Betrachtungsweisen sind nur Annäherungen, sie werden dem, was die Intuition wirklich ist und was sie für den Menschen bedeutet oder bedeuten kann, nicht gerecht. Die tatsächliche Quelle, der Ursprung der Intuition, ist in beiden Definitionen ausgespart.

Für mich war meine Intuition im Wortsinn lebensrettend. Ich entwickelte viele Strategien, um den Druck der erfahrenen Traumata zu kompensieren. Alkohol und Drogen waren seit meinem zwölften Lebensjahr eine wichtige Säule für mich. In den ersten zwei Jahrzehnten meines Lebens ging es ums nackte Überleben, und die Strategien, die ich zur Verfügung hatte, waren lebensgefährlich. Dass ich heute hier bin und dieses Buch schreiben kann, verdanke ich nur meiner Intuition.

Ich stand da und blickte durch die bunten Lichter auf die wogende Tanzfläche. »I've got the Power!«, hörte ich – und glaubte ich. Diese Diskothek, in der ich arbeitete, in der ich gelernt hatte, fast jeden unter den Tisch zu trinken und Betrunkene in den frühen Morgenstunden aus den Toiletten die enge Treppe nach oben ans Tageslicht zu schleppen, diese Diskothek war mein Space, mein Refugium. Ich war die Queen des Abends – davon war ich überzeugt.

Es war das dritte Mal, dass mir die Freundin, die auch Dealerin war, eine Line von dieser chemischen Droge spendiert hatte, und ich fühlte mich fantastisch. Ich war die Coolste und Schlauste. Die anderen waren mir egal. Was sie über mich dachten, war mir egal. Der Selbstzweifel, der Selbsthass – wie weggeblasen. Ich war einfach die Größte und mein Leben über jeden und alles erhaben.

Plötzlich war sie da, lauter und eindringlicher als der Oneliner von Snap: »Wenn du das noch einmal machst, wird dein Leben vorbei sein. Dann wird es kein Zurück mehr geben, du wirst drogenabhängig und früh sterben.« Auch wenn ich die Quelle der Stimme damals noch nicht einordnen konnte, wusste ich, es war die Wahrheit. Ich ging nach Hause und nahm seitdem nie wieder chemische Drogen.

So eindringlich wie an dem Abend hatte ich die Stimme vorher nie wahrgenommen, auch jetzt, gut dreißig Jahre später, kann ich die Intensität dieses Moments noch fühlen. Es gab zum damaligen

Zeitpunkt keine Kompetenz in meiner Persönlichkeitsstruktur, die diese Klarheit und Entschiedenheit hätte hervorbringen können, geschweige denn die Konsequenz, diese Entscheidung auch durchzuhalten. Ich konnte keinerlei Grenzen setzen, kannte meinen Wert nicht und konnte mich selbst vor nichts und niemandem schützen – am wenigsten vor mir selbst. Es war nicht das Alltags-Ich, nicht »Alexandra«, die mich beschützte. Mein »Ich« hätte es gar nicht gekonnt. Es war meine Intuition.

DIE INTUITION IST DIE STIMME DER SEELE

Auch wenn für viele Menschen nicht ganz klar ist, was sie unter »Seele« eigentlich verstehen, wird der Begriff häufig verwendet und im Laienverständnis auch manchmal mit der Psyche gleichgesetzt. So beschreiben wir mit dem »seelischen Befinden« unsere Gefühlslage. Etwas »liegt mir auf der Seele«; wir reden uns etwas »von der Seele«; jemand spricht uns »aus der Seele«; wir haben uns schon mal »die Seele aus dem Leib« geschuftet; wenn man sich nahe ist, ist man »ein Herz und eine Seele«; ein leckeres Mahl hält »Leib und Seele« zusammen.

Ich unterscheide zwischen Psyche und Seele dahingehend, dass die Psyche den Komplex menschlicher Kompetenz enthält, der mit unserer Persönlichkeit, also unserem irdischen Dasein, zu tun hat. Im Unterschied dazu umfasst die Seele den Komplex unseres transzendenten Seins.

Deine Seele ist unsterblich. Sie ist in der Essenz unveränderlich und gleichzeitig ist sie kontinuierlich lernend. Deine Seele ist die Quelle, aus der sich deine genuinen Sehnsüchte speisen; sie ist die Quelle, aus der das Wissen stammt, wer du eigentlich bist, wie du dein Leben gestalten möchtest, welche Wege für dich die richtigen sind – und welche nicht. Deine Seele ist die Quelle, aus der die großen Fragen nach dem Sinn deines Lebens entspringen. Und sie ist auch die Quelle der Antworten auf diese Fragen.

Die Seele, wie ich sie verstehe, hat nichts mit Gefühlslagen zu tun, auch wenn sie Gefühle erzeugen kann. Die Seele ist lebendige Energie, unendlich, einzigartig und in kontinuierlicher Weiterentwicklung befindlich. Deine Seele kommuniziert über Energie, meistens in Bildern, aber durchaus auch über intuitives Wissen, Fühlen, über Träume, über Geräusche und manchmal sogar über Gerüche – sie kommuniziert über alle deine Sinne, insbesondere aber über deinen sechsten Sinn: die Intuition.

Deine Intuition ist die Verbindung zwischen deinem irdischen und deinem transzendenten Sein. Sie ist deine Fähigkeit, dich im Kosmos zwischen Seele (göttliches Bewusstsein), Geist (Verstandesbewusstsein) und Körper (Gefühlswahrnehmung, Körperbewusstsein) zu bewegen. Deine Intuition kommuniziert die Botschaften deiner Seele an dein irdisches Ich. Kurz gesagt ist deine Intuition die Fähigkeit, deiner Seele zuzuhören, ihre Sprache zu verstehen und ihre Botschaften anzunehmen.

Deine Seele hat sehr viele Kompetenzen und ein enormes Wissensreservoir. Sie ist bar jeder Persönlichkeit, sie ist sozusagen die Reinform von dir.

In unserer Persönlichkeitsentwicklung bleibt es nicht aus, dass wir bestimmte Anteile unseres Seelenwissens ausblenden. Das ist per se auch nicht problematisch, denn auf der Ebene existiert eine ungeheure Komplexität, die wir in einem Menschenleben weder ausdrücken können noch müssen. Problematisch wird es, wenn wir unsere Reinform unterdrücken, weil sie nicht in die Normen der Systeme passt, in denen wir leben. Wir passen uns an die Glaubenssysteme an, in denen wir aufwachsen. Familie, Religion, Schule, Gesellschaft, alle diese Systeme haben Regeln dafür aufgestellt, was »richtig« und was »falsch« ist – und wir hinterfragen diese Bewertungen und Regeln oftmals erst, wenn sie für uns persönlich Leidensdruck erzeugen.

Fallbeispiel: Klaus, 9 Jahre

Wie viel menschliches Potenzial durch diese Bewertungen verhindert werden kann, erzählt Doro in ihrer Geschichte von Klaus:

»Ich erinnere mich noch genau daran, wie ich Klaus kennenlernte. Er war neun Jahre alt, als er neu in die dritte Klasse meiner Schule kam. Er wusste vor allem sehr genau über seine Schwächen Bescheid. ›Ich bin Klaus und ich habe eine LRS (Lese-Rechtschreib-Schwäche), aber Mathe finde ich ganz okay.‹ So begrüßte er mich. Ich nahm intuitiv wahr, dass er in den ersten beiden Schuljahren viele negative Erfahrungen in einem Schulsystem mit starren Strukturen gemacht hatte und außerdem durch die Diagnose vor allem darauf festgelegt war, was er alles nicht kann. Er war sehr selbstkritisch und defizitorientiert.

In den kommenden Wochen lernte ich einen Schüler kennen, der außerhalb der schulischen Bewertung sehr lebhaft, aufgeweckt und zufrieden war. Sobald es aber um Lerninhalte und deren Bewertung ging, zeigte er große Unsicherheiten und machte sich oft kleiner, als er war. Vor allem bei Lese- und Schreibübungen zögerte er, was einerseits selbstverständlich eine Berechtigung hatte, andererseits nahm ich immer eine Art gezogene Handbremse wahr, die es ihm viel schwerer machte, als es tatsächlich für ihn hätte sein müssen.

Es war sonnenklar, dass er sich und seinen Beitrag als weniger wertvoll ansah als die anderen Kinder und ihre Beiträge. Ich fand es sehr schmerzhaft, ihn so gedeckelt zu erleben, und nahm mir vor, ihn in seiner ganz einzigartigen Seinsweise zu stärken. Über eine Visualisierung lud ich ihn ein, eine Wesenheit zu finden, die ihn in seiner ganz einzigartigen Schönheit unterstützte. Ein Symbol für seine Lern- und Schaffensfreude. Er sah ein kleines, mutiges Zebra, das keine schwarzen Längsstreifen, sondern grüne Querstreifen hatte. Grün war Klaus' Lieblingsfarbe.

Immer wenn er unsicher wurde, sich kleinmachte und in den ›Ich kann nicht, was die anderen Kinder können‹-Modus verfiel, erinnerte ich ihn an das Zebra. Zu Beginn musste ich es mehrmals am Tag sagen: ›Klaus, schau mal, da ist dein Zebra, kannst du es auch sehen?‹ Nach und nach sagten wir immer öfter beide gleichzeitig: ›Zebra‹, wenn er es brauchte, und schließlich lächelten wir uns nur noch wissend an. So zeigte ich ihm Tag für Tag, wie viel er kann und wie viel er wert ist – in seiner ganz eigenen Weise.

Eine Begebenheit mit Klaus ist mir besonders in Erinnerung geblieben. Während unserer jährlichen Weihnachtsgedichte-Werkstatt kam er zu mir und fragte, wie man Schnee schreibt. Die Art und Weise dieser Frage war ein Meilenstein für ihn und hat mich tief beeindruckt, denn er fragte mich zum ersten Mal ganz frei und neugierig, ganz ohne jegliche Scham und Bewertung auf sein vermeintliches Nicht-Können. Später las er mir einige seiner Gedichte vor. Ich war tief berührt von seinen Texten, denn es war sonnenklar: Dieser Schüler hat vielleicht LRS, vor allem ist er aber ein Poet!

Ich habe bei manchen seiner Gedichte geweint, weil sie von enormer Gefühlstiefe und einem komplexen Verständnis menschlichen Seins zeugten. Der Junge ist so begabt! Nur weil seine Rechtschreibfähigkeiten vielleicht nicht der Norm entsprechen, hatte er in seinem jungen Leben viele Erfahrungen des Nicht-genug-Seins und des Nicht-wertvoll-Seins gesammelt, die weit über den Bereich des Schulfachs Deutsch hinausgehen.

Im Laufe der Tage, Wochen und Monate wurde Klaus mit Hilfe des grün gestreiften Zebras und meiner fortwährenden Stärkung seiner Potenziale und Begabungen immer selbstbewusster, selbstsicherer und konnte seine Stärken und sein Potenzial immer besser erkennen, annehmen und ausdrücken. Er begeisterte sich immer mehr auch für andere Fächer wie Englisch oder Sachunterricht. Die Handbremse hatte sich gelöst! Am Ende des gemeinsamen Schuljahres kam Klaus zu mir und sagte: ›Du hast mir gezeigt, dass ich genau richtig bin, wie ich bin, und darum hatte ich richtig Lust zu lernen.‹

Durch das Training meiner Intuition sehe ich immer deutlicher, dass das Schulsystem sehr eng und unfrei ist, da es vor allem über Bewertung funktioniert. Über mein intuitives Bewusstsein schaue ich völlig neutral auf die Kinder und ihre unterschiedlichen Begabungen, Kompetenzen und auch auf die sogenannten Schwächen. Meine durch das Intuitionstraining zurückgewonnene Neutralität kollidiert immer wieder mit dem schulischen Bewertungssystem.

> Durch das Für-wahr-Nehmen meines erhöhten Bewusstseins kann ich die Kinder einfach und nachhaltig unterstützen und dabei begleiten, ihrem Seelenpfad zu folgen.
> Ich bin unendlich dankbar, dass ich dank des Intuitionstrainings in der Tiefe sehe und nicht in Schubladen stecken bleiben muss, die das Schulsystem begrenzend vorschlägt. Von Herzen wünsche ich Klaus und allen Kindern (und natürlich allen Menschen) dieser Welt, dass sie sich immer erinnern, dass sie genau richtig sind, wie sie sind.«

Weil Klaus eine Lehrerin hatte, die außerhalb der Norm wahrnahm und dachte, konnte er sich und sein Potenzial anerkennen und entfalten. Die meisten von uns hatten wahrscheinlich nicht das Glück, eine Intuitionstrainerin als Grundschullehrerin zu haben, viele gehen – meistens unbewusst – mit übernommenen Wertungen durchs Leben und wundern sich vielleicht, warum sie einem bestimmten Problem oder Misserfolg immer wieder begegnen, obwohl sie doch alles »verstanden« haben.

ALS MEINE HEILREISE BEGANN

Für mich war das Erwachsenwerden in direktem Kontakt mit meiner »Reinform« nicht einfach. Was ich intuitiv »sah« und »wusste«, rettete mich und gleichzeitig isolierte es mich, denn ich konnte nicht darüber sprechen. Ich »sah« die Gefühle von Menschen, nahm Traumata und emotionale Blockaden wahr. Ich wusste schon als Kind, wenn Menschen krank waren oder bald sterben würden. Vor allem sah ich durch die sozialen Masken hindurch, die die meisten Menschen tragen. Ich sah diese Masken als starre und lähmende Gebilde, die die Schönheit, die ich in den Seelen vieler Menschen sah, völlig verformten.

Manchmal sprach ich aus, was ich sah, löste aber selten Begeisterung aus. Die meisten Menschen reagierten mit Befremden und Angst, durchaus auch schon mal mit Wut. Zweimal wurde mir die Freundschaft gekündigt, einmal weil »man sich nackt vor dir fühlt«, einmal weil »du mir nicht die Möglichkeit gibst, mein Gesicht zu wahren«.

Ich hatte nie viel erzählt von meinem Innenleben, denn ich schämte mich für das, was mir zu Hause alles widerfahren war. Was ich erlebt hatte, war jenseits der Vorstellungskraft meiner Freundinnen. Und die Seelenebene, die mich gerettet hatte und die auch jetzt noch meine größte Ressource war, konnte ich auch mit niemandem teilen. Wenn ich es mal vorsichtig versuchte, erhielt ich verständnislose Blicke oder ungläubiges, verlegenes Gelächter.

Meine Familie, egal ob väterlicher- oder mütterlicherseits, verhielt sich nicht zu meinem Verletztsein und meinen Traumata, sie bewerteten nur meine Reaktion darauf: die Rebellin, der Alkoholkonsum, die übersteigerte Unabhängigkeit, die Verweigerung der Anerkennung klassischer Normen und Werte. Sie sahen es nicht als Reaktion, sondern als meinen Charakter. Ich war das klassische schwarze Schaf der Familie.

Ich wurde eine gute Zuhörerin und Entertainerin, denn ich wusste nicht, was ich sonst machen oder worüber ich sonst reden sollte. Die Welt der Energie, der Farben, der direkten Wahrheiten war die Welt, die ich »lesen« konnte und verstand – und die niemand außer mir zu kennen schien. Außen- und Innenwahrnehmung klafften in dieser Zeit weit auseinander. Ich funktionierte irgendwie, stand aber letztlich vor einem Leben, das völlig sinnentleert schien. In diese Welt schien ich nicht zu passen.

Meine Intuition, die Stimme meiner Seele, hatte ich bis dahin immer in meinem Blick auf die Welt und andere Menschen klar wahrnehmen können. In Bezug auf mich selbst hatte ich nur in Extremsituationen einen Zugang, wenn sie mich eindringlich warnte, um mich am Leben zu erhalten. Mit meinem Alltag konnte ich sie nicht verbinden. Ich wusste nicht, wer ich als Mensch war, und schon gar nicht, was ich wollte. Menschen verhielten sich mir unverständlich, verbinden konnte ich mich nur mit der Natur.

Relativ kurz nachdem ich den Drogen vollkommen abgeschworen hatte, erlebte ich einen Mordversuch. Der Ex-Freund einer Freundin, ein Junkie, dachte, es gäbe in meiner Wohnung etwas von Wert (gab es damals sicher nicht, von dem emotionalen Wert, den meine Katzen für mich hatten, mal abgesehen) und brach in meine kleine Wohnung ein. Es muss ihn sehr überrascht haben, mich anzutreffen, denn er schlug mir eine Eisenstange über die rechte Schläfe. Zum Glück knapp daneben. Ich war mehrere Stunden bewusstlos und hatte eine temporäre Amnesie. Aber ich überlebte auch das.

Diese erneute Todesnähe war der sprichwörtliche Tropfen. Das Fass lief nicht über, es zerbarst. Alle Strategien, mit denen ich bis dahin versucht hatte, das Bild von meiner Familie nach außen als außergewöhnlich frei und cool und von mir selbst als eine toughe, starke und abgebrühte junge Frau aufrechtzuerhalten, versagten – alle auf einmal. Ich bekam eine Autoimmunerkrankung, wurde depressiv und entwickelte eine generelle Angststörung. Mit Anfang zwanzig war ich an einem absoluten Tiefpunkt angekommen – und meine Heilreise begann.

Mein erster Therapeut, ein sehr freundlicher und humorvoller, dicker Mann, sagte nach dem Abschluss der Therapie: »Wir haben jetzt einige Steine in den Sumpf Ihrer Kindheit gelegt. Auf diesen Steinen können Sie erst mal laufen. Ich möchte Ihnen aber mitgeben, dass es noch sehr viel für Sie zu bearbeiten gibt. Ich habe in meinem Beruf schon viel gehört, aber Ihre Geschichte ist wirklich grauenhaft. Seien Sie stolz auf sich, darauf, dass Sie noch leben! Das haben Sie geschafft, dann schaffen Sie alles andere auch, da bin ich sicher!«

Ich lief auf den Steinen. Ich war sehr früh von zu Hause ausgezogen und doch bestimmte mich die ungesunde Beziehung zu meiner Mutter. Es wurde mir immer wieder eng in der kleinen und grauen Stadt im Ruhrgebiet. Wohl fühlte ich mich allein und in der Natur. Ich wanderte viel. Immer allein.

»Es war ein heißer Tag. Ich war schon vier Stunden gelaufen und befand mich tief im Wald. Meinen Rucksack, der mir die ersten zwei Wochen sehr schwer erschienen war, spürte ich kaum noch. Seit meinem Aufbruch frühmorgens war ich niemandem begegnet. Ich konnte menschliche Energie noch immer nicht gut ertragen und war froh darüber, allein

zu sein. Bewegung und die Energie von Pflanzen, Tieren, Felsen und generell den Elementen tat mir gut. Sehr gut. Als ich die Kreuzung erreichte, bemerkte ich dunkle Wolken am Himmel, die mir vorher nicht aufgefallen waren. Und wie so oft auf meiner Wanderung durch die Cevennen stellte ich fest, dass die Kennzeichnung der Wanderwege immer dann zuverlässig fehlte, wenn ich sie wirklich brauchte.

Ich hatte keine Ahnung, wo ich war. Intuitiv nahm ich einen Weg und fand ein paar Meter weiter einen Menhir, der mir ungefähr bis zur Brust reichte. Der zunehmende Wind riet zur Eile und doch zog es mich zu dem Stein. Als ich ihn berührte, wurde alles schlagartig ruhig. Der Stein war warm. »Du hast eine Tiefe in dir. Nur dort findest du, was du suchst.« Diese Botschaft vernahm ich klar und deutlich. Und: »Folge dem Wasser.« Als ich mich von dem Stein löste, hörte ich in der Ferne das Rauschen eines Bachs. Ich lief quer durch den Wald auf das Rauschen zu und schließlich am Bach entlang. Ich erreichte die Taverne im kleinen Bergdorf gerade noch rechtzeitig. Das Unwetter ging bis in die frühen Morgenstunden.«

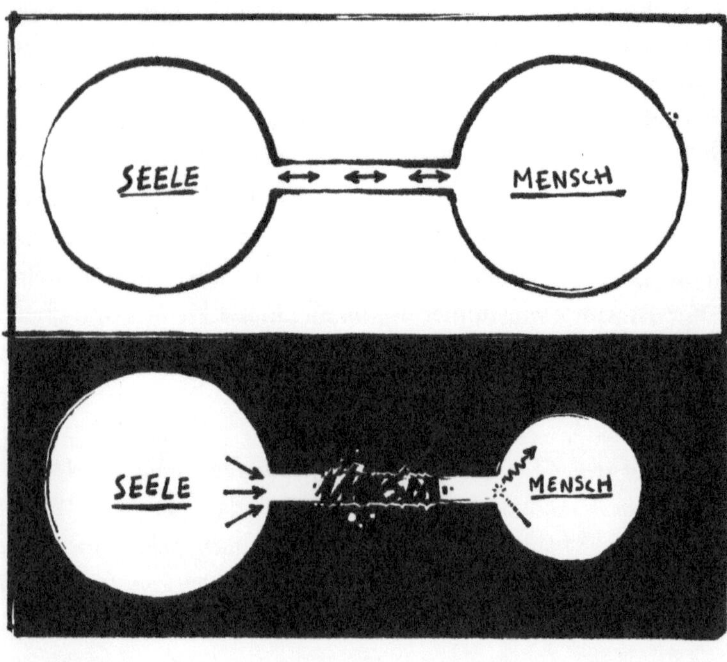

Wenn ich mein Erfahrungswissen oder mein Bauchgefühl für meine Intuition gehalten hätte, würde ich heute ausschließlich wandern. Und zwar möglichst da, wo keine Menschen sind. Es war meine Intuition, die mir immer wieder Hoffnung gegeben hat und die mich dabei unterstützte, ins Leben hinein und zu den Menschen zu finden, die ich so fürchtete.

DIE ROLLE DER INTUITION FÜR DAS BEWUSSTSEIN DES MENSCHEN

So wie die Intuition, so ist auch das Bewusstsein nicht klar definiert, es ist weder physisch zu verorten, noch ist es wissenschaftlich genau erfasst. Die Wissenschaft ist sich nur darin einig, dass es nicht möglich ist, eine organische Struktur für das Bewusstsein zu definieren. Während einer Sezierung des Gehirns wird niemand das Bewusstsein finden.

Ich unterteile das Bewusstsein in drei Bereiche: das Körperbewusstsein, das kognitive Bewusstsein und das höchste Bewusstsein (das göttliche, transzendente Bewusstsein/Seele und Intuition). Für mich ist die klare Wahrnehmung aller drei Bereiche und die Kompetenz, diese Bereiche gut zusammenarbeiten zu lassen, die Definition eines intuitiven Lebens und die grundlegende Voraussetzung für die Möglichkeit, das Leben wahrhaft selbstbestimmt zu gestalten.

Wenn du an unser Bildungssystem denkst und dort diese drei Bewusstseinsebenen suchst, findest du nur eine Ebene: das kognitive Bewusstsein. Weder das Körperbewusstsein noch das höchste Bewusstsein sind in Bildung und Persönlichkeitsentwicklung inkludiert. Vielleicht denkst du jetzt: wieso? Wir haben doch Sport und für den, der es will, Religionsunterricht. Das stimmt, und doch wird in beiden Fächern nicht das Bewusstsein für den jeweiligen Bereich geschult. Im Sportunterricht erlernst du körperliche Fähigkeiten wie Beweglichkeit, Koordination, Schnelligkeit und Kraft. Das ist wichtig und darf natürlich nicht fehlen. Aber ich kann mich noch gut an meinen Sportunterricht erinnern und welche Qual er für einige meiner Mitschülerinnen bedeutete, weil sie nicht »liefern« konnten. Wer regelmäßig als Letztes in die Mannschaft gewählt wird, merkt sich das, und diese Erfahrung wird sich nicht nur auf das Selbstbild im Kontext von Ballspielen auswirken.

Der Sportunterricht schult in den seltensten Fällen das Körperbewusstsein, also das Wissen darüber, über welche vielfältigen Informationen der eigene Körper verfügt. Nur wenn man diese Informationen wahrnehmen und verstehen kann, kann man sie auch nutzbringend in sein Leben integrieren. Körperempfindungen und Körperwissen werden bisher vor allem im psychotherapeutischen Raum adressiert.

Traumatherapeutinnen und Forschende wie Peter Levine und Dami Charf haben die Auswirkung von unbewusst im Körper gespeicherten negativen Erfahrungen beschrieben und betonen die Bedeutung der Wahrnehmung von Körperempfindungen für einen Bewusstwerdungs- und Heilungsprozess. Im Körper sind nicht nur negative Erfahrungen (Traumata) abgespeichert. Wenn wir einen guten Zugang zu unserer Körperwahrnehmung haben, wissen wir, was uns physisch guttut und was nicht (beispielsweise Nahrung, Bewegung, soziale Nähe, Ruhe, Herausforderung oder Pausen).

Es gibt endlos viele Konzepte, wie wir unseren Körper verbessern und optimieren können, aber wenig Angebote außerhalb eines therapeutischen Raumes, in denen wir lernen können, wie unser Körper sich uns mitteilt und wie wir die Informationen deuten und anwenden. Die Vorstellung, das kognitive Bewusstsein, also die Welt der Ratio, der Analyse und der Wissenschaft, wäre die einzig legitime Quelle für Wissen und Verständnis des Lebens, letztlich für unser Bewusstsein, birgt ein dickes Problem: Wir denken nicht automatisch unabhängig von dem Wertesystem, in dem wir uns befinden. Im Gegenteil, rational begreifen wir uns und die Welt, in der wir leben, immer erst einmal über das Glaubenssystem des Gesellschaftssystems, in dem wir leben.

WIE DER DUALISMUS UNSERE MÖGLICHKEITEN EINSCHRÄNKT

Eine der Protagonistinnen des Films, den ich über das Leben mit metastasiertem Brustkrebs gemacht hatte, lag im Hospiz im Sterben. Mein Kollege war dort gewesen und hatte mir berichtet, dass sie unglaublich kämpfte. Ich wollte sie besuchen und, meiner Intuition folgend, ihr etwas mitbringen, an dem sie sich festhalten konnte. Mein Eindruck war, dass sie einsam in ihrem Sterbeprozess war und es ihr daher besonders schwerfiel loszulassen.

Um das Passende zu finden, ging ich zu einem bekannten spirituellen Zentrum, das neben einem Restaurant auch einen Shop mit dem üblichen Esoterikbedarf betrieb, also sicher auch Steine hatte. Ich stand länger vor der Vitrine, um die Energie der Steine, die es dort gab, wahrzunehmen und so herauszufinden, welcher Stein ihr wohl helfen könnte.

Schließlich kam der Verkäufer zu mir und fragte, ob ich etwas über die Steine wissen wolle. Ich bedankte mich und erläuterte, dass ich einen Stein für eine junge Frau suche, die im Sterben läge. Er erschrak und wusste offensichtlich nicht, wie er sich verhalten sollte. In dem Moment sah ich den Stein, der der richtige für sie war, und sagte: »Der! Der ist es.« Er entgegnete direkt und mit Nachdruck: »Das kann nicht sein, der Stein ist für Selbstverwirklichung.« Nachdem ich ihn erst völlig erstaunt ansah und dann bekräftigte, dass es definitiv der richtige Stein sei, sagte er abschätzig: »Na ja, ich verkaufe ihn dir. Es gibt wohl auch Menschen, die sich erst im Tod verwirklichen.« Ich war schockiert und brauchte einige Zeit, um zu sortieren, was geschehen war.

Im Hospiz überreichte ich ihr den Stein, den sie sofort in die Hand nahm und nicht mehr losließ. Wir sprachen über die Tapasbar, die wir unsicher machen würden, sobald es ihr wieder besser ging. Doch ich las in ihren Augen, dass sie wusste, dass es dazu nicht mehr kommen würde. Ihr Vater stand hilflos und herzzerreißend traurig daneben. Er wusste nicht, wie er sich verhalten soll, wollte aber ganz offensichtlich alles in seiner Macht Stehende für seine Tochter tun. Ihr Mann hatte gerade einen Job in einem anderen Bundesland angetreten, und ihre Mutter war nicht da, weil, wie der Vater sagte, »ihr das alles zu viel sei«.

Sie starb am nächsten Tag.

Wie jedes Lebewesen müssen wir uns in der Welt orientieren, um zu überleben. Unsere Weltsicht, also unser Blick auf die Welt, bestimmt, wie wir die Welt erleben, und formt damit auch unsere Realität. In unseren Glaubenssystemen messen wir der Kognition die größte Bedeutung für das Verständnis der Welt bei. Unsere Kognition, also unser Denken, fällt nicht vom Himmel, sondern ist geprägt von den impliziten Vorgaben der Gesellschaftssysteme, in denen wir leben. Das sind in unserem Fall das Patriarchat und der Kapitalismus. Wir begreifen uns und die Welt um uns herum, über Polaritäten, also Gegensätze. Tag und Nacht, schwarz und weiß, Ebbe und Flut, Liebe und Hass etc. sind sich gegenseitig bedingende Größen. Sie sind nicht unvereinbar, sondern letztlich Teile einer Einheit.

Wir verstehen die eine Seite der Polarität nur durch die andere: Ohne Nacht wüssten wir nicht, was Tag ist, ohne hell nicht, was dunkel ist. Wir können Kranksein nur beschreiben, wenn uns klar ist, was Gesundsein ist, das Weibliche können wir nur im Verhältnis zum Männlichen verstehen und andersherum. An sich sind die Pole immer gleichwertig, weil sie beide Teil einer Einheit sind, die ohne diese beiden nicht zu begreifen wäre. Weder im Patriarchat noch im Kapitalismus werden die Pole als gleichwertig angesehen, sie werden bewertet – das eine hoch, das andere niedrig – und als sich gegenseitig ausschließend definiert, nicht mehr als gleichwertige Teile einer Einheit.

Jedes System, das zu Machtgewinnung und Machterhalt dient, muss den Machtanspruch kontinuierlich legitimieren und sichern. Ein System, das auf dem Prinzip von »Macht über« basiert, braucht neben dem mächtigen Aspekt immer einen Gegenpart, also etwas, über das Macht ausgeübt wird. Wir leben im Patriarchat – direkt übersetzt: »Herrschaft des Vaters« – und hier zeigt schon der Name, dass dieses Gesellschaftssystem eines ist, das sich durch »Macht über«

definiert. Das Glaubenssystem, das dafür errichtet wurde, dieses System zu legitimieren und zu erhalten, ist der Dualismus, der anders als die Polarität die Pole eines Ganzen als unvereinbare Gegensätze sieht und sie – und das hat fatale Konsequenzen für uns – hierarchisch gewichtet. Der Dualismus stellt nicht nur zwei Phänomene gegenüber, er bewertet sie auch in besser oder schlechter, normal oder unnormal, überlegen oder unterlegen – wie zum Beispiel die folgenden Aspekte:

hell	dunkel
gesund	krank
Kultur	Natur
Mann/männlich	Frau/weiblich
Geist	Körper
Logik	Gefühl
Wissenschaft	Mystik
rational	emotional
Macht	Ohnmacht
Leben	Sterben
Gott	Mensch

Diese Aufzählung ließe sich noch endlos weiterführen, bestimmt fallen dir auch noch einige Beispiele ein.

Im dualen Deutungssystem sind polare Phänomene keine bedeutungs- und bewusstseinsstiftenden Elemente einer Einheit, sondern sie schließen einander aus – man ist entweder gesund oder krank. Der Geist ist dem Körper überlegen, mit dem Geist identifiziert man sich; einen Körper hat man, er ist Mittel zum Zweck. Die vom Menschen geschaffene Kultur ist der organischen Natur überlegen, muss diese ordnen und darf sie ausbeuten.

Die dualistische Struktur, in der die patriarchale Welt geordnet ist, ist sehr starr. Dieser Dualismus ist uns im Alltag im Allgemeinem nicht bewusst. Und wenn wir uns gedanklich noch nicht damit auseinandergesetzt haben, welche Systeme unsere Gedanken und unsere Weltsicht und damit unsere Realitätswahrnehmung bestimmen, dann ist uns sehr wahrscheinlich nicht bewusst, wie selbstverständlich wir eigentlich fortwährend bewerten, was wir wahrnehmen. Wir bewerten nicht nur das Außen, sondern auch uns selbst.

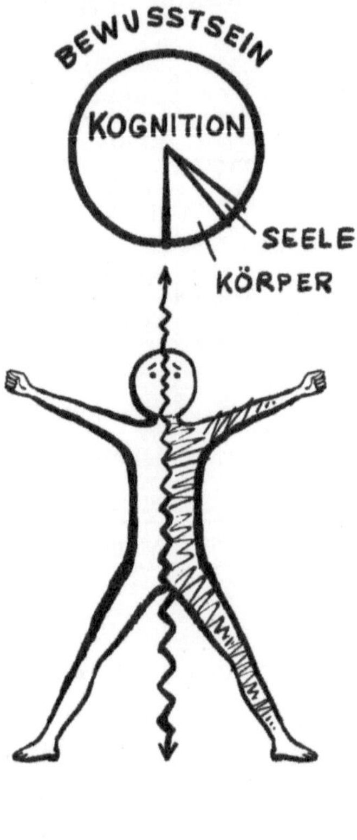

Wenn ich mich meiner Intuition öffne und nach und nach mein höchstes Selbst integriere, verlasse ich unweigerlich das dualistische Deutungssystem, denn es ist unmöglich, gleichzeitig wahrhaft intuitiv und dualistisch zu sein. Wenn wir uns der Seelenebene öffnen und sie mehr und mehr als unser Selbst begreifen, sehen wir immer das Ganze – und sehen auch neutral. Auf dieser Ebene können wir die Pole einer Einheit nicht mehr hierarchisch bewerten, weil es auf der Seelenebene kein »besser« oder »schlechter«, gibt. Das Loslassen der Bewertung und des dualistischen Deutungssystems ist für viele Teilnehmerinnen des Intuitionstrainings eine große Hürde. Es ist bedrohlich, eine generelle Orientierung loszulassen, insbesondere dann, wenn sie unbewusst wirksam war.

Es ist leicht zu verstehen, dass die Hierarchisierung des Dualismus individuell, aber auch im kollektiven menschlichen Zusammenleben nur Spaltung hervorbringen kann. Wenn wir unsere Stärke annehmen, unsere Schwäche aber nicht, dann können wir schwerlich für ausreichend Pausen sorgen, egal ob physischer, emotionaler oder mentaler Art. Wenn wir unsere Ratio über unsere Gefühle stellen, werden wir unsere Gefühle niemals als wichtig genug erachten, um sie wahrhaftig zu untersuchen, bis wir sie verstehen und einordnen können, um letztlich emotional wirklich reif zu werden.

Der Verkäufer im Shop des spirituellen Zentrums war mit Sicherheit in irgendeiner Weise spirituell geschult, sonst hätte er kaum dort gearbeitet, und er wusste sicher viel über Steine. Aber er ist auch ein gutes Beispiel dafür, wie verletzend wir für uns selbst und andere sein können, wenn wir nicht das Ganze, das uns die Seelenebene zeigt, sehen und auf eine integrierte und sichere Weise mit unseren Gedanken, Gefühlen und Worten verbinden können. Konfrontiert mit Tod und Sterben grenzte er sich sofort ab und konnte sich nicht von dem mentalen Konzept »Dieser Stein ist ein Citrin, der ist NUR für … gut« lösen. Aus Angst, die die Trennung von Leben und Sterben immer hervorbringt, musste er sich auf die sichere Seite der Hierarchie »retten«, auf die Seite des Lebens. Das hat er gemacht, indem er abwertend wurde – eine einfache und viel verwendete Möglichkeit, um etwas, das man als bedrohlich empfindet, auszuschließen und so Distanz zu der Bedrohung zu schaffen. Das heißt letztlich, dass wir, um ein wirklich vollständiges und sogenanntes erhöhtes Bewusstsein zu erreichen, aus dem dualistischen Weltbild aussteigen müssen.

Das Sehen und Verstehen außerhalb eines dichotomen Weltbildes ermöglicht die Intuition. Unterscheidungen existieren auf dieser hoch schwingenden Ebene auch, Bewertungen aber nicht. Doro beschrieb das in ihrer Geschichte von Klaus, dem kleinen Poeten mit LRS: »Durch das Training meiner Intuition sehe ich immer deutlicher, dass das Schulsystem sehr eng und unfrei ist, da es vor allem über Bewertung funktioniert. Über mein intuitives Bewusstsein schaue ich völlig neutral auf die Kinder und ihre unterschiedlichen Begabungen, Kompetenzen und auch auf die sogenannten Schwächen. Meine durch das Intuitionstraining zurückgewonnene Neutralität kollidiert immer wieder mit dem schulischen Bewertungssystem. Durch das Für-wahr-Nehmen meines erhöhten Bewusstseins kann ich die Kinder einfach und nachhaltig unterstützen und dabei begleiten, ihrem Seelenpfad zu folgen.«

Wenn wir das menschliche Bewusstsein mit einer Entdeckungsreise durch den Kosmos vergleichen, wäre das Körperbewusstsein das Schiff, das durch seine Beschaffenheit die Reise in ihren Möglichkeiten und Grenzen bestimmt; der Verstand wäre die Steuerfrau, die Ziel und Kurs der Reise mit den Gegebenheiten des Schiffs, des Ozeans und den Wetterbedingungen abstimmt; und die Intuition wäre der Kapitän, der die Reise plant, Sinn und Zweck kennt und die großen Entscheidungen entweder allein trifft oder maßgeblich beeinflusst.

2
Energie folgt der Aufmerksamkeit

»In jedem Chaos ist ein Kosmos, in jeder Unordnung eine geheime Ordnung.«

– Carl Gustav Jung

Die Intuition ist die beste Beraterin, weil sie dem menschlichen Drama gegenüber neutral ist. Sie kommuniziert immer nur das Wesentliche und ihre Handlungsempfehlungen sind in der Regel simpel.

Stell dir vor, du bist drei Jahre alt und deine Familie zieht mit dir in ein Land, dessen Sprache nichts gemeinsam hat mit deiner Muttersprache. Niemand um dich herum spricht so, dass du es verstehen kannst, aber du lernst die Fremdsprache schnell. Alles, was in den kommenden Jahren mit deinem Erwachsen- und Menschwerden, also mit deiner Persönlichkeitsreifung, zu tun hat, verbindest du mit der neuen Sprache. Schließlich denkst, erfährst und definierst du dich selbst ausschließlich über die neue Sprache.

Natürlich vergisst du deine Muttersprache nach und nach, mit drei Jahren hast du dich sowieso nur deinem Alter entsprechend ausdrücken können. Was von deiner Muttersprache übrig geblieben ist, ist nicht »mitgewachsen«. Du erntest Unverständnis, Belustigung oder Ignoranz, wenn du einmal spontan »aus Versehen« etwas in deiner Muttersprache sagst.

Nun stell dir vor, dass du als erwachsener Mensch in dein Heimatland zurückziehst. Du sprichst die Fremdsprache perfekt, hast die Muttersprache aber vergessen beziehungsweise ist dasjenige, woran du dich erinnerst, auf dem Stand eines Dreijährigen. Sicher wirst du in irgendeiner Weise eine Verbundenheit spüren, aber wenn du deine Muttersprache fließend sprechen möchtest, kommst du nicht drum herum, sie zu lernen und dich auf den Stand eines Erwachsenen zu bringen.

Für erwachsene Menschen verhält es sich mit der Annäherung an die eigene Intuition ähnlich wie mit der verlernten Muttersprache – die Rückkehr in die Heimat nach vielen Jahren, das neue Erlernen und Anwenden der Muttersprache, der Stimme der Seele, braucht Zeit und Übung.

WARUM ES SINN MACHT, DIE INTUITION ZU TRAINIEREN

Deine Intuition klar zu hören, unverfälscht zu verstehen und erwachsen anzuwenden, ist ein umfangreiches Unterfangen. Sicher gibt es Situationen und Momente in deinem Leben, in denen es dir leichtfällt, deine Intuition wahrzunehmen und ihr problemlos zu folgen. Es gibt aber auch Situationen – meistens die, in denen du irgendwie unter Stress stehst –, in denen dir das überhaupt nicht gelingt. Das sind die »Ich hab's doch gewusst«-Situationen!

Ziel des Intuitionstrainings ist, dass du deine Intuition immer wahrnehmen kannst, egal ob du einen intuitiven Spaziergang durch den Wald machst, auf deinem Meditationskissen sitzt, müde auf der Couch liegst, in einer Prüfungssituation steckst, in einen Unfall verwickelt bist oder dich gerade frisch verliebt hast.

Ich hatte Angst vor diesem wichtigen Telefontermin, denn die Idee, die ich dem Produzenten vorstellen wollte, lag mir so sehr am Herzen. Lange hatte ich an dem Konzept einer Dokuserie gearbeitet, die von sechs beeindruckenden Meeresbiologinnen handeln sollte, die in den entlegensten Gebieten der Ozeane forschten. Diese Dokuserie sollte die

Bedeutung und die Bedrohung der Meere so erzählen, dass die Menschen Lust bekommen würden, dieses Wissen aufzunehmen.

Die Begeisterung dieser spannenden Frauen war für mich der Schlüssel – die Wissenschaftlerinnen waren emotional untrennbar mit ihrem Forschungsgebiet verbunden, ihre wissenschaftliche Sprache war nie trocken, sondern immer voller Gefühl. Man schützt das, was man liebt – und die Liebe für die Meere, die ich seit meiner Kindheit empfinde, wollte ich mit dieser Dokuserie in den Menschen wecken.

Noch eine Minute bis zum Termin, dann würde ich seine Nummer wählen. Dieser Schritt, den ich gerade dabei war zu machen, war riesig für mich. Ich hatte zwar schon viele Filme gemacht, aber noch nie für das Fernsehen oder Kino. Alle alten Abwertungen aus meiner Kindheit kamen hoch: »Was glaubst du, wer du bist«, »Niemand wird dir glauben«, »Du bist nichts, du bedeutest mir nichts, du wirst niemals jemandem etwas bedeuten«, »Du hast überhaupt nichts zu sagen und wie du redest, ist einfach zu chaotisch, zu schnell – es interessiert niemanden!«. Ich wusste, dass diese alten Sprüche, aus denen Glaubenssätze geworden waren, weder wahr noch relevant sind. Und doch, an diesem Meilenstein meiner beruflichen Laufbahn waren sie alle wieder voll da.

Ich wählte die Nummer dieses in der Filmwelt so wichtigen Mannes, der viele Filme produziert und eine ganze Reihe von bedeutenden Preisen gewonnen hatte. Er ging ran und meldete sich schroff. Ich stellte mich kurz vor und begann, meine Idee zu erläutern. Es dauerte keine Minute, bis er mir ins Wort fiel, mich anbrüllte und wortwörtlich sagte: »Wie reden Sie eigentlich? Das ist ja grausam! Was glauben Sie eigentlich, wer Sie sind? Wie alt sind Sie eigentlich? Meinen Sie, die Filmwelt hat ausgerechnet auf Sie gewartet? Vergessen Sie es einfach! Und überhaupt, die Geschichte, die Sie mir da erzählen, was soll das sein? Verstehe ich nicht! Das will doch keiner sehen!«

Ich hatte mich natürlich innerlich auf das Gespräch vorbereitet und mir auch diverse Worst-Case-Szenarios ausgemalt. Doch das hier war schlimmer als alles, was ich mir hätte vorstellen können. Denn wir hatten den Telefontermin vorher vereinbart – der Kontakt war über einen gemeinsamen Bekannten zustande gekommen –, er wusste also im Groben, worüber wir sprechen würden.

Innerhalb weniger Sekunden aktivierte er meine größten Ängste und Verletzungen in Bezug auf meinen Selbstausdruck und meinen Wert generell. Ich spürte mein Handy an meinem Ohr und sonst nichts mehr. Mein Hals schnürte sich zu, alles in meinem System machte dicht, und ich verließ meinen Körper, während er weiterbrüllte …

»Du bist nicht, was dir widerfährt, bleib hier.« Ich atmete tief durch, spürte in meine Füße und stellte meine Verbindung mit der Erde wieder her, die durch die Aktivierung alter Traumata zerrissen worden war. Ich spürte in meine Kehle und mein Herz, die physischen Bereiche für Selbstwert und Ausdruck, und versorgte mich auch dort energetisch. Das alles dauerte nur wenige Sekunden, der Mann brüllte immer noch. Ich wurde ruhig. Mein Herz war wieder da, wo es hingehört. Ich richtete meine Aufmerksamkeit weg von der cholerischen Persönlichkeit hin zur Seelenebene. Dort nahm ich bei ihm tiefe Verletzungen in Bezug auf Frauen wahr. Dort, auf der Seelenebene, sagte ich ihm: »Ich sehe dich. Es ist o. k. Du bist gut so, wie du bist.« Sein Brüllen wurde leiser und hörte schließlich ganz auf.

Ich sagte ruhig: »Ich verstehe. Sie mögen meine Art, in der ich hier gerade kommuniziere, überhaupt nicht. Ich bin sehr von meiner Idee überzeugt und glaube, dass Sie Ihnen im Kern auch zusagen wird. Darf ich Ihnen vielleicht ein Kurzexposé schicken? Darin wird bestimmt deutlicher, was ich vorhabe.«

Und das Wunder geschah: Er grummelte etwas in sich hinein und stimmte zu. Er würde mein Exposé lesen.

Um es kurz zu machen: Von diesem Produzenten bekam ich mein erstes Empfehlungsschreiben, den Türöffner in die Film- und Fernsehwelt.

Kannst du dir vorstellen, wie diese Geschichte abgelaufen wäre, wenn ich meine Intuition nicht hätte hören können und meine intuitiven Werkzeuge nicht zur Verfügung gehabt hätte? Ich hätte mich sicher schwer angegriffen gefühlt. Womöglich hätte ich zurückgebrüllt.

Vielleicht wäre ich verstummt, hätte angefangen zu weinen und hätte ohne Verabschiedung aufgelegt. Auf jeden Fall wäre die Kommunikation in dem Moment beendet gewesen, in dem sie angefangen hat.

ÜBER DIE KOMPETENZ, DER INTUITION ZU FOLGEN

Bei der Wahrnehmung und Anwendung der Intuition geht es auch darum, Grenzen zu erkennen und/oder setzen zu können. Natürlich gibt es gewaltvolle Situationen, die man einfach verlässt, und es gibt auch Menschen, denen man besser den Rücken kehrt, weil sie generell respektlos sind, immer wieder (verbale oder emotionale) Gewalt ausüben und Grenzen überschreiten. Aber zu unterscheiden, um was für eine Situation, was für ein Gegenüber es sich handelt, vermag die Intuition ganz klar.

Was durch die Geschichte über meinen ersten Schritt in die Filmwelt deutlich wird, ist, dass der Zugang zu deiner Intuition – der Stimme deiner Seele – allein nicht ausreicht. Du brauchst auch die Kompetenz, ihr folgen und dich in deinen Reaktionen und Egostrukturen regulieren zu können. In meinem Beispiel war es so, dass meine Intuition die klare Information lieferte: »Bleib hier, bleib dran! Das Gebrüll hat nichts mit dir zu tun. Er hat ebenfalls eine tiefe Verletzung im Kontext von Selbstausdruck, und du kriegst das hier gerade ab. Er ist kein schlechter Mensch. Wichtig ist, dass diese Filme in die Welt kommen. Sorge für dich.«

Mein simples, intuitives Tool war, die Verbindung mit der Erde wiederherzustellen, die über die dissoziative Bewegung aus dem Körper heraus abgerissen war. Mein Körper meldete mir: Ich bin dabei, mich im Stich zu lassen und abzuhauen (Kloß im Hals, nichts mehr fühlen). Die blitzschnelle Wahrnehmung und klare Deutung dieser Körperempfindungen half mir zurückzukommen. Ich brauchte nur die Aufmerksamkeit auf meine Füße zu richten und hineinzuatmen, bis sie sich entspannten und wieder warm wurden. Die Entspannung übertrug sich auf den gesamten Körper, und ich konnte die Spannung, die durch die verbale Gewalt und die darin enthaltene Abwertung entstanden war, einfach ausatmen. Durch die physische Entspannung wieder völlig klar, fand ich eine neutrale und ehrliche Formulierung, die den Mann erreichte.

Hast du schon mal etwas Ähnliches erlebt? Vielleicht fällt dir eine Situation ein, wo du eine Idee, einen Gedanken, ein Projekt oder etwas anderes vorgestellt hast, ob nun privat oder beruflich, worin dein ganzes Herzblut steckte – und die Reaktion war katastrophal. Was ist passiert? Konntest du bei dir bleiben und den Fokus auf das halten, was durch dich in die Welt kommen wollte? Hast du dichtgemacht oder zurückgeschlagen? Wahrscheinlich ist es dir schon passiert, dass du etwas, das dir wirklich wichtig war, nicht umsetzen konntest, weil die Person, deren Hilfe du dafür gebraucht hättest, merkwürdig reagiert hat. Vielleicht wurde das, was dir wichtig war, in diesem Konflikt erstickt, und du hast dich entmutigen lassen oder warst zu stolz, es weiter zu versuchen.

Ich bin sicher, dass aufgrund ähnlicher Situationen unendlich viele kostbare Ideen voller Potenzial unterdrückt werden. Manchmal versteckt man diese Herzenswünsche so lange, bis man vergisst, dass sie überhaupt existieren. Ich bin sicher, dass uns unendlich viele wichtige Ideen, kleine wie große, dadurch verloren gegangen sind. Das Gute daran: Diese Ideen entspringen einer unsterblichen Quelle. Sie lassen sich vielleicht vergraben und verstecken, aber sie sterben nie.

Übung: Ein Herzensprojekt will immer leben

Erinnere dich an eine Situation, wo du etwas vorgestellt oder von etwas gesprochen hast, das dir sehr am Herzen lag, und anschließend wurdest du abgewertet. Auch wenn es unangenehm

ist, versuche dich zu erinnern und nachzuspüren: Was ist mit dir passiert? Konntest du die Verbindung mit dem halten, was dir wichtig war? Hast du danach den anderen abgewertet? Hast du Zweifel an deiner Sache entwickelt? Dich innerlich kleingemacht? Vielleicht niemandem davon erzählt? Was ist mit deiner Idee, deinem Projekt, deinem Herzenswunsch geschehen? Wenn du dich damit verbindest, wie nimmst du diese Verbindung wahr? Und wo? Ist es ein Gedanke? Ein Bild? Eine Farbe oder ein Gefühl?
Diese Herzenssache ist niemals gestorben, du hast sie nur hinter etwas anderem versteckt, vielleicht Resignation, Enttäuschung, Wut oder Trauer. Wenn du diese Sache jetzt in dein Leben zurückholen würdest, wie sähe sie heute aus? Vielleicht hat sich die Form verändert, weil es Jahre her ist, vielleicht ist dein Leben jetzt ein ganz anderes. Frage dich trotzdem: Worum ging es bei deinem Projekt in der Essenz? Existiert diese Qualität in deinem Leben? Wenn nicht, was könnte ein erster Schritt sein, egal wie klein, um diese Qualität erneut in dein Leben zu integrieren?

Ich bin heute noch froh, dass es mir dank meiner intuitiven Kompetenz in dieser schwierigen Situation gelungen ist, für mich zu sorgen, dem Angriff gegenüber neutral zu werden und meinen Fokus zu halten. Ich wusste, dass meine Idee gut war und dass diese Filme entstehen sollten.

Die Dokuserie wurde von 2014 bis 2016 auf allen Weltmeeren zwischen dem Nord- und dem Südpolarmeer mit unglaublich inspirierenden Wissenschaftlerinnen gedreht. Sie lief 2017 auf ARTE, gewann Preise auf vielen internationalen Festivals und ist international immer noch im Pay-TV zu sehen, in Europa auf Netflix. Worüber ich mich aber vor allem gefreut habe, waren die vielen Mädchen und jungen Frauen, die persönlich zu mir kamen oder mir schrieben und begeistert berichteten, wie sehr die Wissenschaftlerinnen sie inspiriert hätten und dass die Filme ihnen Mut gegeben hätten, ihre Träume ernst zu nehmen und ihre Ziele zu verfolgen! Dieses Feedback hat mich so richtig glücklich gemacht! Denn nicht nur die Ozeane beziehungsweise der Planet brauchen Menschen, die ihrer Seele folgen. Die Menschheit braucht »geheilte« Menschen, die wissen, wer sie wirklich sind, und die für ihre Träume, Einsichten und Ideen einstehen.

In unserer Seele liegt der Kern dessen, was uns ausmacht. Aus ihr entspringt unsere tiefste Sehnsucht: das Sehnen nach der Erfüllung unseres Potenzials. Die Intuition, die Stimme der Seele, wird uns immer wieder auf diesen Kern hinweisen, auch wenn wir ihn schon lange vergraben haben. Über Sehnsucht, plötzliche Glücksgefühle, Freude und große Neugierde erinnert uns unsere Seele immer wieder daran, wie wir Freiheit und Erfüllung erreichen können.

Es ist die Sehnsucht nach dir selbst, die immer in Verbindung ist mit der Sehnsucht nach etwas, das größer ist als du selbst. Über unsere Intuition verstehen wir, dass unsere Sehnsüchte nicht Flausen oder Wolkenschlösser sind, sondern dass sie Ausdruck der tiefsten Wahrheit über uns selbst sind: Wir alle sehnen uns danach, die zu werden, die wir sind.

DEN WEG FREI MACHEN

Wenn wir im klaren Kontakt mit unserem Potenzial sind und die innere Freiheit haben, dessen Umsetzung zu verfolgen, leben wir in Übereinstimmung mit unserer Seele. Das ist immer dann der Fall, wenn die drei Bewusstseinsebenen so aufgeräumt sind, dass sie optimal zusammenarbeiten können. Die Energie ist klar, der Weg ist frei.

Fallbeispiel: Jürgen M., Kinderbetreuer und in Ausbildung zum Intuitionstrainer

»Ich muss so sechs oder sieben gewesen sein, da hat mich meine Schwester mal angebrüllt: ›Ach halt doch endlich den Mund, dein Vater ist doch sowieso nur so ein doofer Itacker!‹

Ich kannte meinen Vater nicht, hatte ihn nie gesehen. Es wurde zu Hause auch nie über ihn gesprochen. Wenn ich fragte, wich meine Mutter immer aus. Ich wusste nur, dass er als Schausteller auf einer Kirmes gearbeitet hatte, als sie ihn kennenlernte, und dass er Italiener war. Sie nannte mir unterschiedliche Namen, manchmal versprach sie, alte Briefe rauszusuchen, aber es passierte immer wieder – nichts.

Die Lebensgefährten meiner Mutter haben mich oft geschlagen. Einer hat mich mit seinem Ledergürtel regelrecht ausgepeitscht. Aber da war ich schon so, dass ich kaum noch etwas spürte, und ich habe keinen Mucks von mir gegeben. Meiner Mutter habe ich es nicht erzählt. Sie hat auch häufiger mal einen Kochlöffel auf meinem Rücken zerbrochen. Erzählt habe ich auch das niemandem. Ich verschloss alles – nach außen, aber auch nach innen. Ich fühlte nichts mehr.

Es ist nicht so, dass ich es aktiv gesucht hätte, aber irgendwie war es häufig so, dass ich in Schlägereien verwickelt wurde. Dann habe ich etwas gefühlt. Nichts Schönes, aber wenigstens etwas. Mit siebzehn bin ich von zu Hause rausgeflogen und nur noch einmal zurückgekommen. Meine Schwester hatte mich panisch angerufen, weil der Lebensgefährte meiner Mutter sie verprügelt und ihr den Finger gebrochen hatte. Ich bin hin und hab ihm nur gesagt: ›Du kannst noch einmal zucken. Es wird das Letzte sein, was du machst.‹ Er hat sie danach nie wieder angerührt.

Ich hab mich nicht vor Schlägereien gedrückt, könnte man sagen. Doch vor acht Jahren hat sich alles geändert, als ich die Frau kennenlernte, mit der ich auch jetzt noch zusammen bin. Damals war sie in Ausbildung im Institut, heute ist sie selber Intuitionstrainerin. Sie hat mich nicht rausgelassen. Sie war liebevoll und beharrlich gleichzeitig, sie wollte immer wissen, was ich fühle, und hat mich schließlich auch zu einem offenen Event des Instituts mitgeschleppt. Ich erinnere mich noch gut, dass der Intuitionstrainer in Ausbildung mich als verbrannten Baum sah, um mich herum alles verbrannte Erde. In dem Baum selbst war aber alles voller Leben und wollte raus. Es ist schon lange her, aber das Bild habe ich nie vergessen, weil ich meinen Zustand so treffend beschrieben fand. Kurz danach bin ich von Süddeutschland nach Köln zu meiner Freundin gezogen.

Nach meinem Umzug arbeitete ich in der Nähe von Köln als Lagerist. Als ich aber selbst mit der Ausbildung meiner Intuition begonnen hatte, fiel es mir zunehmend schwerer, meinen Arbeitsalltag auszuhalten. Vorher hatte ich nichts oder kaum gefühlt. Das änderte sich schon zu Beginn der Ausbildung, und im weiteren Verlauf konnte ich im Lager nicht weiterarbeiten. Die Geringschätzung, die Abwertung der Kollegen untereinander, der achtlose, oftmals auch gemeine Ton – ich entwickelte so etwas wie einen Burn-out und wurde krankgeschrieben.

Meine Freundin hatte mich immer wieder ermutigt, die Suche nach meinem Vater wiederaufzunehmen. In der Vergangenheit hatte ich in größeren Abständen mehrmals beim Einwohnermeldeamt Friedrichshafen angerufen, da mein Vater 1974 dort gemeldet gewesen sein musste. Ich bekam immer dieselbe Antwort: ›Ja, er war hier gemeldet, aber die Unterlagen sind im Archiv, das ist im Keller, da haben wir keine Zeit für, melden Sie sich doch ein anderes Mal wieder.‹ Ich gab immer sehr schnell auf, weil ich auch dachte: ›Ach er wird sowieso nichts von mir wissen wollen.‹

Meine Freundin ließ nicht locker. Ich rief wieder im Einwohnermeldeamt an. Die Dame sagte: ›Ja, ich sehe, dass Sie schon mehrfach angerufen haben. Sie haben nie eine Auskunft bekommen? Ich gehe gleich in der Mittagspause runter ins Archiv und melde mich bei Ihnen.‹ Sie rief mich noch am selben Tag zurück und gab mir den richtigen Namen meines Vaters und die Stadt in Italien, in die er gezogen war. Ein kleiner Ort in der Nähe von Foggia in Apulien, also im Süden Italiens.

Ich hatte Zeit zu reisen, und meine Freundin ließ weiterhin nicht locker, also fuhren wir nach Italien. Es war ein unglaublicher Zufall, dass im Einwohnermeldeamt des kleinen Dorfes ein Italiener arbeitete, der Deutsch sprach. Er hatte im gleichen Städtchen in Deutschland gelebt, aus dem ich kam. Ich war geschockt und dachte zuerst, dass er vielleicht mein Vater sein könnte. So war es aber nicht, doch von ihm erfuhr ich, dass der Mann, den ich suchte, noch lebte und im Ort gemeldet war. Er fragte mich, warum ich das eigentlich wissen wolle. Als ich ihm den Grund nannte, dauerte es keine fünf Minuten, und ich hatte einen Zettel mit Namen und Adresse in der Hand.

Ich war geschockt und aufgeregt – und voller Widerstände. Um alles in Ruhe anzugehen, gaben wir uns erst mal noch fünf Tage Zeit, um alles zu verarbeiten. Ich verletzte mich in dieser kurzen Zeit mehrfach, konnte kaum schlafen und meine Gefühlszustände wechselten ständig. Mit der Energiearbeit und der Unterstützung meiner Freundin schaffte ich es, mich nach und nach zu beruhigen. Ich schrieb meinem Vater einen Brief, den ich mit Google Translate übersetzte. Den Brief wollte ich ihm bei unserem Treffen geben.

Meine Freundin half mir, energetisch alle möglichen Szenarien anzuschauen, die passieren könnten, und wir arbeiteten sie alle durch, damit mein Vater die größtmögliche Freiheit in der Begegnung erfahren würde. Sie sagte: ›Er darf alles! Er darf uns misstrauen, er darf die Polizei rufen, er darf schimpfen und wütend werden, er darf uns die Tür vor der Nase zuknallen. Alles. Die Freiheit müssen wir ausstrahlen.‹ Wir arbeiteten alle Worst-Case-Szenarien durch, sodass ich vorbereitet war und wusste, was in meinem Energiekörper passieren würde, je nachdem, wo ich getriggert sein würde. Ich übte, mich energetisch zu versorgen, ganz egal, was er tun würde. Und doch, als wir vor dem Haus standen und die Klingel mit seinem Namen drauf fanden, brauchte ich trotzdem noch zwei Stunden ›Energiefließen‹, bevor ich die Klingel drücken konnte. Ich hatte mir einen Satz auf Italienisch zurechtgelegt, aber die Tür ging direkt auf. Wir liefen hoch in den zweiten Stock, und da stand er in der Tür. Ich sagte: ›Ho una lettera per voi‹, und gab ihm den Brief. Er begann zu lesen und rief sofort aus: ›No! No!‹, und ging ein paar Schritte zurück. Ich wich auch zurück und dachte: ›Das war's jetzt. Ich hab's doch gewusst!‹

Meine Freundin blieb stehen und sagte: ›Anita.‹ Das war der Name meiner Mutter. Er stutzte und kam wieder zur Tür: ›Anita?‹ Er las weiter, und als er fertig war, schaute er auf und sagte: ›Allora, sei mio figlio?‹ Ich nickte nur. Und wurde das erste Mal in meinem Leben von meinem Vater umarmt. Wir saßen stundenlang zusammen und mit Händen und Füßen und Google Translate haben wir unsere Geschichte rekonstruiert. Auch als wir gingen, umarmte er mich fest. Es war das erste Mal in meinem Leben, dass ich spürte, wie es sich anfühlt, als Kind umarmt zu werden.

Seitdem hat sich mein Leben völlig verändert. In einem Reading am Institut habe ich gehört, dass mich mein aktueller Job nicht nur Kraft kostete, sondern auch an meiner Berufung völlig vorbeilief. Ich sei für Arbeit mit Kindern auf dieser Welt. Ich weiß noch, wie ich damals dachte: ›Jo – und über wen redet sie bitte? Ich kann's nicht sein.‹ Aber die Information kam mit meinem Burn-out zurück und ich dachte: ›Ich glaub, sie hat doch recht.‹ Ich habe mich fortgebildet und bin schließlich über ein Praktikum in die Offene Ganztagesschule (OGS) gekommen. Ich betreue nun Kinder einer Grundschule.

Mir ist es besonders wichtig, den Kindern zu vermitteln, dass sie in der Verbindung zu mir sicher sind und ganz sie selbst sein können. Ich spreche sie häufig an, wenn ich sehe, dass sie etwas auf dem Herzen haben. Neulich sagte ich einem kleinen Mädchen: ›Ich sehe doch, dass du traurig bist. Was ist denn los?‹ Und schon kullerten die Tränen, und sie erzählte mir, dass sie sich mit der Mama gestritten habe.

Ein Junge ist mir besonders ans Herz gewachsen. In Prügeleien ist er immer ganz weit vorne. Neulich sagte ich zu ihm: ›Ich sehe dich, ich weiß, was los ist. Ich frag nicht und mach auch nichts. Aber du kannst jederzeit zu mir kommen.‹ Letzte Woche saßen wir

über eine Stunde zusammen auf der Bank am Fußballplatz, und er erzählte mir von seiner Wut, und ich erzählte ihm von mir, wie es war, als ich so alt war wie er. Ich hörte zu und bestätigte. Er war nicht mehr allein.
Mit 49 Jahren habe ich dank meiner Intuition und der meiner Partnerin gelernt, zu fühlen und meine Gefühle auch auszudrücken. Und ich habe meinen Vater gefunden und das Gefühl von Familie und Zuhause kennengelernt. Die Eltern der Kinder der OGS bestätigen mir immer, wie toll es für die Kinder sei, dass ein verbundener und fühlender Mann sie betreut. Ein Mann, der mit 49 Jahren ganz bei sich selbst angekommen ist.«

Übung: Schau auf dich und dein Leben

Nimm dir circa 20 Minuten Zeit. Sorge dafür, dass du in dieser Zeit nicht gestört wirst. Begib dich in eine bequeme Position und beginne damit, den gestrigen Tag an dir vorbeiziehen zu lassen. Vielleicht wie einen Kinofilm, den du anschaust, an dem du aber nicht teilnimmst. Was fällt dir auf, was sticht heraus? Hast du Situationen und Menschen bewertet? Wie hast du bewertet?
Dann lass den Kinofilm nicht mehr von gestern handeln, sondern vom letzten Monat. Es geht nicht darum, dass du dich genau erinnerst. Vertraue dir selbst und nimm wahr, was ganz von selbst auftaucht. Frage dich wieder: Was fällt dir auf, was sticht heraus? Hast du Situationen und Menschen bewertet? Wie hast du bewertet?
Lass den Film noch umfassender werden und dir das letzte Jahr zeigen. Was gab es an Ereignissen und Situationen? Frage dich auch hier wieder: Was fällt dir auf, was sticht heraus? Hast du Situationen und Menschen bewertet? Wie hast du bewertet?
Was fällt dir auf bei deinem Blick auf dein Leben und auf dich selbst darin? Welche Erwartungen, Gedanken und Bewertungen

wiederholen sich? Kannst du aus dieser Wahrnehmung einen Satz bilden (oder auch zwei) wie beispielsweise: »Das dicke Ende kommt immer« oder: »Egal, was ich mache, ich drehe mich immer im Kreis« oder: »Keiner versteht mich«? Was auch immer sich als Überzeugung oder Hauptthema aus deinem Blick auf dein Leben herauskristallisiert, nimm wahr, dass es wie eine Brille ist, durch die du auf dein Leben schaust. Wie nimmst du die Energie dieser Überzeugung oder dieses sich wiederholenden Themas jetzt in diesem Moment wahr? Wie würde diese Energie als Brille aussehen? Würdest du wahrnehmen, dass du sie trägst? Wie fühlt es sich an? Kannst du sie in deinem Körper spüren? Wie äußert sie sich? Kennst du das Gefühl?

Wie entspannt oder angespannt bist du jetzt, nachdem du dir diesen Film angesehen und die Energie deiner »Brille« lokalisiert hast? Nimm dir Zeit, die Anspannung gehen zu lassen. Atme aus, was dich belastet. Atme in deine Füße, in dein Becken, deinen Bauch und in deinen Brustraum und fokussiere dich beim Ausatmen darauf, ruhig und lange auszuatmen und weiterhin die Anspannung gehen zu lassen.
Wenn du wieder in der Entspannung bist, dann werde kreativ. Lass eine Brille entstehen, durch die du dich und dein Leben von Herzen gerne sehen würdest: Wer bist du im Innersten deines Herzens, wie würdest du dich gerne in deinem Leben erleben? Es darf eine bunte und wilde Fantasiebrille sein, oder eine zarte und feine, oder eine ganz klare – es gibt hier kein Richtig oder Falsch, es gibt nur deine »Brille«!
Nimm die Entspannung in deinem Körper wahr und setze deine neue »Brille« auf. Atme. Welchen Effekt hat die neue, oder eher richtige, Brille auf dich? Auf deinen Körper? Auf deine Gefühle? Geschieht etwas mental? Atme weiter tief ein und aus und nimm den Effekt dieser Energie wahr.

Dann fokussiere dich wieder auf deinen Film. Er beginnt jetzt andersherum: Zuerst läuft das letzte Jahr. Frage dich nun mit dieser neuen Brille: Was fällt dir auf, was sticht heraus? Bewertest du Situationen und Menschen? Wie bewertest du mit deiner neuen Brille? Wie siehst du dich? Was siehst du im letzten Monat durch die neue Brille? Verändert sich etwas in deiner Wahrnehmung? Was? Und dann zeigt dein Film den letzten Tag. Wie siehst du diesen Tag durch die neue Brille? Gibt es vielleicht Details, die du jetzt wahrnimmst und die du vorher nicht gesehen hast? Welche? Wie ist dein Blick auf dich selbst?

Der Film ist zu Ende. Nimm dich wahr. Wie geht es dir? Wie angespannt oder entspannt bist du jetzt? Wie ist deine Stimmung? Nimm auch die »neue Brille« oder die »Herzensbrille« wieder ab. Lege einmal beide Brillen nebeneinander und schau sie in Ruhe an. Welchen Effekt hat das auf dich? Welche Brille möchtest du heute aufsetzen? Und morgen? Gibt es noch andere Brillen, die du gerne einmal ausprobieren würdest?

Pro Tipp: Wenn du aus irgendeinem Grund Bauschmerzen in Bezug auf eine bevorstehende Situation hast: Entscheide dich bewusst für eine ganz bestimmte Brille, durch die du diese Situation anschauen möchtest.

Natürlich ist die veränderte Perspektive nicht die Lösung all deiner Probleme. Sie wird deine Beziehungen und deinen Kontostand nicht mit einem Fingerschnippen verändern. Und doch: Wenn du diese Übung regelmäßig anwendest und mit dem arbeitest, was du selbstreflektierend wahrnimmst, wird sich dein Erleben verändern. Und das wiederum verändert sehr, sehr viel. Versuch's mal!

MOVE YOUR ENERGY – WIE INTUITIONSTRAINING FUNKTIONIERT

Jeder Mensch kann Energie intuitiv wahrnehmen. Jeder Mensch kann über die Intuition Energie bewusst bewegen und transformieren.

Wir bestehen aus Energie, bewegen uns durch Energie, alles, was existiert, hat eine eigene Energie. Auch die Seele kommuniziert über Energie. Wenn du deine Intuition klar wahrnehmen kannst, dann kannst du auch Energien neutral wahrnehmen, ohne »Ladung« oder »Bewertung«.

Du hast bestimmt schon mal mehr oder weniger bewusst gesagt: »Der Ort hat so eine tolle Energie!« oder hast die Energie eines Raumes, den du betreten hast, sei es eine Party oder ein Online-Meeting, direkt bemerkt. Vielleicht hast du auch schon mal von jemandem intensiv geträumt, den du schon lange nicht mehr gesehen hast, und kurz darauf erfahren, dass es ihr oder ihm sehr gut oder sehr schlecht geht. Oder du musstest an jemanden denken, und im nächsten Moment ruft er an, oder du erhältst eine E-Mail von ihm.

Das sind alltägliche Beispiele von Energiewahrnehmung, die die meisten Menschen so oder so ähnlich schon erlebt haben. Energien wahrzunehmen ist eine Fähigkeit, die jeder Mensch hat. Jeder Mensch verfügt über Intuition. An sich trainieren wir auch nicht die Intuition; was wir trainieren, ist die Energiewahrnehmung, die Übersetzung der neutralen Seelenebene in die menschliche Situation und die Einordnung der Bedeutung der Energien, die wir wahrnehmen. Wir arbeiten mit tiefen Trance-Übungen, freien Visualisierungen, Körper- und Partnerarbeit. Der Fokus liegt dabei nicht auf der sozialen oder emotionalen Ebene, sondern wir trainieren intensiv die Konzentration auf die Energie. Die anderen Wahrnehmungsebenen: Körper, Gefühle und Kognition sind nicht abgespalten, rücken aber etwas in den Hintergrund. Zu Beginn sind die Teilnehmer oftmals überwältigt von dem, was sie wahrnehmen, finden es »verrückt« oder sogar »unheimlich«.

Weil wir es uns abgewöhnt haben, diese Ebene ernst zu nehmen, fällt es uns schwer, uns selbst zu glauben, wenn wir Energien wahrnehmen, die Stimme unserer Seele hören oder intuitiv über ein Wissen verfügen, das wir rational betrachtet »nicht wissen können«.

Wir haben es uns nicht nur abgewöhnt, sondern es liegt auch jede Menge Bewertung, Angst und Verbot auf unserer Fähigkeit, Energie zu sehen. Außerdem haben wir als Erwachsene meistens eine sehr viel stärker entwickelte oder auch starre Vorstellung von unserer Persönlichkeit und unserem Leben und wollen vor dem Hintergrund tatsächlich Energie in einer bestimmten Weise sehen – und in einer anderen eben lieber nicht. Wir schauen dann unbewusst danach, was in unser Welt- und Selbstbild passt; und was uns womöglich zu sehr konfrontiert oder schmerzt, können oder wollen wir nicht sehen.

Manchmal passiert in den Trainings dann eine Zeit lang die Umkehrung der bisherigen Abwertung: die intuitive Wahrnehmung, die Wahrnehmung von Energien, wird überhöht, und die Ratio und der emotionale Bereich werden abgewertet. Das zeigt, wie groß unsere Unsicherheit gegenüber dieser ganz menschlichen Kompetenz ist. Es braucht Übung, diese Wahrnehmung nach und nach mit weniger Aufregung, sondern großer Selbstverständlichkeit, in unser Leben zu integrieren.

Die Stimme deiner Seele zu hören ist letztlich einfach. Ihr zu folgen ist es oft allerdings nicht.

Viele spirituelle Praktiken oder bewusstseinserweiternde Methoden sind ausschließlich auf die Wahrnehmung von Energie ausgerichtet.

Es ist auch hilfreich und wichtig, mit einer Wahrnehmung sein zu können, und setzt die Energie manchmal schon in Bewegung. Aber nicht immer. Dass man in der Lage ist, wahrgenommene Energie im eigenen System nicht nur zu erkennen, sondern auch selbstständig zu bewegen, zu lösen oder ganz zu entfernen, ist eine komplexe Fähigkeit. Das zu meistern geht weit über die reine Erkenntnisebene hinaus.

Ich erinnere mich noch sehr gut an das überraschte Gesicht eines Mannes, den ich auf einer spirituellen Messe traf. Er verkaufte ein Gerät, mit dem man die unterschiedlichen Schwingungsebenen (Energiefrequenzen) des menschlichen Energiesystems messen kann. Man konnte es probeweise anwenden, und ich war neugierig. Er »vermaß« mich und sagte beiläufig: »Im Unterbauchbereich wird mir eine Störung angezeigt.« Ich sagte: »Oh, danke, das ändere ich eben«, und bewegte die Energie aus meinem Körper. Ihm fiel die Kinnlade herunter, weil sein Gerät sofort eine Schwingungsänderung und die Lösung der Störung anzeigte. Mit großen Augen fragte er: »Wie hast du das gemacht? Das kann nicht sein!« Er konnte nicht glauben, dass ich in der Lage war, ohne Hilfsmittel meine Energie in dieser Geschwindigkeit zu ändern.

Fallbeispiel: Amira

An sich ist es kinderleicht, Energie wahrzunehmen und zu bewegen. Dazu erzählt Doro eine Geschichte von ihrer Schülerin Amira:

»Als ich meine Klasse schon zweieinhalb Jahre als Klassenlehrerin begleitet hatte, klagte meine Schülerin Amira immer häufiger über Kopfschmerzen und Lichtempfindlichkeit. Schnell wurde von einem Arzt die Diagnose ›Kindliche Migräne‹ festgestellt. Dank der Energiearbeit konnte ich sehen, dass sich Amira große Sorgen um ihre Mutter machte, die kurz zuvor die Diagnose ›Multiple Sklerose‹ bekommen hatte. Daraus resultierend war die häusliche Situation sehr angespannt, und es gab immer wieder Konflikte.

In einem vertraulichen Gespräch sagte ich Amira, dass ich wahrnehme, dass sie sich große Sorgen um ihre Mutter macht und die angespannte Situation zu Hause energetisch hält. Sie zeigte sich total erleichtert und war dankbar, gesehen zu werden. Ich schlug ihr vor, dass sie diese Energie an ihre Eltern zurückgeben kann, da diese erwachsen sind und das, was sie belastet, selbst tragen können. Und ich bestärkte sie kontinuierlich darin, dass sie die Spannungen zu Hause nicht halten müsse. Ich begann damit, ihr zu zeigen, wie sie Energien unterscheiden und bewegen kann. Ich fragte sie, in welcher Farbe sie sich sehe oder wohlfühle. Sie reagierte blitzschnell: ›Hellgrün!‹ Anschließend fragte ich sie, in welcher Farbe sie die Probleme der Eltern sehen würde. Genauso wie aus der Pistole geschossen sagte sie: ›Dunkelblau!‹
Ich bestärkte sie in ihrer klaren Wahrnehmung und fragte sie, ob sie innerhalb ›ihrer Farbe‹ noch weitere Farben sehen könne, von denen sie den Eindruck hätte, dass sie nicht dorthin gehörten. Wieder war sie beeindruckend schnell mit der Antwort: ›Da ist noch was Dunkelgraues und was Rotes, das fühlt sich blöd an!‹ Auf Nachfrage konnte Sie mir sofort sagen, wofür diese Farben stehen: ›Das Graue ist der Streit, den sie immer nicht haben, aber doch irgendwie, und das Rote ist meine Oma.‹
Ich zeigte ihr, wie sie ihre Handflächen aneinanderreiben und alles, was nicht zu ihrem Hellgrün gehört, sondern den Eltern oder der Oma, in ihren Händen wahrnehmen kann. Dann zeigte ich ihr, wie sie diese Farben, die nichts anderes sind als Energien, mit einer Bewegung der Hände von ihrem Hellgrün trennen und dann loslassen kann, indem sie sie zum Beispiel aus dem Fenster wirft.
Nach und nach beherrschte sie dieses und andere einfache Tools, um die Energietrennung selbstständig vorzunehmen. Immer wenn der Kopfschmerz wieder auftrat, kam sie vertrauensvoll zu mir, und wir schauten gemeinsam, was los war und was sie brauchte. Bei Amira war eine deutliche Erleichterung spürbar und sie konnte wieder in Ruhe lernen.«

ENERGIEWAHRNEHMUNG UND TIEF SITZENDE GLAUBENSSÄTZE

Wir arbeiten im Intuitionstraining viel mit Farben, weil sich Energie in Farben ausdrücken kann und viele Menschen – nicht alle! – Energie in Farben wahrnehmen. Farben haben eine abbildbare Frequenz oder Schwingung, ebenso wie Energien eine abbildbare, auch physikalisch messbare Frequenz oder Schwingung haben. Außer über Farben gibt es viele andere Möglichkeiten, Energien wahrzunehmen. Fremdenergien, alte Energien, starre Energien wie Glaubenssätze und tiefe Überzeugungen. Manche Menschen »sehen« Farben. Andere sehen vor allem Bilder oder Symbole. Wiederum andere Menschen »wissen« einfach, welche Energie sie wahrnehmen. Einige Menschen hören Energien, und es gibt auch Leute, die Energien riechen.

Kinder haben meistens einen freien Zugang zu Energiewahrnehmung. Für sie ist es sehr leicht, ihre intuitive Wahrnehmung und die intuitive Arbeit anzunehmen und zu integrieren. Sie sind einfach noch »nahe dran«, wenig blockiert und hinterfragen die unmittelbare Wahrnehmung nicht – sie glauben sich in den meisten Fällen einfach. Für Erwachsene ist es aus den bisher schon erläuterten Gründen oftmals viel schwieriger, sich zu vertrauen. Und das leider auch oft zu Recht, denn was Erwachsene für ihre Intuition (ihr Bauchgefühl) halten, ist oftmals das Produkt ihrer Bewertungen und eher Projektion als Intuition.

Was für Amira kinderleicht zu erkennen war – die Farben, die nicht zu ihrem Hellgrün passten: Der nicht ausgetragene Streit ihrer Eltern und die Energie von Oma, ist für Erwachsene ungleich schwerer zu erkennen. Wir haben in den meisten Fällen die Energien unserer Eltern und Familien – deren Schmerzen, Ängste und ungelöste Probleme oder auch deren Meinungen und Bewertungen über uns – nicht wie Amira im zarten Alter von sieben in unserer Farbe erkannt und geklärt. Wir haben diese Energien aufgenommen, gehalten, sind damit aufgewachsen, erwachsen geworden, haben damit unsere Persönlichkeit und Weltanschauung kreiert. Und so glauben wir vielleicht noch heute – wenn unsere Geschichte der von Amira in irgendeiner Weise ähnelt –, wir müssten anderen helfen, auch wenn es uns überfordert; wir glauben vielleicht, sich zu streiten wäre gefährlich und hinterfragen diesen Glaubenssatz gar nicht. Und womöglich leben wir dann mit den Reaktionen unseres Körpers und halten es für normal oder unausweichlich, dass unser Körper schmerzt.

Aus schmerzhaften Erfahrungen in der Kindheit werden tief sitzende Glaubenssätze, die wir mit in unser Erwachsenenleben nehmen. Sie sind uns nicht unbedingt bewusst und gerade deswegen so wirksam. Sie sind zu einer inneren Wahrheit geworden, die wir unfreiwillig ausleben. Unbewusste Glaubenssätze beeinflussen unser Selbstbild entscheidend und schränken unsere Möglichkeiten, unser Leben frei zu gestalten, machtvoll ein.

Energetisch fallen sie sofort auf, da sie sehr starr sind und sich deutlich vom Rest der Energie eines Menschen unterscheiden. Hast du schon mal die Erfahrung gemacht, dass du ein bestimmtes schädliches Muster gedanklich völlig durchdrungen hast? Ursachen und Wirkmechanismen sind dir umfassend bekannt. Dir ist völlig klar, worum es geht und was du in der nächsten Situation, in der das Muster greift, anders machen müsstest. Und trotzdem ändert sich … nichts.

Die Erkenntnis eines Musters, dem ein Glaubenssatz zugrunde liegt, ist ein erster Schritt. Mehr nicht. Erkenntnis, Energiebewegung und das Fühlen der im Glaubenssatz oder anderer fremder Energien erstarrten Gefühle – so wird über das intuitive Erkennen und Bewegen von Energie Schicht für Schicht, nach und nach, deine eigene Energie immer klarer, beweglicher und freier.

In den Basiskursen des Intuitionstrainings höre ich immer mal wieder die – je nach Persönlichkeit enttäuscht oder empört hervorgebrachte – Äußerung: »Ich habe diesen Glaubenssatz jetzt schon ein paarmal transformiert, und er ist immer noch da!« Auch wenn ich dies schon so oft gehört habe, muss ich jedes Mal wieder herzlich über die verständliche Ungeduld lachen. Die tägliche Wahrnehmung der eigenen Energie, die Klärung der Energiekanäle und die damit einhergehende Wahrnehmung, Überprüfung und Bewegung von Glaubenssätzen, Reaktionsmustern und einschränkenden Identifikationsebenen schafft nach und nach eine sichere Erfahrungsbasis. Über die eigene Erfahrung, fortwährende Überprüfung und kontinuierliche Anwendung kannst du die »Einbildung« zuverlässig differenzieren. Durch Erfahrung, Übung und Integration lernst du nach und nach Projektionen, die zu deinen Mustern gehören, klar zu unterscheiden von Energien, die du neutral wahrnimmst – bei dir und anderen. Täglich erfährst du das eigene System und den unmittelbaren Effekt deines Körpers, deiner Gefühlswelt und deiner Gedanken auf die bewusste Veränderung von Energie. Täglich erfährst du in kleinen und großen Bewegungen, wie deine Verbindung mit anderen Menschen friedlicher, authentischer und sicherer wird.

Die Energiewahrnehmung geht über die tägliche Routine im wahrsten Sinne in »Fleisch und Blut« über, das heißt, sie ist schließlich nicht mehr von der Alltagswahrnehmung zu trennen, und du nimmst sie schließlich auch selbstverständlich über deine Körperempfindungen wahr. Das geht nur durch Übung und Routine, also Beständigkeit. Vielleicht klingt das nach viel Arbeit für dich? Und das ist es auch. Aber es ist Arbeit, die sich wirklich lohnt, denn sie bringt unterwegs viele kleine und große Veränderungen und Erfolge. Ein starkes Beispiel für so einen Alltagserfolg ist das von Mario.

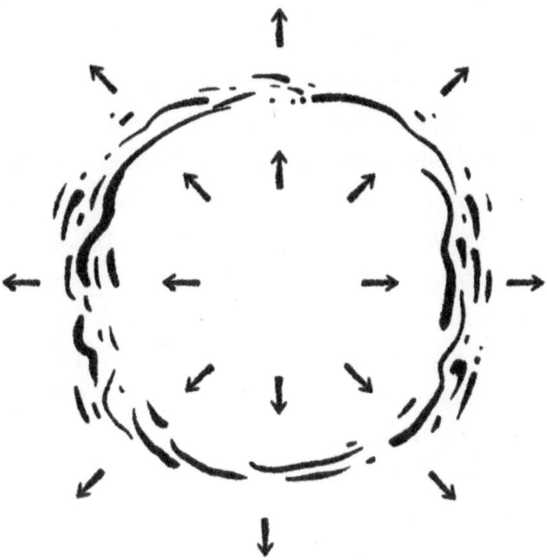

Fallbeispiel: Mario S., Gymnasiallehrer und Absolvent des Instituts

»Mir ist in der letzten Woche etwas Unglaubliches passiert! Ich habe Elternsprechstunden immer gehasst. Diese ewige Meckerei! Die übernehmen selber null Verantwortung, und ich und meine Kollegen sollen es richten. Ich hatte bis jetzt immer totales Magendrücken vor der Elternsprechstunde, weil ich mich schon im Vorhinein immer so geärgert habe. Ich wusste eh, was kommt, und so kam es auch immer.
Letzte Woche fiel mir am Morgen vor der Sprechstunde, als sich der Magen wieder zu melden begann, plötzlich ein, dass ich ja meine intuitiven Tools habe, die ich durchaus mal anwenden könnte! Zwei Stunden vor der Sprechstunde nahm ich schon den Druck der Eltern wahr. Ich spürte, wie mein Widerstand gegen diesen Druck hochschoss und ich direkt versuchte, die Kontrolle darüber zu übernehmen.

> Ich setzte mich hin, nahm meine Energie wahr, lokalisierte den Druck der Eltern in meiner Energie. Zuerst begrüßte ich meinen Widerstand und gab mir die Erlaubnis dafür, im Widerstand zu sein. Ich war richtig bockig! Das half, ich musste über mich selbst lachen, und der Widerstand löste sich. Die Magenschmerzen gingen weg. Ich konnte den Druck, den die Eltern erzeugten, jetzt ohne jegliche Bewertung, völlig neutral, zurückgeben.
> Und was glaubst du, was passiert ist? Das erste Mal seit einer Ewigkeit habe ich ein offenes Gespräch führen können. Die Eltern sind zufrieden und sogar zum Teil einsichtig aus dem Gespräch gegangen! Ich glaube, was wir hier machen, ist pure Magie. Das mache ich jetzt öfter!«

In gewisser Weise ist das Bewegen von Energie vielleicht Magie. Vor allem aber ist diese Kompetenz auch das Ergebnis von kontinuierlicher Übung und der Arbeit an sich selbst, auf allen Bewusstseinsebenen. Doch bevor es darum geht, Energie wahrzunehmen und zu bewegen, steht das Bewusstsein dafür, dass du außer deinem physischen Körper auch einen Energiekörper hast, in den nichts hineingehört außer der eigenen Farbe, der eigenen Energie.

In den ersten Wochen der Ausbildung kriege ich oft Beschwerden: »Oh, ich habe immer so ein Gefühl von Enge, das hatte ich vorher aber nicht!« Oder auch: »Ich merke ständig Fremdenergie, das ist aber extrem unangenehm – geht das auch wieder weg?« Ich freue mich dann immer sehr, denn diese Beschwerden sind Ausdruck dafür, dass den Menschen bewusst wird, dass seit Jahren oder Jahrzehnten etwas in ihrem Raum ist, das dort nicht hingehört. Die unangenehmen Gefühle, die »vorher aber nicht da waren«, zeigen, dass sie die Wahrnehmung nicht mehr vermeiden und dass sie die ursprüngliche Körperempfindung spüren und ausdrücken können, die die belastende Energie von Beginn an erzeugt hat.

Die Wahrnehmung des eigenen Energiekörpers und die Fähigkeit, diesen Raum zu klären, ist die Basis des Intuitionstrainings – und ihr Kern.

3
Geh mir aus der Aura! –
Warum dein Raum dir heilig sein sollte

»Everything that is, is the result of vibration. And if you don't like the result, change the vibration, that's all!«

– Abraham Hicks

DEIN ENERGIEKÖRPER ALS AUSDRUCK DEINES SELBSTBILDES

Dein Energiekörper ist dein heiliger Raum. Er ist Ausdruck deines Selbstbildes und bestimmt deine Präsenz. Er ist nicht starr und festgelegt, sondern kann von dir generell und situativ geklärt und eingerichtet werden.

Ich träumte. Ich schwamm in einer Art Naturpool mit einer Steinumrandung, dahinter lag das Meer. Ich nahm einen tiefen Atemzug und tauchte unter. Die Farbe des Wassers wurde immer heller, je tiefer ich tauchte. Jede Begrenzung fiel weg, ich konnte keine Steine mehr erkennen, es gab kein Oben, kein Unten mehr, ich war umgeben von unendlichem leuchtendem Blautürkis. Ich bekam Panik, weil ich mich nicht orientieren konnte, und dachte, ich würde ertrinken. Ich schaute mich um. Das Wasser war lichtdurchflutet, von der schönsten Farbe, die ich je gesehen hatte. Ich stellte fest, dass ich in diesem Wasser atmen konnte, und entspannte mich immer mehr. Es war, als ob es zwischen mir und der Farbe keine Trennung mehr gab, auch ich war lichtdurchflutet, frei und strahlend. »Das ist die Wahrheit über dich. Das ist, was du bist.« Ich war eins mit dem strahlenden türkisblauen Licht, hörte die Worte und war unendlich glücklich.

Als ich aufwachte, war ich immer noch glücklich. Ich war 23, traumatisiert, jede Begegnung mit Menschen tat mir weh. Und doch fühlte ich, dass mein Leben gut werden würde – irgendwann.

In meinem Traum erlebte ich mit dem Göttlichen eine physische Verbundenheit. Bisher hatte ich »nur« gewusst, dass ich heil werden würde. In diesem Traum erlebte ich, wie es ist, in meinem natürlichen Raum zu sein – wie es sich körperlich anfühlt, heil zu sein. In schmerzhaften Phasen meines Heilprozesses tauchte ich meinen ganzen Körper in das Türkis meines Traums. Es beruhigte mich. Ängste ließen nach, mein Bewusstsein wurde weit, destruktive Gedanken lösten sich auf, mein Körper entspannte sich, und ich schaute wieder zuversichtlich auf den nächsten Schritt.

Übung: Dein Zimmer

Stell dir bitte einmal ein Zimmer vor, das ganz und gar DEIN Zimmer ist. Wie würde dieser Raum aussehen? Wie groß wäre er? Wie viel Licht gäbe es in diesem Raum? Welche Farben gäbe

es darin? Was bräuchtest du, um dich wohlzufühlen? Und wie wäre der Stil der Einrichtung? Verspielt? Sachlich? Soll dein Zimmer immer ganz aufgeräumt sein oder brauchst du ein gewisses Maß an kreativem Chaos um dich herum? Vielleicht hängt irgendwo ein kleiner Text, der dich immer wieder daran erinnert, wer du wirklich bist und was dir wichtig ist? Der dich auch in herausfordernden Zeiten ermutigt? Wenn es diesen Text in deinem Zimmer gäbe, wie würde er lauten? Überlege bitte auch mal, wie du den Zugang zu DEINEM Zimmer regelst? Darf jeder rein? Wie gestaltest du die Außengrenzen zu DEINEM Zimmer, sodass sie perfekt sind? Du kannst Kontakt zu anderen haben, wenn du willst. Und wenn du nicht willst, dann nicht.
Nimm die Energie DEINES Zimmers in dich auf und nimm wahr, was sie in dir auslöst. Wenn du jeden Morgen darin aufwachen würdest, wie würde dieser Raum deinen Tag beeinflussen, was glaubst du?
Und jetzt stell dir bitte einmal vor, dass du zu deiner Geburt ein Zimmer von deinen Eltern bekommst. Sie richten es ein, ganz nach ihrem Geschmack oder auch nach dem, was sie für das Beste für dich halten. Im Laufe deines Lebens verändern sie die Farben vielleicht, aus der Babywiege wird ein Jugendbett, und es ist immer noch nach ihren Vorstellungen eingerichtet. Vielleicht hängen Texte an der Wand deines Zimmers, die Ausdruck davon sind, was sie im Leben für wichtig halten. Du hast vielleicht auch das ein oder andere in das Zimmer eingebracht, was ist das? Außer deinen Eltern hat auch die Gesellschaft, in der du lebst, über diesen Raum bestimmt. Wie sieht dieses Zimmer inzwischen aus? Wie groß wäre es? Wie hell? Wie wäre der Einrichtungsstil? Wie aufgeräumt, kreativ, einheitlich, harmonisch, einladend, eng etc. wäre dieses Zimmer? Und wie wäre der Zugang geregelt? Wer würde in diesem Fall bestimmen, wer wann und wie Zutritt erhält? Nimm die Energie dieses anderen Zimmers in dich auf und nimm

wahr, was sie in dir auslöst. Wenn du jeden Morgen darin aufwachen würdest, wie würde dieser Raum deinen Tag beeinflussen, was glaubst du?

Vielleicht ist die Vorstellung, dass du einen Energiekörper hast, der deinen physischen Körper umschließt, ungewohnt für dich. Auch wenn es so ist, bin ich sicher, dass du deinen Raum regelmäßig wahrnimmst, denn wie er gestaltet ist, beeinflusst entscheidend, wie es dir geht.

Welchen Einfluss dein Energiekörper auf dich hat und welchen Effekt seine Veränderung bewirkt, kannst du ganz einfach nachvollziehen:

Übung: Weiter Raum und enger Raum I

Wie nimmst du deinen Raum (den Raum um dich herum) jetzt gerade wahr? Stell dir bitte folgende Situation vor und beobachte deine Raumwahrnehmung.

- Du machst einen Strandspaziergang und lässt dich »durchpusten«.
- Du bist in einem überfüllten Zug, die Leute stehen in den Gängen.

Wie ist dein Raumgefühl in der Strand-Situation? Wie in der Zug-Situation?

Die meisten Menschen haben in der Strand-Situation ein Gefühl von Ausdehnung und im überfüllten Zug eine Wahrnehmung von Enge und vom Zusammenziehen des eigenen Raumes. Der physische Körper reagiert direkt auf eine Veränderung des Energiekörpers. Beobachte ganz einfach, wie das Bild des Strandspaziergangs deinen Atem beeinflusst und was mit deinem Atem geschieht, wenn du das Bild des überfüllten Zuges aktivierst.

Was du als Raumgefühl wahrnimmst, ist dein Energiekörper. Dein physischer Körper befindet sich in einem Energiefeld, das weit über die Hautgrenze hinausgeht. Dieser Energiekörper ist nicht festgelegt. Er ist flexibel, beweglich gestaltbar und kann jeden Tag anders aussehen. Er ist das, was im Allgemeinen als »Aura« bezeichnet wird.

Die Wahrnehmung des eigenen Energiekörpers ist eines der ersten Module des Trainings. Wenn das Training in Präsenz stattfindet, kann ich mich darauf verlassen, dass sich immer eine Teilnehmerin meldet und sagt: »Ich konnte meinen Raum nicht so groß machen, wie ich gerne gewollt hätte, weil XY neben mir sitzt.« Je nach Typ und Beziehungsdynamik zwischen den Menschen, die nebeneinandersitzen, geht der Satz so oder so ähnlich weiter: »Und ich wollte ihn nicht einengen« oder: »Und ich wollte nicht, dass er in meiner Aura ist, aber ich habe das Gefühl, dass er immer noch drin ist – geh aus meiner Aura!«. Mindestens zwei Drittel des Kurses stimmen ihr dann nickend zu.

Diese Mini-Anekdote zeigt, dass es durchaus ein Bewusstsein darüber gibt, dass wir einen Raum haben, der nicht physisch festgelegt ist, und auch ein Bewusstsein darüber, dass wir uns in diesem Raum intuitiv gegenseitig erfahren, auch wenn wir uns nicht physisch berühren. Die Vorstellung allerdings, dass wir, wenn uns jemand physisch nahe ist, automatisch in seinem Energiekörper seien oder er in unserem, ist gedanklich zwar nachvollziehbar, energetisch aber unzutreffend.

Übung: Weiter Raum und enger Raum II

Stell dir bitte noch mal den überfüllten Zug von vorhin vor. Nimm erneut deinen Raum in dieser Situation wahr und spüre, wie du dich in deinem Raum fühlst. Jetzt wechsle einfach deinen Raum, indem du die Raumwahrnehmung des Strandspaziergangs auf deine Situation im Zug überträgst. Du bist im völlig überfüll-

ten Zug, in dem sich niemand vorwärts oder rückwärts bewegen kann, und dein Raum ist der eines Strandspaziergangs. Nimm dir einen Moment, diese Veränderung zu kreieren und die Veränderung, die vielleicht entsteht, wahrzunehmen.
Was passiert? Wie fühlst du dich? Wird die Enge des physischen Raumes erträglicher oder ist das Gegenteil der Fall und der weite Raum erzeugt in der Zug-Situation eher unangenehme Gefühle? Was nimmst du wahr?

Die Reaktionen auf dieses kleine Experiment sind oft ganz unterschiedlich. Für manche ist die Übung eine Instant-Erleichterung, sie bemerken, dass sie in einer tendenziell unangenehmen Situation über die Veränderung ihres Raumes sofort ein anderes Empfinden herstellen können. Für andere ist das Gegenteil der Fall. Wenn sie ihren Raum in einer physisch beengten Situation weit machen, treten Befürchtungen, Ängste, die Sorge vor Kontrollverlust oder andere unangenehme Gefühle auf.

Unser Energiekörper ist sehr viel mehr als eine uns umgebende Hülle.

Dein energetischer Raum ist eine Abbildung unserer bewussten, vor allem aber der unbewussten Selbstidentifikation. Das heißt, deine Geschichte, deine Erfahrungen, deine Überzeugungen, deine Glaubenssätze, dein Selbstwert, deine Sehnsüchte, deine Ängste, deine Schatten, dein Potenzial, deine Fähigkeiten … Das alles ist in deinem energetischen Raum vorhanden. Er bildet eins zu eins alles ab, was du bist beziehungsweise was du glaubst zu sein. Und ebenso ist abgebildet, was du glaubst, nicht sein zu können oder zu dürfen. Daher ist es für manche bedrohlich, ihren Raum in einer sozial anspruchsvollen Situation (der überfüllte Zug) groß zu machen, denn größer zu sein bedeutet auch, sichtbarer zu sein, mehr wahrgenommen zu werden.

Ich nenne deinen Energiekörper deinen »Heiligen Raum«, weil dein Bewusstsein über deinen Raum essenziell wichtig dafür ist, wie klar du dich selbst wahrnehmen kannst und wie klar und vor allem wie neutral du die Verbindung und Beziehung zwischen dir, der Welt, Situationen und anderen Menschen wahrnehmen kannst.

WIE SCHÜTZE ICH MICH VOR ENERGIEVERMISCHUNG?

Viele, die ihren Raum das erste Mal bewusst wahrnehmen, haben sehr schnell den Impuls, diesen zu »schützen«. Oftmals werden dann im wahrsten Sinne des Wortes »Geschütze« aufgefahren, und die Teilnehmer des Trainings überlegen sich, wie sie ihren Energiekörper am besten abschotten können: mit einer Mauer, einem Feuerkreis, Stacheldraht kam auch schon vor – oder einer Lichtsäule, die sie unerreichbar macht.

Der Wunsch nach Schutz des eigenen Raumes ist absolut nachvollziehbar, insbesondere dann, wenn Menschen Traumaerfahrungen haben und vielleicht einmal oder mehrmals in ihrem Leben die Verletzung ihrer (physischen) Grenzen erleben mussten. Auch wenn du dir keiner Traumaerfahrung bewusst bist, weißt du sicherlich, wie es ist, wenn Energie, die nicht deine ist, in deinen Raum eindringt. Das kann sich unter anderem so äußern:

- Du warst in einem öffentlichen Raum und hattest aus dem Nichts heraus ein merkwürdiges Gefühl im Nacken oder Rücken. Du hast dich umgedreht und gesehen, dass dich jemand anstarrt. Das merkwürdige Gefühl hat womöglich Stunden, Tage oder noch länger angehalten und hat sich verstärkt, wenn es dir wieder eingefallen ist.
- Bei einer Begegnung mit einem Menschen, den du magst, erzählst du etwas, worüber du dich freust. Der andere reagiert verbal bestätigend und positiv und doch stellst du fest, dass deine Freude

gedimmt ist und du an der Bedeutung dessen zweifelst, was du erzählt hast.

- Vielleicht hast du auch schon mal einen Raum betreten, und ohne dass einer der Anwesenden etwas Bestimmtes gesagt hat, fühlst du dich auf einmal klein oder unbedeutend.
- Du hast einen Konflikt mit einer Arbeitskollegin oder deinem Partner gehabt, und in der folgenden Nacht schläfst du nicht, sondern diskutierst die ganze Zeit weiter, obwohl der andere physisch überhaupt nicht anwesend ist.
- Wenn du in einem helfenden Beruf bist und an sich genug Freizeit hast, bist du doch dauerbelastet von den Sorgen, Bedürfnissen und Ängsten deiner Klienten oder Patientinnen. Du weißt nicht, warum du so schwer oder so gestresst bist, obwohl du längst zu Hause bist und was anderes, vielleicht sogar sehr Schönes, machst.

Diese Beispiele beschreiben Energievermischung. Das bedeutet, dass nicht nur die Energie von jemand anderem in deinem Raum ist, sondern auch deine Energie in dem Raum des anderen. Die Energien von beiden haben sich miteinander vermischt. Energievermischung ist nichts Falsches oder Schlimmes, alle Menschen machen das andauernd. Es ist nur sehr hilfreich, wenn du dir darüber bewusst wirst und die Freiheit hast zu entscheiden, ob du diese Vermischung möchtest oder nicht.

Wenn du dir über die Vermischung nicht bewusst bist und auch keine Kompetenz hast, Energien zu trennen und deinen Raum zu klären, gehen die nächtlichen Diskussionen wahrscheinlich so weiter. Du versuchst, klar zu sehen, indem du deine Gedanken sortierst, und wirst dabei doch immer wieder in einer Diskussion mit der nicht anwesenden Person enden.

Du kannst gedanklich gar nicht klar sehen, weil du gegen die Energievermischung mit der anderen Person gedanklich nicht ankommst. Die Meinung der anderen Person ist nicht mehr nur bei ihr, sondern sie ist in deinem Raum gelandet. Und zwar nicht nur ihre Gedanken, sondern auch ihre Gefühle dir gegenüber und wahrscheinlich auch die Bewertung, die sie während des Streits gemacht hat. Solange die Energie des anderen in deinem Raum ist, siehst du nicht klar, denn du kämpfst in gewisser Weise gegen dich selber an.

Im Beispiel des helfenden Berufes bist du schwer, weil du die schwere Energie deiner Klientin faktisch in deinen Raum aufgenommen und mit nach Hause genommen hast. Wenn du Energie von anderen in deinen Raum aufnimmst, bist du nicht mehr ganz du selbst, und das wirst du auch fühlen. Zweifel, dich klein fühlen, schlecht über dich selbst denken, Energieverlust, Verwirrung, Müdigkeit ohne erkennbaren Grund, plötzlicher Ärger ohne erkennbaren Auslöser etc., das sind alles Anzeichen dafür, dass eine Energievermischung stattgefunden hat.

Erinnerst du dich an das Hellgrün, das die Schülerin Amira als »ihre Farbe« wahrgenommen hat? Und erinnerst du dich daran, dass sie die Farben, also die Energien ihrer Eltern und ihrer Oma, in ihrem Hellgrün identifizieren konnte? Genauso ist es mit deinem Raum. Sobald du die Ausdehnung und die Grenzen deines Raumes kennst und das klare Bewusstsein dafür hast, wie du deine Energie intuitiv wahrnimmst und von anderen Energien unterscheidest, kannst du deinen Raum schützen. Das bedeutet, du »schützt« deinen Raum am besten, indem du ihn klärst.

Es geht in den meisten Fällen nicht so sehr darum, was in deinen Raum hineinkommt – denn du interagierst automatisch und immer energetisch mit allem, was dich umgibt –, es geht darum, dass du Energien in deinem System identifizieren und klären kannst.

Ein lang gehegter Traum war wahr geworden: Ich würde zwei Monate ganz allein auf Kreta sein, allein wandern, wild zelten – ich hatte über die Arbeit in der Diskothek genug zusammengespart, um zwei Monate weit weg von zu Hause zu sein.

Die Fahrt von Chania im Norden Kretas in den Süden mit einem klapprigen Bus, der einen offenen Motorraum und keine Fenster hatte, war abenteuerlich. Ich fürchtete nicht so sehr um mein Gepäck, das der

Fahrer relativ nachlässig auf dem klapprigen Dachgepäckträger befestigt hatte. Viel mehr Sorgen machte mir die Geschwindigkeit, mit der er über die steile und sehr kurvenreiche Straße bretterte, neben der es steil abfiel. Manchmal, wenn ich aus dem Fenster schaute, war ich mir nicht sicher, ob der Bus mit allen Rädern noch auf der Straße war oder nur noch mit denen, die nötig waren, um einen Sturz in die Tiefe zu vermeiden. Es beruhigte mich auch nicht, dass der Fahrer in jedem Dorf anhielt, um Post einzusammeln oder abzugeben, und bei der Gelegenheit mit den Dorfbewohnern immer mindestens einen Raki trank. Sein Gesang wurde immer lauter, seine Arbeit machte ihm offensichtlich Spaß!

Es war noch nicht mal Mittag, als ich in dem kleinen Fischerdorf im Südwesten von Kreta ankam. Ich schlug schnell mein Minizelt auf und fragte dann den alten Griechen, den ich am Strand traf, nach einer Wanderstrecke. Wir verständigten uns mit Händen und Füßen, zwei Stunden hin, zwei Stunden zurück, verstand ich – genau das, was ich jetzt brauchte, um die Anspannung der Fahrt loszuwerden.

Ich lief über einen Kieselstrand auf einen schimmernden Berg zu und fand den Weg, der eng gewunden an einem Ziegenstall in eine Schlucht führte. Einige Zeit lief ich durch beindruckend hohe und rotweiß gemusterte Felsen. Der Aufstieg führte mich durch einen betörend riechenden Eukalyptuswald, und unterwegs verlor ich den Weg einige Male, fand ihn aber immer wieder. Auf der Anhöhe empfing mich erneut ein bezaubernder Duft: Wilder Thymian und andere Kräuter, die ich nicht kannte, brannten in der heißen Mittagssonne und füllten die Luft mit ihren Aromen.

Als ich den Weg erneut verlor, hielt ich auf eine Klippe zu, hinter der am Horizont das Blau des Meeres schimmerte. Schließlich erreichte ich den Abstieg in die Bucht, die der Mann mir beschrieben hatte. Ich blickte hinunter, sah den Strand und das Wasser – und konnte es nicht glauben. Ich hatte es gefunden. Es existierte. Auf dieser Welt. Mein Türkis. Ich kletterte in die Bucht hinunter, die völlig verlassen war. Außer mir war niemand da. Ich fand alte verlassene Ruinen, an den hellen Linien der Felsen war klar erkennbar, dass der Meeresspiegel vor langer Zeit weitaus höher gewesen sein musste.

Ich stromerte durch die Bucht und stieß schließlich auf eine uralte Tempelanlage. Es gab kein Dach, aber Mauern und Boden waren zum größten Teil erhalten. Der Boden bestand aus einem Mosaik aus geometrischen Formen. Ein Vogel und eine Schlange waren erkennbar. Ich legte mich in die Mitte des Tempels und spürte ein warmes Gefühl im Bauch, das mir neu war. »Zu Hause«, kam als Information. »Du bist hier zu Hause.«

Ich war wach und sah doch wie in einem Traum die unterschiedlichsten Bilder, Szenen und Situationen. Ich sah brennende Fackeln des Nachts vor dem Tempel, eine Prozession von Frauen in weißen Gewändern, die sangen und tanzten. Ich sah eine schlafende Frau auf dem Steinaltar am Kopf des Tempels und sah meine Hände auf ihrem Bauch. Ich sah Vogelschwärme, die ein Unwetter ankündigten, sah Menschenströme, die vor dem Tempel warteten, und Frauen, die diese Menschen einen nach dem anderen im Tempel empfingen.

Die verschiedenen Szenen hatten unterschiedliche Gefühlsqualitäten – friedlich, irgendwie heilig, mystisch. Zwischendurch empfand ich die Natur als bedrohlich, und dann war lange nichts, außer Tieren, die sich in der Nähe des Tempels aufhielten, insbesondere Vögel.

Ich war völlig wach und »sah« das alles. Im Vordergrund stand aber die ganze Zeit das Gefühl, was ich an diesem Ort, auf dem Boden des alten Tempels, fühlen konnte, ohne den entsprechenden Zustand zu kennen: Ich war »zu Hause«. Nach einer gefühlten Ewigkeit stand ich auf und lief hinunter zum Kieselstrand der Bucht. Ich zog mich aus, nahm einen tiefen Atemzug und tauchte ein – in mein Türkis. Ich schwamm in dem wahr gewordenen Traum. Erst als die Sonne hinter dem Felsen verschwand, stellte ich überrascht fest, wie spät es geworden war. Es dämmerte bereits, und die Wanderung war definitiv zu lang und zu unsicher, um sie im Dunkeln zu machen.

Ich überlegte gerade, wie ich die Nacht ohne Schlafsack in der Bucht verbringen sollte, als ein Fischer in einem kleinen Boot in die Bucht getuckert kam. Er war sehr freundlich, lud mich in sein Boot ein und brachte mich zurück zum kleinen Fischerdorf, dessen Name das einzige griechische Wort war, das ich kannte.

Dieser Tag hat mein Leben verändert. Und ohne dass ich hätte benennen können, warum oder wie, wusste ich: Meine Heilung hatte begonnen.

Es sollten mehr als zwanzig Jahre vergehen, bis ich mit Frauengruppen zu diesem Ort reiste und sie dazu einlud, die ganz spezifische Heilenergie dieser Bucht zu erfahren. Erst kurz vor dem ersten Retreat, das ich 2015 im Südwesten Kretas durchführte, googelte ich den Namen dieser Bucht und erfuhr, dass dort in byzantinischer Zeit ein berühmter Heilort existierte. Der Tempelfußboden, auf dem ich lag, gehörte zu einer der im ägäischen Raum damals weit verbreiteten Asklepios-Heilstätten. Mehr als tausend Menschen lebten damals in der Bucht und viele besuchten den Ort, um im Tempel Heilung zu erfahren. Ein Tsunami zerstörte die Ansiedlung und große Teile des Tempels. Seitdem ist die Bucht unbewohnt und wurde erst Ende der fünfziger Jahre wiederentdeckt.

Als ich von Kreta zurückkam, entschied ich mich, meine Heimatstadt zu verlassen. Ich bewarb mich für ein Stipendium in den Niederlanden und bekam es. Ich hatte die innere Bereitschaft erreicht, den in jeder Hinsicht engen Raum meines »Zuhauses« zu verlassen.

SELBSTTEST: WIE GUT IST DEIN ENERGETISCHER RAUM GESCHÜTZT?

1: Ich fühle mich selten physisch bedrängt.

☐ Stimmt	3 Punkte
☐ Stimmt eher	2 Punkte
☐ Stimmt nicht	1 Punkt

2: Wenn ich nach einer Party nach Hause komme, fühle ich mich oft unangenehm »voll« und brauche manchmal lange, um einzuschlafen.

☐ Stimmt	3 Punkte
☐ Stimmt eher	2 Punkte
☐ Stimmt nicht	1 Punkt

3: Mir fällt im Anschluss an eine Gesprächssituation oft auf, dass ich jemandem viel länger zugehört habe, als ich wollte, und dass es mir eigentlich gar nicht recht wahr, das Gesagte zu erfahren.

- ☐ Stimmt — 3 Punkte
- ☐ Stimmt eher — 2 Punkte
- ☐ Stimmt nicht — 1 Punkt

4: Ich brauche immer sehr viel Zeit, in der ich völlig allein bin, um mich zu erholen und mit Energie neu aufzuladen.

- ☐ Stimmt — 3 Punkte
- ☐ Stimmt eher — 2 Punkte
- ☐ Stimmt nicht — 1 Punkt

5: Ich kann mich sehr gut von Dingen trennen, an denen ich keine Freude mehr habe.

- ☐ Stimmt — 3 Punkte
- ☐ Stimmt eher — 2 Punkte
- ☐ Stimmt nicht — 1 Punkt

Auswertung:

Zähle alle Punkte zusammen und schau, wo du dich wiederfindest.

1 bis 6 Punkte:

Stufe 1: Hast du schon mal das Gefühl gehabt, eine Energietankstelle für Hinz und Kunz zu sein – und das auch noch kostenfrei? Es wird einen Grund geben, warum du glaubst, keinen eigenen Raum haben zu können beziehungsweise ihn für andere aufgeben zu müssen. Glückwunsch! Die Erkenntnis ist der erste Schritt zur Veränderung. Das Muster lässt sich heilen. Ich weiß es, denn ich war genau da, wo du dich jetzt befindest. Das zu erkennen braucht Mut, und den hast du ganz offensichtlich!

7 bis 10 Punkte:

Stufe 2: Dein Raum ist manchmal recht klar, und dann sammelst du wieder (unbewusst) allerlei Energien, die dich länger belasten, als es dir guttut. Du kennst beide Situationen, das heißt, du hast durchaus bereits einige Kompetenzen, die es dir erlauben, deinen Raum zu respektieren. Weiter so!

11 bis 15 Punkte:

Stufe 3: Du hast (vielleicht ganz unbewusst) einen recht gut beschützten energetischen Raum. Super! Das ist eine sehr gute Voraussetzung dafür, dir deiner intuitiven Wahrnehmung nach und nach bewusster zu werden!

HINTERGRUND: EIGENER RAUM UND ENERGIEKÖRPER

Im Intuitionstraining schauen wir im Besonderen immer nach diesen Energien in deinem Raum:

- Fremdenergie
- Glaubenssätze/Überzeugungen
- alte Energie

Fremdenergie ist jede Energie, die nicht von dir ist, egal ob von einem geliebten Menschen oder deinem Mathelehrer in der Grundschule. Also egal ob positiv oder negativ, es handelt sich in beiden Fällen um Fremdenergie. Glaubenssätze und Überzeugungen können ebenfalls vermeintlich positiv oder negativ sein. Der Glaubenssatz »Ich bin dumm« ist genauso starre Energie wie »Ich bin eine gute Liebhaberin«.

Glaubenssätze und Überzeugungen sind nicht per se schlecht, sie können auch sinnvoll und positiv identitätsstiftend sein. Entscheidend ist das Vermögen, sie zu identifizieren; unterscheiden zu können, ob sie dich (noch) unterstützen oder ob sie vielleicht früher mal wichtig waren, es jetzt aber sinnvoll ist, sie zu lösen.

Natürlich kann es auch eine Energie in deinem Energiekörper geben, die alles zugleich ist: eine Überzeugung, die im Ursprung nicht von dir ist, also fremd; und sie kann sehr alt sein, Jahre oder Jahrzehnte alt, oder noch älter.

Ganz wesentlich ist auch, wie du die Außengrenzen deines Raumes definierst. In den Basiskursen ist die Wahrnehmung und Gestaltung der Grenze der Aura immer ein zuverlässiger Aufreger, der alle möglichen Reaktionen auslöst. Typisch sind folgende Äußerungen:

- Ich möchte aber doch mit allem verbunden sein – und jetzt soll ich mich abgrenzen?
- Ganz egal, wie groß ich meine Aura gemacht habe, immer wenn ich die Grenzen deutlich mache, fühle ich mich eingeengt!
- Ich nehme den Rand meiner Aura gar nicht wahr, was ist denn das? Das fühlt sich gar nicht gut an!
- Ich fühle mich wie die letzte Egoistin, wenn ich meine Aura nach außen dichtmache!
- Immer wenn ich versuche, den Rand deutlich zu machen, wird eine komische Farbe in meiner Aura richtig groß, das ist nicht besonders angenehm.

Wir können uns nur stimmig mit etwas oder jemandem verbinden, wenn wir uns über unser Selbst klar sind. Alle oben aufgeführten »Klassiker« zeigen, wie unklar wir im Bereich Verbindung(en) häufig sind. Tiefe Verbindung ist nur möglich, wenn wir klare Grenzen haben. Wenn wir unseren energetischen Raum, unseren Energiekörper kennen, bewusst gestalten, klären und versorgen, dann haben wir überhaupt erst die Grundlage geschaffen, auf der wir uns frei verbinden können. Es ist nur wenigen Menschen bewusst, welche Bedeutung ihr Energiekörper für die Qualität ihrer Verbindungen zu anderen Menschen und auch zu ihrer Verbindung mit dem eigenen Leben hat.

Ich studierte noch nicht lange in Berlin und fand es immer noch so aufregend wie herausfordernd, mich in der großen Stadt zurechtzufinden. Die Mauer gab es seit fünf Jahren nicht mehr, und doch glich der Osten Berlins, in dem ich wohnte, noch der DDR, die ich als Kind kennengelernt hatte. Mein Ziel an diesem Tag lag allerdings im Westen. Das Café Begine und der angrenzende Hinterhof war als reiner Frauenort bekannt. Ich war vorher noch nie dort und hatte keine Vorstellung von dem, was mich erwartete. »Aura Reading« sagte mir erst mal nicht so viel.

Ich war 25 und studierte Filmwissenschaften und Niederlandistik, hatte eine handfeste Sinnkrise und die Therapeutin, zu der ich ging, weinte immer mit mir und sagte mir im Anschluss an die Therapiestunde häufiger vorwurfsvoll: »Ich weiß nicht, was das ist, Sie haben so was, da kann ich nicht an mich halten.« Ich suchte Hilfe und eine Freundin empfahl mir eine Sitzung bei einer Frau, die im Begine wohnte und arbeitete. Zuerst war ich skeptisch, weil alles dem esoterischen Klischee entsprach: die Raufaserwände waren in unregelmäßigem Gelb gestrichen, es roch nach Räucherstäbchen, ich bekam irgendeinen obskuren Kräutertee, und die Frau trug zu allem Überfluss einen langen roten Pannesamt-Rock und ein Fußkettchen mit kleinen Glöckchen.

Wir saßen uns gegenüber, und sie schloss die Augen. Schließlich begann sie zu sprechen: »Ich sehe dich auf einem langen Holzsprungbrett über einem endlosen türkisen Meer. Du möchtest springen, aber etwas hält dich zurück.« Sie sprach von der Krankheit meiner Mutter: »Irgendetwas stimmt nicht mit deiner Mutter, ich kann ihre Energie kaum greifen. Ich sehe nur Nebel, und ab und an kommen rote Blitze oder Energiefragmente aus dem Nebel geschossen.« Sie benannte meine Traumata und beschrieb sie energetisch so: »Du hast die Zeit angehalten. Manchmal, wenn etwas zu schrecklich ist, frieren wir die Zeit ein, weil wir so versuchen zu vermeiden, dass etwas ähnlich Furchtbares wieder passiert. Leider hilft das nicht, das Gegenteil ist der Fall, wir können nicht heilen. Sie hat dir die Überzeugung vermittelt, dass du ohne sie nichts wert bist, und das glaubst du bis heute. Gleichzeitig hast du eine riesige Angst vor ihr, und du kuschst ihr gegenüber – auf jeden Fall innerlich. Ich sehe, dass du springen willst, aber das würde bedeuten, dich ganz und gar von ihr zu lösen.«

Sie beschrieb noch viel mehr von dem, was sie in meinem Energiefeld sah, und alles war schmerzhaft zutreffend: Meine Sinnkrise ergab sich aus meiner Bindungsunfähigkeit und meiner Unfähigkeit, überhaupt zu entscheiden, was ich machen möchte – weil ich nicht wusste, wer ich eigentlich war. Meine Energie war so mit der Energie meiner Mutter vermischt, dass ich keinerlei Zugang zu meinen eigenen Bedürfnissen hatte. Sie beschrieb das Potenzial, das sie in mir sah, die Vielfältigkeit der Möglichkeiten.

Damals hatte ich keinerlei Zugang zu dem Schönen und Verheißungsvollen, das sie mir spiegelte. Ich fand es angenehm zu hören, konnte das Gesagte aber nicht mit mir in Verbindung bringen. Und doch war diese Sitzung im Begine in Berlin-Schöneberg ein Meilenstein für mich. Ich hatte mit einem Menschen gesprochen, der genauso »sah« wie ich! Und nicht nur das, es gab offensichtlich auch die Möglichkeit, das zu kommunizieren! Ich erfuhr, dass man sich in dem, was ich mein Leben lang mehr oder weniger geheim gehalten hatte, ausbilden lassen konnte.

Ich beendete die Therapie bei der weinenden Therapeutin. Bis ich mich ernst genug nahm, um die Ausbildung zur »Aura-Readerin« zu beginnen, sollten aber noch zehn Jahre vergehen. Ich hatte gehört, dass in meinem Raum viel Energie von meiner Mutter war und wie tief wirksam der Glaubenssatz war, den ich übernommen hatte. Genau diese Dinge konnte ich bei anderen Menschen sehen, aber mir selbst konnte ich nicht richtig helfen. Noch nicht.

Übung: Der Raum um dich herum ist nicht leer!

Stell dir deine Aura vor, den Raum, der deinen physischen Körper umgibt, der zu dir gehört, auch wenn man ihn nicht anfassen kann: deinen Energiekörper. Vielleicht wird der Raum sichtbar für dich, vielleicht fühlst du ihn eher, oder du »bildest dir etwas ein«. Bilde dir ruhig etwas ein, Einbildung wird deutlich unterschätzt! Deine Aura muss nicht so aussehen, wie in vielen Büchern abgebildet. Sie ist in kontinuierlicher Bewegung und niemals statisch. Kurz gesagt: Eine perfekte Aura gibt es nicht. Wie nimmst du deinen ureigenen Energiekörper in diesem Moment wahr? Trau deiner Wahrnehmung: den Gefühlen, Farben, Gedanken, Bildern – auch wenn du einfach etwas weißt – glaube dir. Welche Farbe hat deine Aura? Farben sind Übersetzungen von Energien, das kennst du vielleicht aus der Physik. Wenn du keine Farben »siehst«, mach dir keinen Stress, akzeptiere weiter deine Art, Energie wahrzunehmen, als real. Gefühle, Bilder, Wissen – alles zählt in dieser Anfangszeit!

Jetzt schau dich um in deinem Energiekörper: Lass die Energie von anderen Menschen als Energiebälle in einer anderen Farbe für dich sichtbar (oder fühlbar etc.) werden. Gibt es viele oder wenige solcher Bälle von Fremdenergie? Gibt es Bereiche in deinem Energiekörper, wo sie sich besonders knubbeln? Stell dir vor, dass du diese »Bälle« anstupst, so wie bei diesem Kindergeburtstagsspiel, wo man Luftballons durch die Gegend stupst. Bring die Ballons mit ganz leichtem Anstupsen aus deinem Energiekörper heraus. Hat diese Veränderung einen Effekt auf dich? Welchen?

Abschließend füllst du deinen Energiekörper mit »deiner« Farbe aus. Wenn du nicht weißt, was deine »Farbe« sein könnte oder du aktuell noch keine Farben siehst, dann nimm eine Farbe oder Qualität, die dir guttut. Fülle deinen ganzen Raum aus.

Am besten machst du diese Übung jeden Abend, bevor du schlafen gehst – auf jeden Fall nach anstrengenden Begegnungen mit anderen. Wenn du das regelmäßig machst, wirst du nach und nach immer besser spüren, ob du Fremdenergie in deinen Energieraum aufgenommen hast und welchen Effekt diese Energie auf dich hat – mit Klarheit wahrnehmen und mit Leichtigkeit aus deinem Raum bewegen. Vergiss nicht, deinen Raum anschließend mit deiner Farbe oder Qualität aufzufüllen. Dein Raum darf dir heilig sein!

...
HALLO
EGO EGO
EGO
EGO EGO
EGO

4
Gott, dein Göttliches und dein höchstes Selbst

»Die Worte, die wir für den Schöpfer verwenden, sind ein Spiegelbild unserer selbst. Wenn wir bei Gott an Angst und Scham denken, sind wir ängstlich und tragen etwas, für das wir gelernt haben, uns zu schämen. Aber wenn wir Liebe, Mitgefühl und Freundlichkeit sehen, dann deshalb, weil wir diese Eigenschaften besitzen.«

– Shams Tabrizi

Meine frühen Gottes- und Seelenerfahrungen waren an Traumaerfahrungen geknüpft. In meinem Körper zu bleiben und zu fühlen, was geschah, war nicht möglich, weil es nicht auszuhalten war, was geschah. Also verließ ich meinen Körper. In der Psychologie und in der Traumaforschung gibt es für diese Bewegung aus dem Körper hinaus den Begriff »Dissoziation«. Das bedeutet, dass man während eines traumatischen Erlebnisses den Körper verlässt, weil die Erfahrung emotional nicht integrierbar ist. In einem dissoziativen Zustand ist man gewissermaßen »weg«. Man fühlt nicht mehr und beobachtet ein Geschehen scheinbar unbeteiligt. Dissoziation ist eine Überlebensstrategie, und meistens wendet man diese Strategie nicht nur einmal und temporär bei Bedarf an, sondern man wird nach und nach zu einem Menschen, der generell dissoziiert, also generell nicht wirklich im eigenen Körper anwesend ist. Wenn wir nicht in unserem Körper anwesend sind, können wir nicht fühlen. Wir können Gefühle nicht deuten. Daher fallen uns Verbindungen und generell

Beziehungen schwer, denn wir wissen nicht, was wir emotional und physisch brauchen oder wo eine emotionale oder physische Grenze für uns erreicht ist.

Diese Beschreibung trifft leider auf sehr viele Menschen unserer westlichen Gesellschaft zu. Und die Wahrscheinlichkeit ist sehr hoch, dass du dich zumindest in einem Aspekt davon wiedererkennst.

Mit »weg« ist ein Ort bezeichnet, an dem wir gar nichts mehr fühlen, also taub sind. Manche beschreiben diesen Zustand so, dass sie das, was geschieht, wie ein völlig unbeteiligter Beobachter wahrnehmen. Andere erleben diesen Zustand als »innerlich tot«. Letztlich wissen wir, wenn wir dissoziiert, also nicht in unserem Körper anwesend sind, nicht, wer wir sind. Dieses Erleben hatte ich auch. Aber eben nicht nur.

DIE ERFAHRUNG DES EIGENEN GÖTTLICHEN IM KÖRPER

In meiner Kindheit war für mich das Verlassen meines Körpers nicht nur negativ. Ich war zwar oft »weg«, also getrennt von mir, aber nicht immer. Ich bewegte mich aus dem Körper hinaus zu einem anderen Ort, der mir Geborgenheit gab. Häufig war ich auf der Seelenebene, und dort war ich sehr mit mir verbunden. Auf der Seelenebene wusste ich, wer ich wirklich bin, dass die Beschimpfungen unwahr waren und dass mein weiteres Leben anders verlaufen würde als die momentane Hölle.

Der Kontakt zur Seelenebene unterscheidet sich von den Fluchtbewegungen »Dissoziation« und »Wegträumen« durch seine Klarheit. Auf der Seelenebene existiert nichts Schwammiges, Verwirrendes, Gelähmtes oder Dumpfes. Auf der Seelenebene ist man emotional und geistig klar anwesend, und die Wahrnehmung ist sehr präzise. *Du bist nicht, was dir gerade passiert. Es ist keine Wahrheit in dem, was dir gesagt/getan wird,* hörte ich auf dieser Ebene immer wieder. Es war kein Hören in dem Sinne, also mit meinen Ohren oder einer

Stimme in meinem Kopf. Es war die Wahrnehmung einer Energie, die dem physischen Hören in der Empfindung nahekam.

Deine Seele entstand aus dem Göttlichen und ist göttlich. In deinem Schöpfungsprozess wurde deine Essenz geboren, genauso wie die Seele, die deine Essenz trägt. Der Unterschied zwischen Essenz und Seele liegt darin, dass deine Essenz immerwährend und unveränderlich ist, sie hat sozusagen immer denselben Ton, dieselbe Farbe, während deine Seele lernt und sich kontinuierlich entwickelt.

Gerade in herausfordernden Zeiten, oder wenn es um weitreichende oder einfach knifflige Entscheidungen geht, ist es sehr hilfreich, wenn du den Kontakt zu deiner Seele und deiner Essenz hast. Diese Ebene hat immer die ganz klare Information, was für dich jetzt richtig und wichtig ist – und auch wie du vorgehen kannst.

Es gibt ein Tool, das wir im Intuitionstraining immer wieder anwenden: das spirituelle HALLO. Generell verstehen wir unter HALLO die Energie, mit der wir jemandem oder etwas begegnen. Ganz simpel erklärt: Wenn ich eine Party ausrichte, werde ich dir mit einem Party-HALLO begegnen. Die Energie des Party-HALLOs ist womöglich bestimmt von Freude, Zusammenkommen, Tanzen und das Leben feiern. Wenn ich dich zu einem Team-Meeting einlade, in der wir eine Filmidee besprechen, wird mein Meeting-HALLO wahrscheinlich die Energie von Fokus, Kreativität, Begeisterung und kritischem Geist beinhalten.

Das spirituelle HALLO ist die Begegnung mit jemandem oder etwas in neutraler, wertschätzender Energie. Das spirituelle HALLO umfasst bedingungslose Liebe und bedingungslose Freiheit. Wenn ich dir mit einem spirituellen HALLO begegne, ist die Energie: »Ich sehe dich in deinem ganzen Sein. Du bist genau so gut, wie du bist, es gibt nichts zu verbessern.« Das bedeutet nicht, dass ich in der Energie vom spirituellen HALLO deine Schatten nicht sehe. Das »Ich sehe dich« heißt, du bist angenommen, mit dem, was ist. Die bedingungslose Annahme des spirituellen HALLOs ist die Grundlage jeder Form von Veränderung oder Heilung.

Übung: Das spirituelle HALLO

Nimm dir einen Moment Zeit und stelle sicher, dass du nicht gestört wirst. Vielleicht möchtest du in die Natur gehen oder dir vorstellen, dass du an einem ruhigen und schönen Ort in der Natur bist, an dem du dich sicher und frei fühlst. Beginne damit, deinen Atem tiefer werden zu lassen und dich vom Alltag zu lösen. Alles, was dich von dir selbst ablenkt, kannst du jetzt loslassen. Und dann lass für dich die Qualität von bedingungsloser Liebe spürbar werden. Vielleicht hast du ein Gefühl, vielleicht ein Bild, vielleicht weißt du einfach intuitiv um diese Qualität und nimmst ihre Energie wahr – oder du bildest sie dir ein. ;-) Wie fühlt sich dein Körper im Kontakt mit bedingungsloser Liebe an? Merke dir das Gefühl unbedingt!
Wenn du Kontakt damit hattest – einen Funken wahrzunehmen reicht! –, nimm als Nächstes die Qualität von bedingungsloser Freiheit wahr. Vielleicht erfährst du sie in einem Windhauch, der über deine Stirn streicht, oder im Rauschen der Blätter, oder du siehst ein Bild, hast ein Gefühl – oder bildest dir wieder alles ein. ;-) Wie reagiert dein Körper auf bedingungslose Freiheit? Nimm die Körperempfindungen wahr, die durch die Qualität von bedingungsloser Freiheit ausgelöst werden, und setze dir einen Energiemarker (das kann ein kleines Symbol sein), der dich an dieses Empfinden erinnert.
Gib aus der gleichzeitigen Wahrnehmung beider Qualitäten deiner Seele ein HALLO.
HALLO ist die Qualität von bedingungsloser Liebe und bedingungsloser Freiheit.
HALLO ist neutral, liebevoll und wertschätzend.

Wie nimmst du HALLO wahr? Es ist eine Schwingung, und es ist ein intuitives Tool, das wichtigste Tool, das wir haben.

In dieser Übung hast du eine intensive intuitive Wahrnehmung erlebt. Deine Intuition ist dein Zugang zu deiner Seele und zum Göttlichen. Diesen Kontakt herzustellen, die Seelenebene und die Botschaften deiner Seele und des Göttlichen klar wahrzunehmen, ist nicht besonders schwer. Tatsächlich ist es an sich überraschend leicht. Allerdings ist die Annahme der Wahrheiten, die du in diesem Kontakt erfährst, keineswegs immer einfach, denn die Seelenebene existiert jenseits deiner vordergründigen persönlichen Interessen und Bedürfnisse. Vielleicht schickt sie dir ein komplexes Bild, in dessen Essenz du die Botschaft genau erfassen, wenn auch (noch) nicht direkt mit dem Verstand begreifen kannst. Manchmal ist sie sehr direkt: »Du belügst dich selbst. Dein Partner behandelt dich schlecht, und du weißt es. In dieser Beziehung wirst du für dich nie erreichen, was du dir wünschst und was für dich möglich ist.« Oder: »Wenn du weiter so Raubbau betreibst mit deinen Kräften, wirst du krank.« Oder: »Diese Frau ist nicht schlecht. Du redest dir das ein, damit du dich deinem Neid nicht stellen musst.« Oder: »Wenn du nicht in die Sichtbarkeit gehst, wirst du verbittern. Und dafür trägt niemand außer dir die Verantwortung.« Oder: »Dieser Beruf ist eine Ausrede, ein Nebenschauplatz, den du kreierst, weil du Angst davor hast, was passiert, wenn du deine Berufung lebst.« Oder: »Du weißt genau, was in dieser Situation richtig ist. Dein Zweifeln ist Vermeidung, sonst nichts.«

So oder so ähnlich können die radikal direkten Botschaften deiner Seele lauten. Natürlich hat sie auch schöne Botschaften, so wie mein Traum mit der türkisen Energie. Und auch die schöne Kommunikation kann sehr direkt sein: »Nein, nicht zu groß gedacht! Endlich traust du dich zuzulassen, was dich ausmacht. Worauf wartest du? Der richtige Moment ist Jetzt!« Oder: »Ruh dich aus, so lange du es brauchst. Es ist dein Geburtsrecht, dir selbst gutzutun.« Oder auch: »Denke nicht länger an die schlechte Nachrede. Besinne dich auf deine Essenz, das ist, was dich ausmacht. Und das ist, was wichtig ist. Verschwende deine Zeit und Energie nicht länger. Na, siehst du.«

Wenn du die Botschaften deiner Seele wahrnehmen, annehmen, integrieren und leben kannst, lebst du aus deinem höchsten Selbst. Das Sein im höchsten Selbst meint, in deinem Körper sein zu können, deine Bedürfnisse und Gedanken auf Persönlichkeitsebene zu registrieren und gleichzeitig die Stimme deiner Seele, deine Intuition als deinen Leuchtturm, Wegweiser und Anker völlig integriert zu haben.

Dein höchstes Selbst ist die Integration deiner Psyche und deiner Seele – wo dein *Seelesein* und dein *Menschsein* untrennbar miteinander verbunden sind. In deinem höchsten Selbst wirst du von deiner Seele beraten, von deinem Verstand unterstützt, von deinen Gefühlen in die Umsetzung gebracht und von deinem Körper in der Umsetzung aufmerksam geführt.

DAS GÖTTLICHE UND DIE INTUITION

Die Intuition ist Ausdruck des Göttlichen im Menschen und die Brücke zwischen Mensch und Gott. Ohne das Verständnis des Göttlichen ist die Intuition nicht zu erfassen.

Das Göttliche ist die höchste existierende Schwingung – höchstes Bewusstsein und bedingungslose Liebe. Es gibt einen Teil des Göttlichen, mit dem wir, wenn wir unsere Intuition frei zur Verfügung haben, bewusst kommunizieren können. Unser Göttliches in unserem Körper zu erfahren, ist die Erfahrung unseres höchsten Selbst. Die Intuition ist der Weg zu unserem höheren Selbst und gleichzeitig Teil unseres höheren Selbst.

Als Kind betete ich häufig. Nicht, weil ich es gelernt hatte, und auch nicht so, wie ich es gelernt hatte. Ich führte jeden Abend mein ganz eigenes »Gespräch mit Gott«, was mir das Gefühl von Verbundenheit und Aufgehobensein gab. Es war ganz natürlich für mich, mich mit dem Göttlichen zu unterhalten, mich zu bedanken für das Schöne am Tag und um Schutz zu bitten für mich und für die, die ich liebte. Das heißt, ich sprach und betete zu dem, was ich unter Gott verstand: eine liebevolle, mich sehende Energie. Mein Gott war jemand, der auch wusste, was ich wusste, wenn ich auf Seelenebene war. Diese Verbindung, abends in meinem Bett, war der einzige Lebensbereich, in dem ich keine Angst hatte. Im Gegenteil, ich fühlte mich angenommen und aufgehoben.

Einer meiner Großväter war Superintendent, und er war ein guter Superintendent. Aber er war auch ein grausamer und verletzender Despot, ohne Mitgefühl für seine Kinder und seine Enkelinnen. Ich hatte Angst vor ihm und ekelte mich. Zu Recht. Der Zweite Weltkrieg hatte ihm schwer zugesetzt. Die erlittenen Traumata wurden, wie auch bei vielen anderen Männern dieser Generation, nicht aufgearbeitet, sondern mit Macht, Härte und Alkohol kompensiert und entsprechend weitergegeben. Den Gott, zu dem mein Großvater betete und über den er in seinen Predigten sprach, kannte ich nicht. Das Bild, das er zeichnete, verwirrte mich. Denn einerseits war Gott in seiner Auslegung der beste Freund, man durfte vertrauen, alles war in »Gottes Hand« und dort auch am besten aufgehoben; andererseits war zugleich die Sprache von Schmerz, Kreuzigung, Opfer, Sünde, Schuld, Buße und Strafe.

Auch wenn seine Worte salbungsvoll und vordergründig zugewandt gesprochen waren, »fühlte« ich immer etwas darin, das mich verstörte und das ich nicht mit der Leichtigkeit und dem Vertrauen meiner selbstverständlichen Begegnungen mit »meinem« Gott zusammenbringen konnte. Mein kindliches Verständnis des Göttlichen lag nicht falsch, denn in allen Weltreligionen ist das Gottesbild im Kern identisch:

Gott ist höchstes Bewusstsein und bedingungslose Liebe.

In vielen alten Religionen, Naturreligionen und indigenen Kulturen ist Gott außerdem eine schöpferische Energie, die sich in der Natur ausdrückt, die die Natur ist. Der Mensch ist in diesem Verständnis Teil von Gott und der Natur – er ist untrennbar mit beidem verbunden und genauso wie der Ozean oder ein Baum Ausdruck der schöpferischen Kraft des Göttlichen.

HAVE YOU SEEN GOD?
YES, SHE'S BLACK

Wie das ursprüngliche Verständnis von Gott in vielen Religionen gehandhabt wird, ist niederschmetternd. Zum Beispiel im Christentum: Die ursprüngliche Bewegung, die schon Jahrhunderte vor dem historischen Jesus Christus entstand, war durchdrungen vom Verständnis Gottes als bedingungsloser Liebe. Diese erste Bewegung predigte Freiheit und Gleichheit der Menschen (auch der Geschlechter!). Sie war durchdrungen von der Botschaft, dass sich das Göttliche im Menschen manifestiere, und diese Botschaft ging mit großer, echter Demut vor dem Göttlichen im Menschen einher. Dass der Mensch nach dem Ebenbild Gottes geschaffen sei, verlieh ihm im Verständnis dieser frühen Bewegung keine Macht, sondern vielmehr eine besondere Verantwortung.

Machtstreben im Christentum und religiöse Systeme, die dem Machterhalt dienen, entstanden erst in den Jahrhunderten nach Jesus Christus, als die Bewegung immer größer geworden war. Die ursprünglichen Lehren und Texte wurden zum Teil vernichtet, umgeschrieben, vergraben (wie das Evangelium der Maria Magdalena) oder die Autorenschaft wurde umgewidmet. Für den Machterhalt entstanden Dogmen. Im Interesse der Macht wurden Regeln etabliert, die zu hinterfragen gefährlich war. Es wurde ein Bild kreiert, dass es einen richtigen Glauben gäbe und alle anderen falsch und verdammungswürdig seien, das Bild eines strafenden Gottes, den es unbedingt zu fürchten galt.

Um dieses Bild in seiner Selbstverständlichkeit zu entkräften, habe ich die Überschrift dieses Abschnitts nach einer kleinen Geschichte des Philosophen Alan Watts gewählt, der von einem Astronauten erzählt, der nach der Rückkehr aus dem All gefragt wird: »Have you seen God?« Der Astronaut antwortet: »Yes!« Er pausiert, die Spannung steigt und dann ergänzt er: »She's black.« Diese Aussage provozierte das patriarchal geprägte dualistische Gottesbild natürlich sehr.

Gott, Religion und Glaube wurde in der menschlichen Interpretation und interessengesteuerten Anwendung zu einem Machtinstrument. Unendlich grausame Gewalt ist im Namen Gottes geschehen – und sie geschieht heute noch. Die Verbindung zu Gott und zum Göttlichen ist infolgedessen nicht selbstverständlich, frei und individuell. In dieser Verbindung schwingen die Geschichte der Religionskriege, der Kreuzzüge, der Inquisition und, in neuerer Zeit, die Missbrauchsskandale immer mit.

Die Erzählung vom Menschen als sündig qua Sein hat uns von unserer eigenen Göttlichkeit UND unserem Körper ge-

trennt. Sie hat eines der Ur-Traumata des Menschen erzeugt und uns damit die Möglichkeit der natürlichen Kommunikation mit unserem Göttlichen, unserer Seele, erschwert oder ganz genommen.

Übung: Wie beladen ist das Göttliche für dich?

Was taucht automatisch auf in deinen Gedanken, Erinnerungen und Gefühlen, wenn du an »Gott« oder »das Göttliche« denkst? Vielleicht dein Religionsunterricht? Irgendein religiöses Ritual, an dem du als Kind oder Jugendliche/r teilgenommen hast, weil es zu der Glaubensrichtung, der deine Eltern angehörten, dazugehörte? Tauchen Bücher auf? Filme? Spirituelle Lehrer? Vielleicht Episoden aus der Geschichte der Menschheit? Und welche Gefühle tauchen bei dir – ganz individuell – auf, wenn du an »Gott« oder »das Göttliche« denkst? Gemischte, ablehnende Gefühle oder Wärme und Geborgenheit?
Nimm einfach ungefiltert und unsortiert wahr, was für Empfindungen du bei dem Thema »Gott« hast.

DER DUALISMUS RELIGIÖSER MACHTSTRUKTUREN

Es ist immer ein spannender Moment, wenn ich in den Basisseminaren der Ausbildung zur Intuitionstrainerin dazu einlade, die Verbindung zum Göttlichen herzustellen und die Qualität dieser Verbindung wahrzunehmen. Für die Teilnehmerinnen ist es zumindest zu Beginn oftmals schwer, das Göttliche frei von dem zu sehen, was von machtbewussten Menschen daraus gemacht wurde. Auch zeigen sich im Kontakt mit dem Göttlichen immer alte Ängste. Kein Wunder, denn der Ausspruch »Gott sieht alles« wurde nicht verwendet, um Geborgenheit und Verbundenheit mit dem Göttlichen zu vermitteln, sondern um ein defizitäres Selbstbild zu erzeugen, das immer von tiefen Gefühlen von Schuld und Scham begleitet wird.

Der innerhalb von religiösen Machtstrukturen angewandte Dualismus definiert Geist und Seele als »rein und hoch« und Körper, Bedürfnisse und Gefühle als »unrein und niedrig«. Hier entspringt auch die Erzählung, dass der Mensch in Sünde geboren sei und daher sein Leben lang schwer daran arbeiten muss, die Sünde, »das Niedrige«, in sich zu unterdrücken.

Natürlich gibt es konfessionsübergreifend in vielen christlichen Gemeinden ein freundliches Bild von Gott, ein Bild, das Unterstützung und Geborgenheit vermittelt und das sehr vielen Menschen wichtigen Halt gibt. Und doch fehlt immer der bewusste Bezug auf das Göttliche im Menschen und welche Bedeutung das Göttliche in dir für dein Leben hat – und auch welche Bedeutung das Göttliche für uns als Menschheit hat.

Die dualistische Interpretation der Beziehung zwischen Mensch und Gott trennt uns zum einen von unseren Möglichkeiten, zum anderen entlässt sie uns aber leider auch aus einer ganz entscheidenden (Selbst-)Verantwortung. Die vielfach debattierte Formulierung der Bibel, in der als Auftrag an den Menschen die »Unterwerfung« der Erde gefordert wird, wurde zu einer Zeit geschrieben, als es keinen Klimawandel und keine Massentierhaltung gab. Dieser Auftrag in einem dualistischen, auf Macht ausgerichteten System, in dem die Einheit von Natur und Mensch nicht anerkannt ist, konnte nur zur Plünderung unseres Planeten führen.

In neuerer Zeit wird der Auftrag des Menschen der Erde gegenüber wieder mehr als Schutzauftrag denn als Herrschaftsaufforderung interpretiert. Aber wie wollen wir diesen Auftrag annehmen und zeitnah umsetzen, wenn wir nicht wissen, wie wir Entscheidungen in Bezug auf Zusammenhänge treffen sollen, die generell – oder zumindest jetzt noch – unser kognitives Wissen überschreiten?

Der Mensch als das »Ebenbild« Gottes oder die »Krone der Schöpfung« führt in der machtgebundenen Interpretation des Göttlichen in das fatale und bisher nicht gelöste Dilemma, dass der Mensch einerseits qua Sein »sündig« ist, andererseits aber der durch Gott legitimierte Herrscher über den Planeten Erde sein soll. So wie es um die Erde aktuell steht, hat man tatsächlich den Eindruck, es würde hier eine Spezies von unfertigen Teenagern herrschen, die sich auf Mamas vollen Kühlschrank verlassen und darauf, dass Papa sie überall wieder raushaut, während sie mit Rauschmitteln und durch Außenaggression die große Leere und den tiefen Schmerz in ihrem Inneren darüber betäuben, dass sie nicht wissen, wer sie sind und wie sie sich mit sich selbst und anderen verbinden sollen.

Die Stimme der Seele, die Intuition, ist neutral, sie kennt kein »Macht über …« oder »besser als …«. Sie kann klar unterscheiden zwischen zum Beispiel »unterstützend« oder »schädlich«, und sie wertet nicht. Die Intuition ist der Teil des Bewusstseins, der nicht an unsere Persönlichkeit und an unseren menschlichen Körper gebunden ist. Die Stimme der Seele spricht nicht aus einem Interesse heraus, sondern aus der Perspektive der eigenen Göttlichkeit in Verbindung mit dem Göttlichen an sich.

Übung: HALLO Mr. Gott – Seelenkontakt mit dem Göttlichen

Gib deiner Seele ein HALLO. Das bedeutet, du schickst in Richtung deiner Seele eine Wahrnehmung: »HALLO, ich sehe dich in Bedingungslosigkeit, genau so, wie du bist.« Versuche es ein paarmal. Kommt etwas zurück? Was?
Geh jetzt einen Schritt weiter und gib dem Göttlichen ein HALLO. Schick dem Göttlichen deine Wahrnehmung, dein »Ich sehe dich in bedingungsloser Liebe und bedingungsloser Freiheit«. Versuche das auch ein paarmal, bekommst du etwas zurück? Was?

Mach diese Übung jeden Tag und akzeptiere deine Wahrnehmung zu dem, was zurückkommt. Nach und nach kannst du den Kontakt intensiver werden lassen. Wenn du jeden Morgen und jeden Abend Kontakt mit deiner Seele herstellst, wird es dir nach und nach gelingen, dich auf dieser Ebene zu bewegen. Probier es aus, ein Problem oder eine Entscheidungsfrage aus dieser Ebene heraus zu sehen. Und gib dir ab jetzt, immer wenn du mit dir haderst, selbst ein HALLO. Eine neutrale, wertschätzende Anerkennung: »HALLO. Du bist. Ich bin. Es gibt nichts zu verbessern. Ich sehe dich in bedingungsloser Liebe und bedingungsloser Freiheit.«
Wie verändert sich dein Blick auf dich durch das HALLO und deinen Kontakt mit deiner Seele und dem Göttlichen?

Der Moment, wenn im Training die Energie des Göttlichen zum ersten Mal klar und pur im ganz direkten Kontakt erfahren wird, ist für die meisten Teilnehmer und Teilnehmerinnen kaum in Worte zu fassen. Wenn es ihnen gelingt, beschreiben sie aber letztlich immer tiefe Geborgenheit, Aufgehobensein, ein tiefes Empfinden von endloser Liebe und eine unzerstörbare Verbindung.

Die Verbindung des eigenen Göttlichen mit dem Göttlichen über deine Intuition lässt die bewusste oder unbewusste Wirksamkeit des von Machtinteressen ins Leben gerufenen Bildes des Göttlichen, das Angst, Scham und Schuld auslöst, verschwinden. Das Dogma der Sündhaftigkeit, des Falschseins, löst sich über die Erfahrung im direkten Kontakt auf. Doch das Göttliche ist keinesfalls unkritisch mit dir und deinem Leben. Über das Bewusstsein deiner Seele, deiner eigenen Göttlichkeit wirst du immer eine konstruktive, unterstützende und heilende Unterhaltung führen.

So entsteht wahrhaftige Demut, keine eingeschüchterte, aus Angst geborene Demut, die uns manipulierbar macht, sondern die Demut, die Wege findet, das Göttliche durch die eigene Persönlichkeit mehr und mehr auszudrücken, auch wenn es manchmal durchaus alles andere als leicht ist.

Wir Menschen sind nicht in Sünde geboren. Wir sind göttlich geboren. Die Freude, die unsere Körper uns schenken können, ist Ausdruck unserer Göttlichkeit. Unsere Fähigkeit zu Liebe und Mitgefühl ist Ausdruck unserer Göttlichkeit. Unsere Visionen, Träume und Sehnsüchte sind Ausdruck unserer Göttlichkeit. Unsere Fähigkeit zu heilen, ist Ausdruck unserer Göttlichkeit. Unsere Fähigkeit, in extremen Situationen über uns hinauszuwachsen, ist Ausdruck unserer Göttlichkeit. Dass wir die Botschaften unserer Seele wahrnehmen können – unsere Intuition –, ist Ausdruck unserer Göttlichkeit.

TYPISCHE FALLSTRICKE BEI DER HINWENDUNG ZUM GÖTTLICHEN

Was mir im esoterischen Umfeld und in spirituellen Räumen häufig begegnet und was ich in den ersten Jahren meiner Ausbildung auch gemacht habe, ist *Spiritual Bypassing*, ein Begriff, den der Psychologe John Welwood 1984 geprägt hat. Übersetzt bedeutet *to bypass* so viel wie »umgehen« oder »überbrücken«. Spiritual Bypassing meint, dass man mit Hilfe spiritueller Praktiken und Konzepte echte Transformation vermeidet. Das kann zum Beispiel geschehen durch:

- exzessives Meditieren statt Ergründung der Ursache wiederkehrender negativer Gefühle;
- Vermeidung von Heilungs- oder Wachstumsschmerz durch die ausschließliche Konzentration auf das Licht;
- Abtrennung von den physischen Bedürfnissen und allem Körperlichen, weil die »Anhaftung an den Körper« eine Illusion ist und überwunden werden muss;

- Vermeidung von Verbindung durch extremen Rückzug und ausschließliche Fokussierung auf die Verbindung mit dem Göttlichen;
- Vermeidung von individueller Entwicklung, wenn sie die Konfrontation mit den eigenen Schatten und blinden Flecken (»Ich bin nur Licht und Liebe«) erfordert;
- Vermeidung von Gefühlen über Meditation oder Achtsamkeitsübungen und damit Vermeidung der herausfordernden Arbeit zum Erwerb der Gefühlsregulationskompetenz;
- Vermeidung des Setzens von klaren Grenzen und damit Vermeidung der Sichtbarkeit der eigenen Persönlichkeit;
- starke Vereinfachung der Komplexität von in der Essenz wahren Aussagen wie: »Liebe ist die Antwort«, »Wir sind alle eins«, »Bestellungen beim Universum«, »Positive Gedanken ziehen positive Ereignisse an sich«, »Du musst nur an Heilung glauben« etc.;
- Ablehnung von Verantwortung durch bequeme Interpretation spiritueller Prinzipien: »Das Universum entfaltet sich wie vorgesehen«, »Wir sind füreinander bestimmt«, »Das war auf Seelenebene verabredet«, »Es ist Gottes Wille gewesen« etc.;
- Romantisierung kosmischer Zusammenhänge und geistiger Wesenheiten als ausschließlich aus Licht und Liebe bestehend.

Das Multiversum und alle in ihm enthaltenen Energien sind unendlich komplex. Die Dunkelheit und das Böse auszublenden, macht die Welt nicht heller – im Gegenteil.

Spiritual Bypassing entsteht aufgrund des natürlichen menschlichen Bedürfnisses, Leid und Schmerzen zu vermeiden, und dient evolutionär gesehen dem Lebenserhalt. Außerdem ist spirituelles Bypassing auch Ausdruck einer nicht überwundenen Dualität. Wir glauben, wir können das Dunkle in uns überwinden, indem wir es ignorieren, entwerten oder abspalten. Wie jedes andere Verhalten in einem dualistischen Kontext führt Spiritual Bypassing zu Illusion und entsprechend zu Enttäuschung und Desillusionierung, niemals aber zu echter Heilung und echter Entwicklung.

Das Leben aus dem höchsten Selbst, das intuitive Leben, ist nicht möglich durch Erkenntnis, Meditation, spirituelle Konzepte oder ein singuläres Erleuchtungserlebnis. Es erfordert Kraft, Disziplin, Hingabe, Demut und Ausdauer, die Verletzungen, Schmerzen, Traumata, Glaubenssätze und andere Prägungen zu erkennen und nach und nach zu transformieren. Ich nenne das intuitive Leben und meine Arbeit daher auch: »Erleuchtung on a daily basis«, denn es ist ein nie endender Weg, in dem die kleinste Bewegung zählt.

Spiritual Bypassing ist letztlich toxisch, denn es lässt uns glauben, dass unsere Menschlichkeit und unser Körper in unserer Göttlichkeit oder in der Verbindung mit dem Göttlichen keinen Platz haben. So entsteht ein spirituelles Ego, also ein starres Selbstbild, in dem wir uns selbst überhöhen und damit andere, aber letztlich auch immer uns selbst verletzen.

Wenn ich in der Grundausbildung des Intuitionstrainings zur intensiven Wahrnehmung von Gefühlen wie beispielsweise Wut einlade, höre ich immer wieder von Teilnehmern, insbesondere von denen, die bereits intensiv in den verschiedensten spirituellen Disziplinen ausgebildet sind: »Wut ist doch schlecht. Ich habe bereits zwanzig Jahre an meiner Wut gearbeitet, und jetzt soll die hier so in den Vordergrund kommen? Das macht überhaupt keinen Sinn für mich.« Oft haben diese Menschen dann nicht wirklich mit ihrer Wut gearbeitet in dem Sinne, dass sie ihre Bedeutsamkeit und Kraft kennen und sie als Informationsquelle – zum Beispiel für das Setzen von Grenzen – nutzen können. Was sie gelernt haben, ist, ihre Wut zu bewerten, zu unterdrücken und abzuspalten, mit dem Erfolg, dass sie unkontrolliert ausbricht oder sich gegen den eigenen Körper richtet.

Eine reife, erwachsene Spiritualität klammert keinen Bereich des menschlichen Seins aus, sondern verkörpert die eigene Seele. Ich bin auch nicht immer in meinem höchsten Selbst. Aber häufig. Und wenn es nötig ist, von dieser Ebene meines Seins aus zu handeln, zu entscheiden oder zu sprechen, weiß ich, wie ich mich in diesen Zustand bringe. Diese Kompetenz erfordert jahrelanges Training. Ich habe zusätzlich Traumatherapie gebraucht, um die Körperebene wirklich mitnehmen zu können. Die Beinahe-Todeserfahrungen, die ich als kleines Kind erlebt habe, konnte ich mit der Hilfe einer sehr guten Traumatherapeutin bearbeiten. Es hat lange gedauert, bis ich mich wirklich getraut habe, dauerhaft in meinem Körper anwesend zu sein.

Unabhängig davon, ob du auch Traumaerfahrungen gemacht hast, an die du dich erinnerst, lade ich dich herzlich ein, verschiedene Entwicklungs- und Heilmethoden auszuprobieren und zu kombinieren. Körperwahrnehmung und Persönlichkeitsentwicklung sind wesentliche Aspekte meines Trainings, da ich aus eigener Erfahrung weiß, dass das Ankommen im höchsten Selbst nur über eine ganzheitliche Heilung geschehen kann und jede Vermeidung Illusionen und Lebenslügen unterstützt, aber echte Heilung verhindert.

Pro Tipp: Wenn du auf Seelenebene bist, in deinem höchsten Selbst, bist du immer in einer heiteren Grundverfassung. Wenn du humorlos und bierernst auf eine spirituelle Erkenntnis schaust, bist du hundertprozentig nicht in deinem höchsten Selbst. Über dich selbst lachen zu können, ist wesentlich und ein guter Lackmustest: »Bin ich gerade mitten im intuitiven Leben?« Wenn ja, gibt es immer etwas zu lachen.

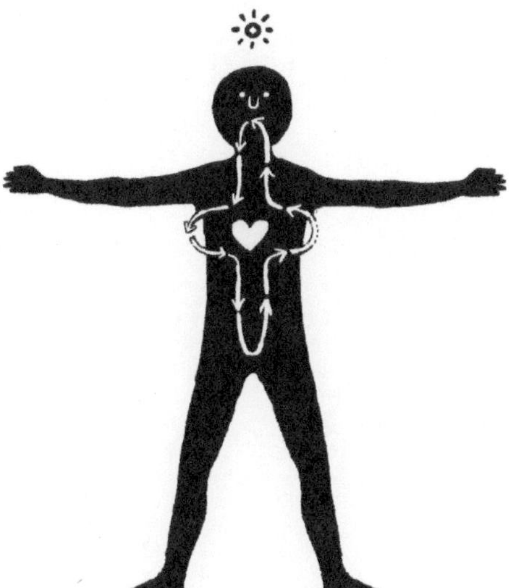

5
Kingdom come – Intuitive Autorität

»I meant no harm I most truly did not,
but I had to grow bigger, so bigger I got.«
– Dr. Seuss, *Der Lorax*, München 2012

1975, dritte Klasse. Ich saß mal wieder an dem Tisch, der in die Ecke des Klassenzimmers gerückt war, mit dem Gesicht zur Wand. Ich durfte nicht am Religionsunterricht teilnehmen, das hatte meine Mutter, die überzeugte Kommunistin und Atheistin war, erwirkt. Ich blieb in der Klasse, mit abgewandtem Gesicht. Ich sollte ein langweiliges Buch lesen.

Die Religionslehrerin erzählte faszinierende Geschichten, die ich liebte. Ich hörte lieber ihr zu, als das Buch zu lesen. Auch wenn ich sie, so wie meine Mitschüler auch, nicht mochte, weil sie so streng war und immer böse guckte, liebte ich ihre Geschichten. Heute erzählte sie von einer Predigt, die Jesus gehalten hatte, und sprach sie nach. Ihre Stimme wurde mit jedem Satz, den sie sagte, lauter, und ich hörte begeistert zu. Nach einem Satz, den sie besonders betonte – sie sprach jedes einzelne Wort nachdrücklich aus –, klopfte es plötzlich dreimal laut.

Ich saß mit dem Rücken zur Wand und war so gefesselt von ihrer Darbietung, die ich nur akustisch wahrnahm, dass ich begeistert »Herein« brüllte, bevor ich darüber nachdenken konnte. Die ganze Klasse brach in lautes Gelächter aus. Ich drehte mich um und sah, dass die Lehrerin noch ihre Hand an der Tafel hatte. Sie war es gewesen! Sie hatte die Bedeutung ihrer Worte unterstrichen, indem sie an die Tafel klopfte!

Obwohl ich die Wut in ihrem Gesicht genauso sah wie die hellrote Energie, die ich so gut kannte, konnte ich nicht anders, als mit meinen Klassenkameradinnen mitzulachen, es war zu ansteckend. Sie löste sich von der Tafel und kam langsam und drohend auf mich zu: »Du bist kein Kind Gottes! Du bist nicht auf Gottes Weg! Du bist eine Blume, die nicht erblühen wird, du wirst verdorren!« Sie gab mir eine schallende Ohrfeige und warf mich raus.

Auf dem Weg nach draußen schnitt ich Grimassen in Richtung meiner Klassenkameraden damit sie noch mehr lachten – es sollte doch niemand denken, dass mir die Ohrfeige oder die Beschimpfung oder der Rausschmiss etwas ausmachen würde. Pah!

Ich war knapp acht Jahre alt und hatte keinen Respekt vor Autoritäten. Ich hatte zu Hause weder gelernt, was eine Autorität ist, noch was Respekt ist. Ich kannte Angst, Scham und Strafe sehr gut, und schuldig fühlte ich mich auch häufig. Es gab keine Grenzen oder Regeln, an denen ich mich hätte orientieren können. Es gab nur Willkür und immer wieder urplötzlich über mich hereinbrechende emotionale und physische Gewalt, deren Auslöser ich selten nachvollziehen konnte. Auf der anderen Seite »durfte« ich alles Mögliche, was meine Freundinnen und Mitschüler nicht durften: lange aufbleiben, allein sein, nach Hause kommen, wann ich wollte (ich hatte einen Schlüssel). Sogar Alkohol durfte ich »ausnahmsweise«, weil Urlaub oder Fete war oder weil »du es ja unbedingt willst«, schon mal trinken.

Ich hatte keinen blasser Schimmer davon, was sinnhafte Regeln sind und was eine Orientierung bietende Autorität ist. Ich musste vieles allein regeln und entscheiden, schon als kleines Kind. Es gab keinen Erwachsenen, der mir Sicherheit vermittelte, folglich fehlte mir die innerliche Bereitschaft, jemandem zu folgen, einfach weil er »groß« war. Ich war mir dessen natürlich nicht bewusst, aber in der Rückschau ist es ganz klar, dass ich keine andere Wahl hatte, als mich nur auf mich selbst zu verlassen – auch wenn das eine extreme Überforderung darstellte.

Nicht umsonst war mein Lieblingsbuch *Die rote Zora*. Es handelt von einem Waisenmädchen mit roten Haaren, das in einer verlassenen Burg lebt und eine Bande von anderen Kindern um sich versammelt. Sie sind schlauer als alle Autoritäten des Dorfes, in dem sie leben. Zora ist stark, sie besiegt alle, die Freiheit ist ihr am wichtigsten, und sie vertraut keinem Erwachsenen – zu Recht. Immer wenn ich mich verloren und einsam fühlte, dachte ich an Zora und habe mich innerlich hart und stark gemacht. Zoras Satz »Mich kriegt ihr nie!« wendete ich auch für mich an, meinte aber damit, dass ich innerlich nie klein beigeben und nie aufgeben würde. Zora war mein Alter Ego, das mir half zu überleben.

Natürlich war das Bild von mir als Zora stark idealisiert, und Zora ist, anders als ich, eine Romanfigur. Unter der selbstbewussten Schale, die die Freunde meiner Mutter immer anerkennend kommentierten – *»Unglaublich, wie selbstständig sie in ihrem Alter ist!«* –, war ich völlig verloren und sehr ängstlich. Ich konnte einfach nicht glauben, dass es Erwachsene gibt, die vertrauenswürdig sind, auch wenn ich mich sehr danach sehnte, geborgen zu sein und geführt zu werden. Mein Vater war faktisch nicht anwesend, und meine beiden Großväter machten mir Angst. Meine Großmütter waren ebenfalls nicht geeignet, Sicherheit und Orientierung zu bieten. Die eine war liebevoll, aber – zumindest bis ich eine junge Erwachsene war – ihrem Mann bedingungslos unterworfen; die andere war hoffnungslos narzisstisch. Sie waren alle durch ihre Biografien, die eng mit dem Zweiten Weltkrieg verknüpft waren, geprägt und konnten der Gewalt, die mir widerfuhr und die sie nicht übersehen konnten, nur mit Nichthinsehen begegnen.

Ich erinnere mich an ein Gespräch mit meinem Vater, das ich nach meinem ersten Aufenthalt in einer psychosomatischen Klinik mit Anfang zwanzig mit ihm führte. Ich hatte die ersten Schritte unternommen, die rote Zora in mir weich werden zu lassen und zu erkennen, dass meine Kindheit und nichts von dem, was mir damals widerfuhr, »normal« oder angemessen war.

Es kostete mich eine Menge Mut, mit meinem Vater über Gefühle zu sprechen. Nicht sein Lieblingsthema, das war mir klar. Ich sagte meinem Vater, dass ich nicht nur traurig sei, dass er mich im Alter von zwei Jahren verlassen habe, sondern auch wütend, weil er mich mit meiner

Mutter alleingelassen hat. An die Antwort erinnere ich mich noch wie heute: »Das kann ich nicht nachvollziehen. Wut impliziert doch, dass ich mich hätte anders verhalten können. Du weißt doch, wie deine Mutter ist. Ich wollte nur weg.«

Es kam ihm auch zu diesem Zeitpunkt, fast zwei Jahrzehnte später, nicht in den Sinn, dass er als Vater Verantwortung für seine zweijährige Tochter hätte übernehmen können, anstatt sie mit der Gewalt und dem Wahnsinn, vor denen er verständlicherweise geflohen war, alleinzulassen.

Autorität als Orientierung, Schutz oder Führung war mir unbekannt. Ich kannte nur autoritäres Verhalten, wie das meiner Religionslehrerin, und das war ich nicht bereit zu akzeptieren. Ich habe lange Zeit gebraucht, um zu verstehen, was Autorität bedeutet und welchen Sinn Autorität auch machen kann. Durch mein Verlorensein und mein Überlebensbild, dass ich alles allein kann, habe ich mich lange Zeit massiv überschätzt. Ich respektierte nichts und niemanden – mich selbst natürlich auch nicht, denn auch das hatte ich nicht gelernt.

Respekt vor Autorität lernte ich später insbesondere im Kampfsport. Ich erinnere mich gut an eine Übungssituation mit dem »Meister«, dem Ausbilder, im Schwertkampf. Ich hatte einige Katas lange geübt und meinte, ich würde sie beherrschen. In völliger Selbstüberschätzung glaubte ich, bei meinem Ausbilder einen echten Fight anzetteln zu können. Es kostete ihn keine fünf Sekunden, mich zu entwaffnen, zu Boden zu werfen und mir nicht schwer, aber doch empfindlich wehzutun. Er half mir freundlich auf und wollte wissen, ob ich in Ordnung sei und verstanden hätte. War ich und hatte ich.

An eine andere Situation erinnere ich aus dem »Capoeira«, einem brasilianischen Kampftanz, den ich lange Zeit sehr liebte. Als Anfängerin »kämpfte« ich in dem Kreis der Capoeristas zunächst mit einer Freundin und hatte viel Spaß dabei. Dann wechselte ein erfahrener Mann meine Freundin ab und ließ seine gesamte Kompetenz auf mich los. Ich rappelte mich immer wieder hoch, aber er ließ mir keine Ruhe und machte mich gnadenlos »rund«. Plötzlich sprang mein »Mestre«, der Ausbilder, in den Kreis und schob mich raus. Dann flogen die Fetzen! Er zeigte dem erfahrenen Mann deutlich, wie es sich anfühlt, von jemandem, der einem weitaus überlegen ist, vorgeführt zu werden, und schonte ihn nicht.

Der Mann entschuldigte sich nicht bei mir, aber ich hatte etwas über Schutz und Respekt vor Schwächeren gelernt. Ich hatte auch gelernt, dass es in Ordnung ist, etwas nicht oder noch nicht gut zu können, und dass eine verantwortungsvolle Autorität einen Lernprozess versteht und schützt. So erfuhr ich über den Sport, dass Autoritäten und auch Hierarchien Sinn machen können, wenn sie mit Kompetenz und Verantwortung gefüllt sind.

MUSS AUTORITÄT WIRKLICH »MACHT ÜBER« BEINHALTEN?

In unserer Gesellschaft wird Autorität meistens über eine Position legitimiert: Lehrerin, Vater, Professorin, Kommissar, Richter, Papst, Ärztin etc. Außerdem gibt es die Autorität, die sich über Erfahrung oder Wissen definiert: Jemand ist Expertin oder eine Koryphäe auf einem Gebiet, weil er so viel weiß oder auch wichtiges Wissen geschaffen hat. Dann gibt es die Form, die wir als »natürliche« Autorität bezeichnen: Jemand ist selbstbewusst und strahlt Sicherheit und Zuverlässigkeit aus; an so jemandem können wir uns orientieren, ohne uns eingeschränkt zu fühlen.

Etwas anderes ist autoritäres Verhalten. Autoritär verhalte ich mich, wenn ich meine Entscheidungen nicht hinterfrage und auch nicht hinterfragen lasse; wenn ich eine Position, die ich habe, dafür nutze, anderen meinen Willen aufzuzwingen; und wenn ich, um das zu erreichen, meine Position, also »Macht über«, ausspiele oder sogar verbale, emotionale oder physische Gewalt ausübe.

Autoritär hat sich meine Religionslehrerin verhalten. Sie war in der Position, mich grundlos zu schlagen und zu bestrafen, ohne dass ich oder jemand anderes aus der Klasse die Möglichkeit gehabt hätten zu protestieren. *»Ich bin klug, du bist dumm. Ich bin groß, du bist klein. Ich habe recht, du hast unrecht. Und du kannst nichts dagegen tun!«*, ist eine Dialogzeile aus dem Kinderbuch *Matilda* von Roald Dahl. Dieser Satz von Matildas Vater zu seiner Tochter beschreibt die autoritäre Haltung sehr präzise.

Körperliche Gewalt durch Lehrer ist offiziell seit 1972 verboten, doch bis das in den Köpfen der Lehrerinnen ankam, vergingen noch einige Jahre. Die Herzen der Lehrer der alten Garde, von der meine Religionslehrerin eine war, hat es sicherlich gar nicht mehr erreicht. Die Botschaft der Studentenunruhen der 68er waren noch nicht im Mainstream angekommen und das kritische Denken, das sich aus der Reaktion auf die fatale Autoritätshörigkeit im Nationalsozialismus entwickelte, ebenfalls nicht. Die meisten Menschen, die zu dieser Zeit mindestens volljährig waren, waren noch an die Selbstverständlichkeit von autoritärem Verhalten, an »Macht über« und an die Durchsetzung von Autorität durch Gewalt gewöhnt beziehungsweise hatten noch nicht die inneren Prozesse durchlaufen, die notwendig waren, um diese Form der Autorität selbstbewusst infrage zu stellen.

So ein strafrechtlich relevantes Vergehen von Autoritätspersonen hatte in den siebziger Jahren noch sehr selten eine Konsequenz. Meine Mutter lachte nur, als ich ihr davon erzählte. Für sie war meine Religionslehrerin eine »alte Nazisse«, und damit war die Situation abgehakt.

Unser Gesellschaftssystem funktioniert hauptsächlich über Hierarchien und damit auch über Autorität. Auch wenn, ausgelöst durch die Studentenbewegungen der späten sechziger Jahre, ein Umdenken entstanden ist und sich unter anderem das kritische Denken als akademisches Ideal entwickeln konnte, funktionieren wir und das System, in dem wir leben, faktisch immer noch im Glaubenssystem des Dualismus. Damit bestimmt die Idee von »Macht über« im Großen und Ganzen unser Verständnis von Autorität und auch die Ordnungsstruktur, in der wir uns gedanklich und damit auch sozial bewegen.

Ich erinnere mich gut an die Gymnasiallehrer der späten siebziger Jahre, die sich wünschten, dass wir sie duzen – »Hallo, ich bin die Ruth, ich bin eure Englischlehrerin« –, weil sie sich nicht autoritär, sondern auf Augenhöhe mit uns bewegen wollten, die sich aber letztlich – natürlich verdeckt – oftmals genauso autoritär verhielten wie ihre älteren Kollegen. Die Macht wurde in dem Fall häufig zwar nicht mehr über verbale oder physische Gewalt ausgeübt, sondern passiv-aggressiv, zum Beispiel durch unklare emotionale Erpressung.

Sie hatte mich zu sich nach Hause mitgenommen, und ich fühlte mich geschmeichelt, aber auch eingeschüchtert von der Imposanz und Ordnung ihres Zuhauses. Meine Lehrerin wohnte mit ihrem Mann in einem alten Gutshof, und in der Wohnung stimmte irgendwie alles. Nichts war zusammengewürfelt, kaputt oder alt, so wie bei uns zu Hause. Wir gingen spazieren, sprachen über dies und jenes, das Gespräch wurde sehr vertraut, sie fragte mich sogar nach meiner Meinung zu ihren persönlichen Problemen. Und sie sagte mir, man könne sich besser mit mir unterhalten als mit vielen Erwachsenen.

Als sie mich am frühen Abend nach Hause brachte, sagte sie im Auto: »Du würdest es mir sehr viel leichter machen, in deiner Klasse zu unterrichten, wenn du dich nicht immer so aufspielen würdest. Immer machst du so viele Witze, und du sprichst zu laut oder zu leise. Du brauchst nicht im Mittelpunkt zu stehen, das hast du doch gar nicht nötig. Und du lenkst deine Klassenkameraden ab. Ich weiß, dass du eigentlich vernünftig bist. Also bitte, mach es mir ein bisschen leichter.«

Mein Hals schnürte sich zu, und ich hätte am liebsten geweint, ohne genau zu verstehen warum. Die rote Zora weinte nie. Ich blieb stumm.

Woher sollte die Kompetenz der Menschen, die jetzt Autoritätspersonen waren und sich anders verhalten wollten als ihre Vorgängerinnen, aber auch kommen? Ein Konzept oder eine Idee allein verändert erst mal wenig.

Übung: Fremdwissen und Rebellion loslassen

Nimm dir einen Moment Zeit für die Autoritäten, die dich in deinem bisherigen Leben beeinflusst haben. Wer taucht auf? Lehrerinnen? Eltern? Ältere Schwester? Priester? Chefin? Guru? Eine beeindruckende Person des öffentlichen Lebens?
Geh jeden durch, der wichtig für dich war. Vielleicht hast du dich zu irgendeinem Zeitpunkt abgewendet, hast rebelliert. Nimm in Ruhe wahr, was er/sie dich gelehrt hat, was du übernommen hast, und dann nimm wahr, was von dem Angenommenen nicht oder nicht mehr hilfreich und unterstützend für dich ist. Versuche – auch wenn du noch heute im Widerstand bist –, ob du mit Dankbarkeit annehmen kannst, was du gelernt hast, und respektvoll das zurückgeben kannst, was dir nicht entspricht, was nicht deine Wahrheit ist. Du kannst eine Farbe für dessen/deren Energie finden und diese mit einem spirituellen HALLO zurückgeben. Nimm anschließend dich in deiner Farbe wahr und spüre nach, wie du dich fühlst, nachdem du Fremdwissen und Rebellion losgelassen hast. Wiederhole das mit jeder (früheren) Autorität, die dir bedeutsam erscheint. Genieße anschließend ein paar Minuten bewusst die neu gewonnene Freiheit und den neu gewonnenen Respekt. Notiere dir die Wahrnehmungen jeder Bewusstseinsebene.

REBELLION IST NUR EIN ANFANG, ABER NOCH NICHT DAS NEUE

Zug fahren fand ich schon immer toll und an diesem Tag besonders, denn ich wusste, dass wir in das bessere Land fuhren, und war schon ganz gespannt. Ich kannte Worte wie »Klassenfeind«, »Kapitalisten-

schweine« und »Chaot« von den vielen Abenden und Nächten in den verrauchten Kneipen, in denen ich als Kind dabei war, wenn sich die DKP-Mitglieder trafen und diskutierten. Natürlich kannte ich auch eine Menge Lieder auswendig wie »Wacht auf, Verdammte dieser Erde«, »Auf, auf zum Kampf«, »Brüder, zur Sonne, zur Freiheit« oder »Der heimliche Aufmarsch« und auch die Lieder des von Rio Reiser vertonten Hörspiels Herr Fresssack und die Bremer Stadtmusikanten.

Ich war also freudig entspannt und sah dem Besuch der DDR neugierig entgegen. »Wir sind an der Grenze, sei jetzt ganz still«, sagte meine Mutter auf einmal. Ich bemerkte erstaunt, dass sie sehr nervös war. Ein Mann in Uniform zog die Abteiltür auf und fragte uns, was wir in der Deutschen Demokratischen Republik wollten. Er schien mit den Antworten meiner Mutter zufrieden zu sein, denn er schaute nach und nach weniger streng. Plötzlich wurde seine Miene starr. Er zeigte auf mich und sagte: »Was ist das denn? Gib mal her.« Ich erschrak, weil ich dachte, er meinte mich. Er beugte sich zu mir und zog mein Asterix-Heft, auf dem ich halb saß, unter mir hervor. Mein geliebtes Heft hatte ich noch nicht mal ausgelesen, und der Mann nahm es mir weg! Ich verstand es nicht, aber irgendwas war mit dem Heft falsch, und es durfte nicht mitkommen in das bessere Land.

Ich protestierte lautstark, aber fing mir nur eine Ohrfeige von meiner Mutter ein. Der Mann ging weg – mit meinem Heft. Meine Freude war erloschen. Ich war zwar erst acht, aber mir war klar, dass mit einem Land, das Angst vor Asterix und Obelix hat, etwas nicht stimmen kann.

Jede große Veränderung entsteht aus einem Impuls der Rebellion gegen etablierte Autoritäten und einem bestehenden Status quo heraus. Rebellion trägt in sich das »Gegen«. Wir rebellieren gegen eine Struktur, gegen eine Autorität, gegen eine »Macht über«. Und das ist für Entwicklung, für Erneuerung und für notwendige Veränderungen sehr wichtig. Wenn wir aber nicht erkennen, wie weit wir selbst – und damit auch das Neue, was wir aufbauen wollen – immer noch durchdrungen sind von dem, wovor wir uns abgrenzen, errichten wir letztlich ein System, das vielleicht etwas anderes auf der Flagge stehen hat als das, das wir zerstört haben; die Machtstrukturen, die Unfreiheit bleiben aber dieselben.

Es reicht nicht, zu rebellieren und bestehende Autoritäten zu zerstören. Wir müssen auch die Spuren, die sie in uns hinterlassen haben, aufspüren und damit arbeiten. Erst wenn wir die Gegenbewegung in ein reifes Bild des Neuen, das wir erreichen wollen, wandeln, also unsere Kraft nicht mehr »gegen«, sondern »für« etwas einsetzen, übernehmen wir Verantwortung und können integre Autorität ausbilden. Rebellion kommt ohne die Bearbeitung der eigenen Macht- und Autoritätsthemen aus. Wenn wir wirklich etwas Neues kreieren wollen, kommen wir nicht umhin, selber neu zu werden und uns bewusst damit auseinanderzusetzen, wie wir Autorität ausüben wollen und was Verantwortung in diesem neuen Selbstbild bedeutet.

Teenager rebellieren gegen ihre Eltern – zum Reifungsprozess gehört es dazu, die Eltern so zu sehen, wie sie sind, und sie irgendwann auch nicht mehr für das eigene Glück oder Unglück verantwortlich zu machen. Theoretisch ist den meisten Menschen dieser psychologische Reifungsweg bekannt, umgesetzt wird er aber nur bedingt, im Kleinen wie im Großen. Wir wollen die alten Strukturen nicht mehr, haben aber nicht gelernt, wie es geht, neue Strukturen so aufzubauen, dass sie unserem Ideal gerecht werden. Viele Rebellen der Vergangenheit wussten nicht, wie sie das andere, was sie aufgebaut haben, auch anders führen können, und sie wussten insbesondere nicht, oder es interessierte sie nicht, dass zu einer derartigen Veränderung insbesondere innere Arbeit gehört.

Es gibt ein paar historische Ausnahmen, so wie Nelson Mandela, der in den Jahren, die er im Gefängnis verbrachte, viel an sich selbst gearbeitet hat. »Als ich durch das Tor ging, das mich in die Freiheit führte, wusste ich, dass ich nach wie vor im Gefängnis sitzen würde, wenn ich meine Bitterkeit und meinen Hass nicht hinter mir lasse«, schrieb er später über den Tag seiner Entlassung.

Die Anzahl derjenigen, die nach dem Niedergang eines autoritären Systems eine neue Struktur aufgebaut haben, die ähnlich starr und autoritär war wie der Vorgänger, ist im Gegensatz dazu unendlich groß.

Das bedeutet, wenn wir das Glaubenssystem nicht ändern, in dem wir operieren, ändern wir durch Rebellion und Umsturz auch nicht die Qualität von Autorität als »Macht über«, sondern wir tauschen letztlich nur Bezeichnungen aus und nennen die Positionen vielleicht anders, die andere Menschen wiederum mit »Macht über« ausfüllen.

DIE ENTMACHTUNG DES PRINZIPS »MACHT ÜBER«

Im Dualismus geht Autorität und »Macht über« implizit einher mit dem Wert, der einer Person beigemessen wird. Das wird so offen nicht oder nur selten ausgedrückt, lässt sich aber an großen Diskrepanzen in der Wertschätzung von Personen und Tätigkeiten beobachten. So wurden beispielsweise in der Hochzeit der Pandemie bestimmte Berufsgruppen plötzlich als systemrelevant wertgeschätzt, die sonst nicht viel Aufmerksamkeit erfahren. Mit der Abschwächung der gesamtgesellschaftlichen Bedrohung verschwindet auch diese Wertschätzung wieder.

Diese implizite Zuschreibung von Wert macht das ganze System letzten Endes auch fragil, denn kein Mensch möchte sich weniger wert fühlen als ein anderer Mensch. Wir wissen alle intuitiv, dass diese Einteilung nicht nur ungerecht, sondern letztlich unwahr ist. Auch wenn wir alle sehr unterschiedlich und definitiv nicht gleich sind – weder im Können noch im Aussehen noch in unseren Bedürfnissen, Vorlieben, Gedanken etc. –, ist kein Mensch mehr wert als der andere. Durch die Macht- und Wertgefälle in unserer Gesellschaft haben wir vergessen, dass Unterschiedlichkeit keine Gefahr darstellt, sondern eine unendliche Ressource von Lern- und Entwicklungsmöglichkeiten.

Die intuitive Autorität weiß um die Bedeutung und den Wert des Wissens jedes Menschen. Wenn wir im Training beginnen, mit der intuitiven Autorität zu arbeiten, biete ich den Teilnehmerinnen an, den Satz »Ich bin meine eigene Autorität« über einen längeren Zeitraum mehrmals täglich auszusprechen und wahrzunehmen, welche Gefühle, Gedanken und Erinnerungen ausgelöst werden.

Übung: Ich bin meine eigene Autorität

Entspanne dich und sorge dafür, dass du ungestört bist. Richte dich innerlich auf: gerade, würdevoll und entspannt. Sprich einmal laut für dich aus: »Ich bin meine eigene Autorität.« Wiederhole den Satz einige Male. Nimm wahr, was durch die Worte in dir ausgelöst wird. Wenn Zweifel, Ängste, oder Erinnerungen an Erfahrungen mit autoritären Menschen auftauchen, atme tief ein und atme die Gefühle von Druck, Wut, Widerstand oder Angst vor diesen Personen dann noch tiefer aus.
Wiederhole den Satz immer wieder, mit genug Raum, um deine

Reaktionen wahrzunehmen und alte Energien zu lösen. Mach das so lange, bis du ein klares Körperempfinden zu der Wahrheit deiner eigenen Autorität hast. Mach dir ein paar Notizen zu dem, was du losgelassen hast, und beschreibe das Körperempfinden der eigenen Autorität.

Die intuitive Autorität – oder auch die ureigene Autorität – existiert jenseits von Bewertungsebenen, sie entspringt der Seelenebene.

Die intuitive Autorität ist eine für sich stehende Qualität. Sie kennt kein »Rechthaben« und kein »besser als« oder »relevanter als«. Deine ureigene Autorität beinhaltet deine Autorität über dein spirituelles Wissen und deine Autorität über deinen Wert als Ganzes: die Ganzheit von Seele, Körper und Persönlichkeit/Mensch. Die intuitive Autorität bewegt sich immer auf Augenhöhe, eine »Macht über« ist ihr völlig fremd.

Die intuitive Autorität ist unabhängig von erlerntem Wissen, Bildung und Position. In meiner intuitiven Autorität bin ich in tiefem Vertrauen mit meinem spirituellen Wissen verbunden, und ich kenne meinen Wert in jeder Situation. Ich habe stets Zugriff auf mein Wissen und mein Vertrauen oder kann beides schnell zurückgewinnen, wenn ich es kurzfristig verloren habe. Unabhängig davon, ob jemand anderes die Situation führt, dominiert oder sogar manipuliert.

Übung: Auf Augenhöhe begegnen

Stell dir vor, deinen Kopf ziert eine Krone. Eine Krone, die ganz einfach deiner eigenen Autorität entspricht. Nicht gewaltig oder überladen, also keine Krone, die »Macht über« repräsentiert, sondern eine Krone, die die Würde deiner eigenen Autorität zeigt. Nicht mehr und nicht weniger. Versetze dich nun in die Begegnung mit einer Autorität: Du begegnest einer Person, die in Bezug auf einen für dich wichtigen Aspekt deines Lebens »mehr« kann oder weiß als du. Wie erfährst du – in dem Wissen, dass du deine Krone trägst – die Ebene von Augenhöhe? Nimm wahr, dass du auf Augenhöhe sein kannst, ohne gleich zu sein. Nun versetze dich in die Situation einer Begegnung mit jemandem, für den du eine Autorität bist. Du kannst oder weißt »mehr« in Bezug auf einen Aspekt des Lebens dieses Menschen, der für ihn sehr wichtig ist. Sei dir bewusst, dass du deine Krone trägst, und nimm wiederum die Ebene von Augenhöhe wahr. Nimm wahr, dass du auf Augenhöhe sein kannst, ohne gleich zu sein.

DIE BEDEUTUNG VON AUGENHÖHE

Die intuitive Autorität verleiht tiefe Sicherheit und Gelassenheit, da du in Kontakt mit ihr deinen Wert grundsätzlich nicht mehr infrage stellst und auch nicht von anderen infrage stellen lässt. Damit meine ich nicht, dass du nie verunsichert, nicht mehr verletzbar oder zu triggern bist. Das sind wir alle in gewissem Maß immer, denn wir sind Menschen. Die intuitive Autorität erlaubt dir aber, sehr schnell und leicht zu deinem Selbstwert und deiner Balance in Vertrauen und Wissen zurückzufinden.

Die Möglichkeit, sich in jeder Situation auf Augenhöhe mit Autoritäten genauso wie mit jedem anderen Menschen auch zu begeben, liegt in der Möglichkeit, auf Augenhöhe mit dem Göttlichen zu sein. Das Göttliche ist eine Schwingung, die sich von unserer Schwingung, also unserer Energie, immer wesentlich unterscheiden wird. Dennoch können wir uns mit dieser Schwingung verbinden, obwohl wir sie mit unserem menschlichen Bewusstsein niemals ganz erfassen werden.

Wenn wir in dieser Ur-Verbindung Freiheit und Augenhöhe erreicht haben, können wir das Prinzip auf jede andere Verbindung anwenden. Auch wenn jemand sehr viel mehr Erfahrung oder Kompetenz hat als wir, bleiben wir in Verbindung mit unserer eigenen Autorität und unserem eigenen Wissen und fallen auch nicht mehr in die pubertäre und letztlich wirkungslose Rebellionshaltung.

Du kannst der absolute König oder die absolute Königin in deinem Reich sein – nicht weil du »Macht über« etwas oder jemanden hast, sondern weil du weißt, wer du bist. Du bist nicht größer oder gar kleiner als irgendjemand anderes. Du bist du selbst. Matildas Vater hatte unrecht, als er sagte: »Es gibt nichts, was du tun kannst.« Wenn du das einmal auf allen Ebenen deines Bewusstseins verstanden und integriert hast, wächst du von selbst in deine ureigene Größe, die jenseits eines jeden Vergleiches liegt. Das »Kingdom come« des frühen Christentums meinte genau das: Der Himmel auf Erden wird wahr, wenn du wirst, wer du bist, und das bedeutet, dass du deine Göttlichkeit verantwortungsvoll und in aller Demut annimmst und lebst.

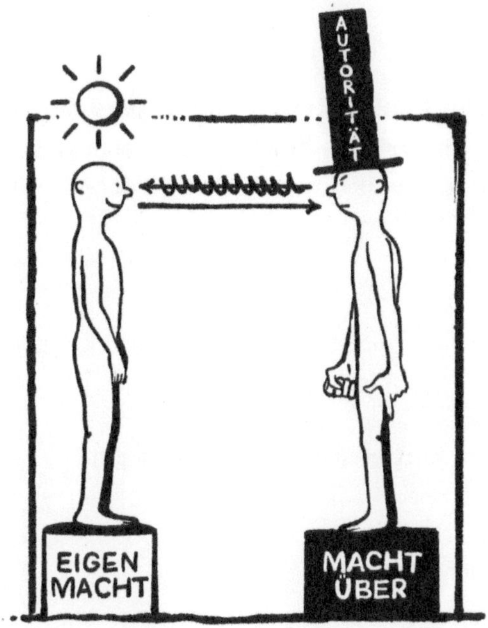

SELBSTTEST: HAST DU DEINE EIGENE AUTORITÄT SCHON GEFUNDEN?

1: Ich fühle mich schnell provoziert, wenn jemand Autorität ausstrahlt.

☐ Stimmt	1 Punkt
☐ Stimmt eher	2 Punkte
☐ Stimmt nicht	3 Punkte

2: Es fällt mir leicht, meinen eigenen Standpunkt zu verbalisieren.

☐ Stimmt	3 Punkte
☐ Stimmt eher	2 Punkte
☐ Stimmt nicht	1 Punkt

3: Wenn jemand großes Wissen oder viel Erfahrung hat, habe ich schnell den Impuls, dass ich »genauso gut werden« möchte.

☐ Stimmt	1 Punkt
☐ Stimmt eher	2 Punkte
☐ Stimmt nicht	3 Punkte

4: Ich versuche, Konflikte mit Autoritätspersonen zu vermeiden. Wenn ich unzufrieden bin, halte ich mich eher an Gleichgesinnte, anstatt das direkte Gespräch mit der Autoritätsperson zu suchen.

☐ Stimmt	1 Punkt
☐ Stimmt eher	2 Punkte
☐ Stimmt nicht	3 Punkte

5: Autoritäres Auftreten schüchtert mich ein.

☐ Stimmt	1 Punkt
☐ Stimmt eher	2 Punkte
☐ Stimmt nicht	3 Punkte

<u>**Auswertung:**</u>
Zähle alle Punkte zusammen und schau, wo du dich wiederfindest.

<u>**1 bis 6 Punkte:**</u>
<u>Stufe 1:</u> Du bist noch (!) recht unsicher. Vielleicht glaubst du, dass eine rebellische Haltung ein Ausdruck von freiem Denken und Handeln ist, oder du bist schnell zu verunsichern – vielleicht auch beides. Wenn du dir klarmachst, dass jeder Mensch eine ureigene Autorität besitzt, die nichts mit »Macht über« zu tun hat, ist das der Beginn in einen freieren und entspannteren Zugang zu DEINER ureigenen Autorität.

<u>**7 bis 10 Punkte:**</u>
<u>Stufe 2:</u> Bei dir kommt es auf die Situation an, ob du in Kontakt mit dem Thema Autorität du selbst bleiben kannst. Vielleicht hängt es manchmal auch von der Tagesform ab, ob du souverän bist? Wenn du erkennst, was dich in diesem Kontext triggert, ist der erste Schritt getan, um deine eigene Autorität ohne Druck wahrnehmen zu können.

<u>**11 bis 15 Punkte:**</u>
<u>Stufe 3:</u> Du gehst meistens gelassen mit dem Thema Autorität um. Das ist die beste Voraussetzung dafür, deine ureigene Autorität zu finden und zu leben. Deine Autorität zu kennen und auszudrücken kreiert Transparenz und Freiheit – für dich und für andere.

HINTERGRUND: SPIRITUELLE AUTONOMIE

Wenn wir unsere intuitive Autorität kennengelernt und schließlich wahrhaft integriert haben, können wir nicht mehr anders, als sie in jedem anderen Menschen zu sehen. In der Ausbildung zur Intuitionstrainerin sind immer die Momente besonders aufregend, wenn die Teilnehmer und Teilnehmerinnen die ersten Sessions unter Supervision geben. Denn in diesen Situationen wird die volle intuitive Kompetenz abgefragt: Neutralität; Hellsichtigkeit; Hellfühlen; die Fähigkeit, zu überprüfen und zu trennen, was ich pur intuitiv wahrnehme und was meine eigene Reaktion darauf ist und das Immer-wieder-Zurückkehren auf die Seelenebene, wenn man zwischendurch auf der sozialen Ebene beziehungsweise der Persönlichkeitsebene gelandet ist. Und – die größte Herausforderung am Anfang – sich des eigenen Dualismus und der ständigen Bewertung bewusst zu werden und unablässig nach Möglichkeiten zu suchen, diese zu verlassen beziehungsweise zu übersteigen.

Die beginnenden Practicioner tappen zu Beginn oftmals in die Falle, wenn sie meinen, sie müssten und könnten die Schwierigkeiten, Probleme, Blockaden, Verstrickungen etc. der Klienten/Probanden lösen. Manchmal ist damit ein Wertthema verbunden (»Ich bin weiter als die Probandin«), manchmal ein übersteigertes Verantwortungsbewusstsein (»Ich habe jetzt schon viele Monate Training, also muss ich das, was ich ihm/ihr voraushabe, dafür einsetzen, ihm/ihr zu helfen. Ich bin der Practicioner, ich bin dafür verantwortlich, wie es ihm/ihr geht«).

Die grundsätzliche Achtung der spirituellen Autonomie jedes Menschen bedeutet, dass wir keinen starren Konzepten in unseren Sessions folgen. Wir folgen der Kommunikation auf Seelenebene, wo wir von unseren Klientinnen erfragen, was sie sich für eine energetische Bewegung wünschen oder welche Information sie brauchen. Entsprechend unterstützen wir sie dabei, Energie zu bewegen beziehungsweise übersetzen die Botschaften ihrer Seele für sie.

Die intuitive Autorität unserer Klienten wahrzunehmen und damit ihre spirituelle Autonomie zu respektieren, ist einer der Grundwerte des Intuitionstrainings, und es liegt mir sehr am Herzen, diesen unablässig zu vermitteln. Es ist nicht immer einfach für die beginnenden Practicioner, nicht auf die Überhöhungsangebote der Klienten einzusteigen. Viele Menschen sind es gewohnt, dass eine Heilerin »natürlich mehr weiß und kann als ich«, und kommen nicht selten mit dem Anspruch und der Illusion »rette mich« oder »löse das für mich – mach das weg!« in unsere Sitzungen. Dann als Practicioner strikt auf Augenhöhe zu bleiben, ist ein fantastisches Übungsfeld für die wahrhafte Integration der intuitiven Autorität.

TYPISCHE FALLSTRICKE: DAS IMMERWÄHRENDE PENDELN ZWISCHEN ÜBERHÖHUNG UND ABWERTUNG

Die ureigene Autorität zu entwickeln und zuverlässig zur Verfügung zu haben, ist eine echte Lebensaufgabe. Denn das Bewusstsein für die intuitive Autorität und die eigene spirituelle Autonomie geht mit hundertprozentiger Verantwortung für das eigene Leben und Erleben einher.

Die 3D-Welt allein ist schon sehr komplex, alle Aufgaben, die wir als Erwachsene erledigen müssen, die Komplexität von Beziehungen und unsere innere Welt, die auch immer Aufmerksamkeit braucht und entwickelt werden will – das ist schon eine Menge Holz. Wenn wir uns der spirituellen Welt und der Energiearbeit zuwenden, wird unsere Realität absolut nicht weniger komplex. Seelenverträge, Karma, Zeitlinien, parallele Universen oder das Multiversum, Quantensprünge, Erleuchtung, Heilung, Kommunikation mit der geistigen Welt, etc. – es ist ganz schön was los in unserem intuitiven Leben! Wenn wir nicht gelernt haben, die Stimme der Seele als Wegweiser und Leuchtturm zur Verfügung zu haben, unsere intuitive Wahrnehmung auch kognitiv zu übersetzen, auf unseren Körper zu hören und uns auf unsere ureigene intuitive Autorität zu verlassen, werden wir immer Orientierung in starren Überzeugungen und/oder im Außen suchen.

Spirituell »Suchende« lösen ihre Orientierungsschwierigkeiten oder auch die (häufig unbewusste) Ablehnung von Verantwortung für das eigene Leben oft über eine Projektion. Sie suchen und finden einen Menschen, auf den sie ihre Autorität projizieren. Dieser Mensch wird überhöht, an seinen Wahrheiten und Vorgaben wird sich orientiert. Manchmal völlig kritiklos, manchmal wird die Kritik nicht offen geäußert. So ein Mensch kann zum Beispiel ein spiritueller Lehrer sein, der sich seiner eigenen Fehlbarkeit durchaus bewusst ist und diese auch kommuniziert. Überhöht wird er trotzdem immer wieder, denn jemandem zu folgen, dessen Autorität man mehr Wert als der eigenen zuschreibt, befreit von der durchaus anstrengenden Aufgabe, die eigene Wahrheit zu finden und diese vor allem auch in der Anwendung zu überprüfen. Man stellt diesen »Guru« auf ein Podest.

Nicht dass sich jede spirituelle Lehrerin dagegen wehren würde, von ihrer Folgeschar überhöht zu werden. Manche überhöhen sich sogar selbst ganz gerne, Spiritual Bypassing lässt grüßen! Das Praktische an so einer Überhöhung ist aber, dass man dann, wenn man genug von der Abwertung der eigenen Autorität hat, den »Guru« oder die Lehrerin vom Podest runterkegeln und seinerseits abwerten kann. Der Selbstwert ist dann temporär scheinbar in Ordnung. Die illusionäre Geschichte hinter dem Muster lautet zu diesem Zeitpunkt dann oftmals: »Ich bin meiner eigenen Wahrheit gefolgt und in meine eigene Größe gegangen, und plötzlich bist du – die Lehrerin/der Guru – ganz menschlich und gar nicht mehr die unbefleckte Lichtgestalt. Du bist schuld an der Täuschung (die ich mir zwar selbst fabriziert habe, aber das habe ich vergessen).«

Solange wir unsere intuitive Autorität nicht zur Verfügung haben, sind wir letztlich wie Kinder, die wollen, dass die Eltern unfehlbar sind, und die ihre Eltern, wenn sie als Teenager rauskriegen, dass sie das nicht sind, als Respektspersonen »zerstören« müssen, um den eigenen Weg zu finden. Das Problem ist nur, dass wir, wenn wir uns nicht selbst in die Verantwortung zur eigenen Autorität nehmen, dieses Muster immer wiederholen, und nicht nur zwingend im spirituellen Raum.

Wahre Augenhöhe ist zutiefst demütig – nicht in der sich selbst kleinmachenden Interpretation, sondern demütig dem eigenen Nichtwissen, der Würde von Beziehungen, der Lernmöglichkeit durch Ungleichheiten, Unverständnis und auch Konflikten gegenüber. Wenn wir in der oben beschriebenen Pendelbewegung hängen bleiben, finden wir, einfach gesagt, nicht in unsere Mitte, und wir laufen Gefahr, wertvolle Beziehungen zu beschädigen oder zu zerstören. Wenn wir uns aber auf unsere intuitive Autorität besinnen und wieder in die Qualität von »Ich bin meine eigene Autorität« und die Haltung des »für etwas gehen« zurückfinden, entfaltet jede schwierige Situation eine große Chance, sich konstruktiv zu entwickeln und uns noch geheilter und weiser werden zu lassen, als wir bis dahin waren.

In Roald Dahls Buch *Matilda* findet die kleine und sehr begabte Matilda die richtige Antwort auf die wiederkehrenden Repressionsversuche ihrer Eltern und der wirklich gemeinen Schuldirektorin. »Man kann viel tun, auch wenn man klein ist!« Und so ist es.

6
Ich sehe was, was du nicht siehst, und das bist du – Intuitive Wahrnehmung

»We must not allow other people's limited perceptions to define us.«

– Virginia Satir

Die intuitive Wahrnehmung ist die neutralste und gleichzeitig verbundenste Form der Wahrnehmung. Sie ist das Zentrum deines intuitiven Seins in deinem Körper.

In einem der ersten Module meines Intuitionstrainings biete ich die folgende kleine Übung an: »Erinnere dich daran, wie es war, als du heute Morgen aufgewacht bist. Die ersten 15 Minuten vielleicht. Beschreibe einmal für dich selbst, was du wahrgenommen hast beziehungsweise was du jetzt in der Rückschau wahrnimmst. Welche Gefühle oder Gedanken hattest du? Warst du vielleicht sofort hellwach oder hättest du am liebsten noch ein wenig weitergeschlummert? Konntest du die Entspannung der Nacht noch ein wenig genießen, oder warst du sofort bei deiner To-do Liste für den Tag?« Die Teilnehmer beschreiben dann vor allem ihre Gedanken. Seltener ihre Gefühle, noch seltener geben sie eine neutrale Beschreibung. Am seltensten ist die Beschreibung der intuitiven Wahrnehmung.

DAS VERSTÄNDNIS VON WAHRNEHMUNG

Im Allgemeinen wird unter Wahrnehmung die Aufnahme von Reizen über die fünf Sinne – Sehen, Hören, Riechen, Tasten und Schmecken – verstanden, die dann durch einen Filter laufen. Wir können aber nicht alle Reize, die wir aufnehmen, ungefiltert in unser Bewusstsein lassen. Das wäre eine Überflutung, mit der wir hoffnungslos überfordert wären, wir könnten uns nicht orientieren. Der Filter, den wir einsetzen, wird als kognitive Wahrnehmung beschrieben und meint die Sortierung und Übersetzung der Reize. So kreieren wir im allgemeinen Verständnis Sinn in dem, was wir wahrnehmen, und damit orientieren wir uns in der Welt.

Bestimmende Faktoren des Filters *kognitive Wahrnehmung* sind Bekanntes (Wissen und Erfahrungen) und – im Allgemeinen – Angenehmes, also das, was wir gerne anschauen, fühlen, hören, riechen, tasten, schmecken. In Bezug auf die *intuitive Wahrnehmung* hast du vielleicht auch schon mal vom »sechsten« oder »siebten« Sinn gelesen oder gehört. Gemeint ist damit immer eine Wahrnehmungsebene, von der wir wissen, dass sie existiert, die wir aber noch nicht wissenschaftlich erfassen, geschweige denn erklären können.

Evolutionär sind wir so programmiert, dass Orientierung zum Überleben existenziell wichtig ist. Entsprechend wichtig ist das Bekannte für unsere Wahrnehmung. Die neurologischen Abläufe sind komplex, vereinfacht kann man aber sagen, dass wir insbesondere das Bekannte durch den Filter passieren lassen und unsere Aufmerksamkeit vor allem dem gilt, was wir kennen. Platons Höhlengleichnis beschreibt genau dieses Phänomen: Wir orientieren uns an dem, was wir kennen, und blenden das Unbekannte aus, selbst wenn wir direkt damit konfrontiert sind. Wenn wir mit Unbekanntem konfrontiert sind, versuchen wir es immer in die uns bekannten Parameter einzuordnen. Neues, das nicht in den uns bekannten Kontext passt, lehnen wir ab und können in dieser Ablehnung sogar massiv werden.

Unsere Wahrnehmung liefert niemals eine exakte Abbildung der uns umgebenden Welt, sie kann immer nur Ausschnitte erfassen. Wir leben in einem Glaubenssystem, dass der Ratio, also der verstandesmäßigen Analyse, die größte Kompetenz in Bezug auf die Realitätserfassung zuschreibt. Entsprechend werden wir den Sinneswahrnehmungen, die wir kognitiv erfassen, erklären und verwerten können, die größte Aufmerksamkeit schenken und andere Ebenen, wie die Intuition, ignorieren oder eingeschränkt wahrnehmen.

Exkurs: Das Höhlengleichnis nach Platon ist das bekannteste Gleichnis der antiken Philosophie, es behandelt Wahrnehmung, Wirklichkeit und Erkenntnis. Er verwendet das Bild von Gefangenen, die lebenslang in einer Höhle leben, so gefesselt, dass sie nur sehen können, was vor ihnen auf der Höhlenwand ist. Hinter ihnen brennt ein Feuer. Zwischen ihren Rücken und dem Feuer steht eine Mauer. Oberhalb der Mauer bewegen sich Gegenstände in unterschiedlichen Formen hin und her, durch das Licht des Feuers werden auf der Höhlenwand vor den Gefangenen Schatten sichtbar. Diese Schatten halten die in der Höhle gefangenen für die Wirklichkeit, denn sie haben nie etwas anderes gesehen oder erlebt. Sie haben eine eigene Deutungstheorie zu dem, was sie auf der Höhlenwand sehen, entwickelt, und es gibt Wettbewerbe dazu, wer welche Geschehnisse auf der Höhlenwand am besten und schnellsten verstehen und zuordnen kann. Wenn man nun einen Gefangenen befreien und mit Gewalt nach außen zwingen würde – mit Gewalt, weil die Menschen nicht gerne das verlassen, was sie kennen – dann wäre er zunächst völlig durcheinander. Es wäre alles zu hell, zu viel und vor allem: zu anders. Die Sonne blendet, die Farbigkeit und Vielfalt dessen, was er plötzlich alles sieht, überfordert ihn. So nach und nach gewöhnt er sich aber und erkennt immer mehr in der Wirklichkeit, kann die Komplexität des Lebens außerhalb der Höhle erkennen, differenzieren und deuten. Er versteht wie Schatten entsteht und erkennt so, welchem Trugbild er als Gefangener in der Höhle aufgesessen war. Würde er in die alte Umgebung, die Höhle, zurückgehen, müsste er sich jetzt erst wieder an die Dunkelheit gewöhnen – aber die Erkenntnis, dass die Schatten auf der Höhlenwand keine Wirklichkeit sind, wäre sonnenklar für ihn. Würde er seine neu gewonnene Erkenntnis mit den Gefangenen in der Höhle teilen, würden sie ihn auslachen, und, so Platon, wahrscheinlich sogar töten. Einfach gesagt können wir das Höhlengleichnis als Beschreibung der ungeschulten Wahrnehmung, die die Wahrnehmungsmechanismen nicht hinterfragt, einerseits, und Beschreibung einer entwickelten, bewussten Wahrnehmung andererseits verstehen.

Fallbeispiel: Jana W., Unternehmerin, Projektmanagerin, Intuitionstrainerin

»Ich erinnere mich, dass ich mit Anfang zwanzig jeden Abend mit Herzschmerzen im Bett lag, mein ganzer Körper tat mir weh, der Unterbauch war so hart. Physisch hatte ich nichts, das sagten zumindest alle Ärzte. Ich hatte auch Gespräche mit Psychotherapeuten, aber Gespräche halfen mir nicht, denn es gab nichts, was ich nicht selbst schon tausendmal durchanalysiert hatte. Ich war sehr reflektiert, und mir war schon klar, warum meine Eltern so waren, wie sie waren. Ich kannte ihre Geschichte und die Geschichte ihrer Eltern. Mir war der Komplex des transgenerationalen Traumas in unserer Familie also bekannt. Das Wissen half mir aber nicht. Ich wusste nicht, wo ich hinsollte, was ich machen sollte. Ich hatte immer physische Schmerzen, vor allem im Kontakt mit Menschen. Ich war verzweifelt, denn ich habe einfach nicht verstanden, wie Menschen ticken.

Ich habe mich immer nach Freiheit und Wahrheit gesehnt und bin in allen Beziehungen genau an den Punkten immer wieder an meine Grenzen gestoßen, weil ich immer wieder so viel Unfreiheit empfand. Ich habe immer genau gesehen, warum Menschen machen, was sie machen, warum sie ein bestimmtes Verhalten zeigen, und meinte auch immer zu wissen, wie sie sich ändern können, damit sie frei sind. Ein Satz, den ich sehr oft gesagt habe, war: ›Aber das musst du doch sehen!‹, doch ich erntete immer Unverständnis.

Meine Idee von mir selber war, dass ich tolerant, frei und friedensstiftend bin, das habe ich auch meinem Partner erzählt, als wir uns kennenlernten. Ich war Anfang zwanzig, doch ich wusste wirklich nicht mehr weiter. Kognitiv hatte ich alles durchdrungen und verstanden. Ändern konnte ich nichts. Ich wusste, ich kann mir nur selbst helfen, aber ich wusste nicht wie. Ich erinnere mich noch, dass ich betete: ›Bitte, bitte, ich muss irgendwas finden, was mir hilft, mir selbst zu helfen.‹ Mein Kopf war von dem vielen Denken und den ständigen Gesprächen immer voll und schwer, mein Körper war schwer und tat furchtbar weh.

Kurze Zeit später bekam ich meine erste energetische Heilung im Institut für Intuitionstraining. Und danach wusste ich: Das ist es. Ich war fünf Tage lang völlig leicht, mein Körper hat dort gekribbelt, wo er vorher hart und starr vor Schmerz war, mein Kopf war frei und leicht. Durch diese erste Erfahrung begriff ich den Unterschied zwischen kognitiver Wahrnehmung, dem Analysieren und Denken und der intuitiven Wahrnehmung auf Seelenebene!

Bei meinem ersten Reading hörte ich das erste Mal: ›Ich sehe dich‹, und spürte das erste Mal, wie es ist, wirklich gesehen zu werden, auf allen Ebenen. Ich begriff, dass mein Selbstbild bis jetzt von Konzepten geprägt war. Meine Toleranz war ein Konzept, ich wollte tolerant sein, war es aber überhaupt nicht. Das konnte ich erst verstehen, als ich den Unterschied zwischen Kognition und Energie begriff. Was ich in meinen Beziehungen immer besprechen wollte – ›Aber das musst du doch sehen!‹ –, war das, was ich auf intuitiver Wahrnehmungsebene, also in der Energie des anderen, gesehen hatte. Und ich dachte, das sei kognitiv verhandelbar! Das war es natürlich nie. Ich habe immer versucht, über etwas zu diskutieren, was die andere Person gar nicht wahrgenommen hat oder auch gar nicht wahrnehmen konnte!

Als ich in der Ausbildung zur Intuitionstrainerin dann lernte, Energien in meinem Körper und auch meinem Energiekörper wahrzunehmen und zu bewegen, war ich völlig geflasht von den Auswirkungen, die eine scheinbar so leichte Bewegung physisch, aber auch psychisch auf mich hatte. Ich konnte meine Überzeugungen und Glaubenssätze über mich selbst auf Energieebene so klar wahrnehmen!

Ich hatte immer gedacht, ich sei frei, weil ich eine künstlerische Laufbahn eingeschlagen hatte, an einer Tanzhochschule war und Musik, Theater und Tanzwissenschaften studierte. Ich dachte, das würde reichen, um endlich frei zu sein. Dabei war ich überhaupt nicht frei, energetisch war ich starr, ich zwang mich selbst in Konzepte, die ich niemals wirklich überprüft hatte. Durch mein Verständnis für den Unterschied zwischen energetischer Wahrheit und kognitiver Wahrnehmung konnte ich das verstehen. Ich dachte immer, ich wäre tolerant, aber nun begriff ich, dass ich die mir nahen Menschen in meine Konzepte von Freiheit zwingen wollte, so wie ich mich selber gezwungen hatte. Wirkliche Toleranz gegenüber Individualität und Andersartigkeit habe ich erst mit der Wahrnehmung meiner eigenen Unfreiheit auf Energieebene und der energetischen Bewegung und Lösung davon erreichen können.

Im Intuitionstraining habe ich die tiefste und wirksamste Möglichkeit gefunden, mir selbst zu helfen. Ich kann Kognition und Seelenebene jetzt verbinden und bin dadurch frei beziehungsweise weiß ich auch, was ich brauche, um frei zu sein. Dazu gehört auch definitiv kein Leben in Deutschland. In der Erde Deutschlands schwingt so viel Angst und Lähmung und auch Verbot von Freiheit. Dadurch erstarre ich in Deutschland immer wieder, wenn ich länger dort bin. In Kenia fühle ich mich frei, hier kann ich die sein, die ich bin, hier kann ich mich in meinem höchsten Selbst leben.

Visionäre Projekte kreieren, das Erschaffen von Räumen, in denen Menschen sich selbst und auch anderen in Freiheit begegnen, in denen sie ihre Seelen erfahren und Wege finden, ihre Seelenvisionen zu erleben und auch (gemeinsam) umzusetzen – das ist meine Berufung. So habe ich hier am Fuße des Mount Kenia ein Community-Projekt ins Leben gerufen, in dem ich unter anderem auch die Praxis des Intuitionstrainings anbiete. An sich ist die Verbindung mit der Erde hier freier, integrierter und natürlicher gelebt als in vielen anderen Kulturen, sicherlich freier als in Deutschland. Aber die Verbindung nach innen und auch zur eigenen Seele als gesonderte Praxis ist den meisten hier fremd.

Aktuell arbeite ich mit einer Gruppe von circa 40 Schülerinnen einer Primary-Schule, die ich seit einigen Jahren begleite. Die Jugendlichen befinden sich vor einem großen Schritt, denn bald werden sie die Schule nach elf Jahren verlassen. Das bedeutet pausenloses Lernen, denn der Konkurrenzdruck ist groß. Die Schülerinnen wohnen auf engem Raum zusammen. Sie verbringen Tag und Nacht miteinander, teilen den Schlafsaal, das Lernprogramm, die Gebetsstunden, alle Mahlzeiten und überhaupt alle Themen des Menschseins. Dreimal wöchentlich biete ich ihnen 40 Minuten lang die Chance zu der Erfahrung, nur mit sich zu sein. Mit ihren Wahrnehmungen, Gefühlen, Gedanken und mit ihrer ganz eigenen Verbindung zur Erde, zu ihrer Seele, zu ihrem Atem und zum Jetzt. Mich freut so sehr, wie positiv das Intuitionstraining angenommen wird, denn die Jugendlichen leben einen Schulalltag, in dem es üblicherweise nicht laut genug sein kann, in dem sie laut im Chor lernen, in dem die stärkste Stimme gewinnt.

Still zu sitzen und nichts zu tun, als zu atmen und wahrzunehmen, das ist für die Schülerinnen herausfordernd, doch direkt und tief wirksam. Sie haben schon nach kurzer Zeit ein größeres Bewusstsein über einen sicheren Ort in sich selbst, über ihre ganz eigenen intuitiven Wahrheiten und die Kraft ihrer eigenen Seele gefunden. Ich bin glücklich und stolz darauf, wenn sie diese Kompetenzen mit in ihren neuen Lebensabschnitt nehmen.

Mir und meinem Partner geht es hier gut. Natürlich wachse ich weiter und arbeite an mir. Freiheit heißt für mich, für Unfreiheiten, auf die ich im Innen oder Außen noch treffe, Tools zur Verfügung zu haben und noch weiter in Bewegung zu bringen, was mich noch unfrei macht. Mein Leben ist gut geworden – so wie ich es immer wusste. Mein größtes Glück ist, andere dabei zu unterstützen, ihr höchstes Selbst auch frei zu leben.«

Die intuitive Wahrnehmung ist funktionell gesprochen, die Wahrnehmung von Energie. Mit dem Höhlengleichnis gesehen liegt die Wahrnehmung von Energie außerhalb der Höhle, in der die dualistisch geprägte Gesellschaft stattfindet. So ist diese Wahrnehmungsebene im Allgemeinen kaum anerkannt, geschweige denn wertgeschätzt. Gleichzeitig ist diese Wahrnehmung natürlich noch viel mehr als Energiewahrnehmung, denn sie bindet uns in einen kosmisch-göttlichen Kontext ein und gibt uns die Möglichkeit, uns selbst in kraftvoller Weise als Schöpfer oder Schöpferin unseres Lebens zu verstehen.

WAS IST REALITÄT? FRAGE DEINEN IMAGINÄREN FREUND!

Ich habe meine intuitive Wahrnehmung als Kind nie hinterfragt, so wie Kinder ihre Wahrnehmung natürlich generell nicht hinterfragen.

Sie war plötzlich da. Ein kleines asiatisches Mädchen, genauso alt wie ich. Obwohl sie so klein war, war sie unendlich weise. Sie tröstete mich. Sie beriet mich. Sie sprach mir Mut zu. Sie zeigte mir schöne Dinge, sprach von schönem Leben, von Möglichkeiten und sagte mir immer wieder, wie wertvoll und kostbar ich sei. Sie war in meinen Träumen präsent, aber nicht nur. Sie kam auch, wenn ich wach und allein war und große Angst hatte. Sie kam, wenn ich misshandelt worden war und kurz davor war aufzugeben.

Immer wenn die anderen Kinder mich auslachten wegen meiner Kleidung, die nicht zusammenpasste, weil ich mich morgens allein anzog, oder weil ich zu spät kam oder wieder niemand gekommen war, um mich vom Kindergarten abzuholen und die Erzieherinnen in meinem Beisein über meine Mutter lästerten, war sie da. Sie erklärte, gab mir Zuversicht, Mut und Verbindung. Ich war nicht nur auf Seelen-

ebene nicht mehr allein, sondern auch im Alltag in meinem Körper – denn ich konnte sie sehen. Ich erzählte meiner Mutter einmal von ihr, von meiner Freundin Violett, doch sie verhöhnte mich nur. Danach erzählte ich niemandem mehr von Violett.

Mit der Pubertät ließ unsere Verbindung nach, bis sie irgendwann gar nicht mehr kam. Mir fiel es noch nicht mal auf. Erst mit Beginn meiner Ausbildung zur Aura-Readerin, also der bewussten Anwendung meiner Hellsichtigkeit, tauchte sie wieder auf. Heute ist sie wie eine langjährige Freundin, die manchmal vorbeikommt, wenn sie gerade in der Nähe ist. Ich bin ihr unendlich dankbar für das, was sie für mich getan hat.

Hattest du auch so eine Freundin oder einen Freund, als du klein warst? Ein anderes Kind oder ein Tier, das dich begleitet hat und für dich da war? In der Kinderpädagogik ist der »imaginäre Freund« ein bekanntes Phänomen. Es gibt sehr ungenaue Schätzungen, die davon ausgehen, dass ein bis zwei Drittel aller Menschen im ungefähren Alter zwischen drei und fünf Jahren einen imaginären Freund haben. In Artikeln und Beschreibungen zu diesem Phänomen wird zudem immer wieder betont, dass die Kinder stets genau wüssten, dass ihre Begleiter »nicht real« sind.

In der Psychologie galten bis in die siebziger Jahre hinein die imaginären Freunde noch als besorgniserregend und wurden als Vorboten einer möglichen psychischen Erkrankung gesehen. Das änderte sich tatsächlich erst Ende der neunziger Jahre, als die Psychologinnen begannen, die positiven Effekte dieser Art Freunde zu untersuchen, und herausfanden, dass sie nicht nur trösten und beim Bewältigen schwieriger Situationen helfen, sondern tatsächlich auch die kindliche Entwicklung unterstützen.

Mich würde eine Studie interessieren, die untersucht, ob die Kinder tatsächlich der Überzeugung sind, dass ihre Freunde von ihnen selbst erschaffen wurden beziehungsweise eingebildet sind. Ein dreijähriges Kind kann den Unterschied vielleicht nicht erkennen – ein fünfjähriges Kind aber durchaus. Ich hätte damals auch bestätigt, dass

Violett nicht wirklich »da« ist – in der anfassbaren Welt –, und gleichzeitig wusste ich, dass sie ganz und gar »da« war. Sie war genauso »da« wie die grellrote Energie meiner Mutter und die Wesenheiten, die ich in unserem Zelturlaub in der Bretagne im Wald sah.

Violett ist für mich auch heute noch real. Sie ist nur keine verdichtete Materie, sie hat keinen physischen Körper, sie hat ausschließlich einen Energiekörper. Den zu »sehen«, also intuitiv wahrzunehmen, ist für mich völlig normal. Und ich bin davon überzeugt, dass es für alle, oder die meisten, Menschen normal ist, nur können die meisten diese Ebenen nicht sehen, weil sie nie in einer Welt gelebt haben, in der es:

a) anerkannt war, es zu sehen, die Reaktionen auf ihre Schilderungen also nicht ablehnend, negierend oder verunsichernd, sondern positiv, neugierig und wertschätzend ausfielen;
b) selbstverständlicher Teil der Entwicklungsförderung war, diese Wahrnehmungsebene zu schulen.

Diese Ebene ist unbekannt und oftmals negativ belegt – und da sagt das Höhlengleichnis: Entsprechend glauben wir auch, sie sei nicht da.

Es ist also kein Wunder, dass anerkannte wissenschaftliche Disziplinen und auch die Psychologie einfach davon ausgehen, diese Wahrnehmungsebene sei nicht real. Im Kontext dessen, was in diesen Disziplinen an bekannten Parametern und Deutungsmodellen zur Verfügung steht, kann sie nicht erfasst, verstanden und beschrieben werden. Es ist schade, dass die intuitive Wahrnehmung bisher keine anerkannte Wahrnehmungsebene und daher nicht integriert ist.

Übung: Verbindung mit der Erde

Gehe in die Natur. Wenn das nicht möglich ist, reise in deiner Vorstellung an einen Ort, der dir jetzt angenehm ist. Setze oder

lege dich hin, lehne dich an einen Baum oder einen Felsen. Wenn du dich sicher genug fühlst, schließe die Augen und spüre mit allen sechs Sinnen in die dich umgebende Natur hinein. Und dann nimm intuitiv wahr: Wann hast du das letzte Mal eine Erdheilung bekommen? Nimm einfach für wahr, was auftaucht, wenn du nach der letzten Erdheilung fragst. Vielleicht eine Begegnung mit einem Tier, das dich aus trüben Gedanken befreite? Eine Feder, die dir einen Gruß deiner Seele schickte? Ein Blatt im Wind, das dich daran erinnerte, dass ein Perspektivenwechsel manchmal ausreicht? Eine Blume, die dir die Kostbarkeit deiner Imperfektion spiegelte? Der Duft des Windes, der dich zart an deine tiefste Sehnsucht erinnert?
Hast du diesen Moment als Begegnung und Heilung erfahren? Wenn nicht, nimm die Qualität jetzt nachträglich bewusst in dich auf. Bedanke dich bei der Erde für die Heilung. Bekommst du eine Antwort? Notiere die Erfahrung und Kommunikation und erlaube dir, ab jetzt deine Verbindung mit der Erde aufmerksam(er) wahrzunehmen.

ERLAUBE DIR, DAS GANZE BILD ZU SEHEN – DU BIST VÖLLIG NORMAL!

Viele Teilnehmer und Teilnehmerinnen des Intuitionstrainings drücken außer den Zweifeln auch große Erleichterung darüber aus, die in der Welt noch als »unnormal« definierte intuitive Wahrnehmung so offen besprechen zu können. Sie finden meistens diese oder ähnliche Worte: »Ich habe das Gefühl, angekommen zu sein«, »Endlich kann ich sein, wer ich bin, und fühle mich nicht mehr falsch«. Und auch für mich ist es immer eine große Erleichterung, wenn ich von Menschen umgeben bin, für die Realität auch das umfasst, was nicht sicht- oder tastbar ist, für die die Energiewahrnehmung zum Alltag gehört. Einmal war ich in der glücklichen Situation, in meinem Beruf als Dokumentarfilmemacherin eine Protagonistin zu haben, die die Welt der Wissenschaft und die spirituelle Welt problemlos in sich vereint hatte.

Wir fuhren hinten auf dem Pick-up, die Sonne war gerade untergegangen, und es wurde schnell dunkel. Vom Hafen der kleinen Insel mitten im Südpazifik zum Holzhaus der Walforscherin waren es nur wenige Kilometer, aber die Strecke war unwegsam. Ich saß mit der Walforscherin und ihrer Freundin, einer indigenen Heilerin, hinten auf der Ladefläche und genoss den Duft der Frangipani.

Plötzlich bekam ich Beklemmungen. Ich schaute nach links und rechts und sah nichts außer Dschungel. Die Angst nahm zu. Erst als wir bei ihr zu Hause angekommen waren, das Equipment ausgeräumt und den Tag durchgesprochen hatten, erzählte ich ihr von meinem merkwürdigen Gefühl unterwegs. Die Walforscherin fragte, wo genau das Gefühl aufgetreten sei, und ich beschrieb ihr die Stelle, so gut ich konnte. Sie sagte: »Oh wow, du bist wirklich hellsichtig!« Und dann lachte sie nur und sagte: »Das erzähle ich dir lieber morgen, denn du musst gleich noch mal allein an der Stelle vorbei, wenn du zu deinem Hotel fährst.«

Die Aussage beruhigte mich nicht sonderlich, aber sie ließ sich nicht erweichen. Erst als wir am nächsten Tag bei hellem Sonnenschein auf ihrem kleinen Forschungsboot weit draußen auf dem Pazifik waren, stoppte sie das Boot und sagte: »Weißt du noch, was du gestern unterwegs gespürt hast?« Na klar wusste ich das noch, ein bisschen mulmig war mir immer noch, aber ich wollte nicht unhöflich sein und von mir aus nachfragen. »Es ist nicht viel mehr als 150 Jahre her, dass hier auf der Insel noch Menschen rituell getötet und gegessen wurden. Du hast den rituellen Schlachtplatz wahrgenommen. Er ist genau dort, wo du deine Angst gespürt hast, nur ein paar Meter tiefer in den Dschungel rein.«

Ich fuhr während der vier Wochen, in denen ich mit dieser so fantastischen, spirituell offenen Wissenschaftlerin drehte, jeden Tag min-

destens zweimal an dem Ort vorbei. Ich klärte die Energie in meinem System und hatte danach nie wieder Angst.

Ich bin es gewohnt, das, was ich von mir, meinen Wahrnehmungen und Einsichten erzählen kann, zu sortieren. Es ist selten, dass ich Begegnungen wie damals im Südpazifik habe, bei denen ich mit meinem ganzen Sein präsent sein kann.

In unserem Glaubenssystem, das vordergründig mittlerweile zwar die Komplexität der Welt und die Verbindung der sie kreierenden Elemente anerkannt hat, das effektiv aber immer noch dualistisch organisiert ist, also über ein hierarchisch bewertendes Entweder-oder funktioniert, wird die intuitive Wahrnehmung immer noch nicht als »normal« angesehen, und viele Menschen haben schlichtweg Angst davor. Wenn Momente der intuitiven Wahrnehmung erlebt werden, wird in der Erzählung darüber häufig eine entschuldigende und relativierende Einleitung gebraucht wie zum Beispiel: »Das klingt total verrückt, aber …« oder »Ich habe so was normal ja nicht, aber du glaubst nicht, was mir gestern passiert ist« und so weiter.

In mindestens den ersten Monaten des Intuitionstrainings haben die Teilnehmer entsprechend große Zweifel an ihren Wahrnehmungen, glauben sich selbst nicht oder bekommen Angst vor sich selbst. Immer wieder höre ich zu Beginn der Ausbildung entsprechend diese oder ähnliche Sätze: »Ich weiß nicht mehr, mit wem ich reden soll, ich kann doch keinem erzählen, was ich wahrnehme, die sperren mich doch ein!« Oder auch: »Ich will das alles gar nicht sehen. Gestern war ich einkaufen, und am Kühlregal stand neben mir eine Frau, die so viele krasse Erfahrungen gemacht hat! Das war so sichtbar, obwohl sie es für sich total unterdrückt hat. Ich hab fast keine Luft mehr gekriegt! Geht das wieder weg? Ich will das alles gar nicht so genau wissen!« Typisch ist auch: »Ich weiß nicht mehr, wie ich noch funktionieren soll! Ich nehme so viel wahr, in mir selbst, aber auch bei den anderen, jede normale Teamsitzung überfordert mich gerade!«

Wenn wir über das Training beginnen, die intuitive Wahrnehmung in den Fokus zu rücken, kann es eine Zeit lang überwältigend und auch überfordernd sein. Denn wir nehmen nun all das bewusst wahr, was wir bis dahin ausgeblendet haben – weil wir es ausblenden mussten, um »normal« zu sein und dazuzugehören. Für manche ist es so, dass sich Schleusen öffnen und sie vor allem damit zu tun haben, die intuitive Wahrnehmung in den Alltag zu integrieren und nach und nach über die Tools des Trainings eine Regulation der Wahrnehmungsebenen bewusst steuern zu können. Für andere bleibt die Ebene herausfordernd, weil die mentale Kontrolle ein Überlebensmechanismus bei ihnen ist, der nicht einfach außer Kraft gesetzt werden kann – und auch nicht sollte.

Das Intuitionstraining ist stark bewusstseinserhöhend und -erweiternd, und ein verantwortungsvoller Umgang mit den Möglichkeiten und Grenzen der Teilnehmer ist eine der wesentlichen Kompetenzen, die ein Intuitionstrainer erlernen muss. Natürlich vergleichen sich die Teilnehmerinnen zu Beginn auch miteinander. Unsere Bildungssysteme funktionieren über Bewertung und Vergleich, und das wird auch in das Training übertragen, obwohl es in diesem Raum überhaupt keinen Sinn macht. Die intuitive Wahrnehmung ist höchst individuell.

Energiewahrnehmung geschieht gerade zu Beginn ganz unterschiedlich. Einige Menschen fühlen Energie zunächst vor allem, andere »sehen« Energien als Bilder, Dynamiken oder Symbole, manche hören oder riechen Energie sogar. Dann gibt es auch Menschen, die »wissen« einfach. Für letztere ist es oft – nicht immer – am schwierigsten, sich selbst zu glauben. Denn alle anderen Wahrnehmungsmöglichkeiten sind ja in gewisser Weise noch mit dem verwandt, was wir über unsere fünf anerkannten Sinne wahrnehmen.

Das einfache »Wissen« können wir zu Beginn keinem Kontext zuordnen, den wir bereits kennen, und so zweifeln wir an diesem intuitiven Wahrnehmungskanal am meisten. Das Intuitionstraining fordert nicht umsonst tägliche Übung und jahrelange Praxis. Wir haben jahrelang gelernt, dass diese Ebene inexistent ist und keine Relevanz hat. Um sie jetzt wieder bewusst wahrzunehmen und schließlich vor allem ergänzend zu unserer kognitiven Wahrnehmung in ein harmonisches Ganzes zu überführen, braucht es Training.

Ich sehe immer wieder Angebote aus der Selbsthilfe- oder Glücksindustrie, in denen versprochen wird, dass reine Affirmation etwas ändert. Oder ein Wochenendworkshop das Leben verändern soll. Oder eine bestimmte Meditation, täglich ausgeführt, bestimmte Probleme lösen soll. So einfach ist es leider – beziehungsweise Gott sei Dank – nicht.

SELBSTTEST: WIE VERTRAUT IST DIR DEINE INTUITIVE WAHRNEHMUNG?

1: Ich erkennen es, wenn jemand eine Maske trägt.

☐ Stimmt 3 Punkte

☐ Stimmt eher 2 Punkte

☐ Stimmt nicht 1 Punkt

2: Ich erzähle nicht vielen Menschen von meinen »übernatürlichen« Wahrnehmungen. Das liegt aber nicht daran, dass ich mir nicht vertraue, ich möchte nur sicher sein, angenommen zu werden. Ich muss niemanden überzeugen.

- ☐ Stimmt — 3 Punkte
- ☐ Stimmt eher — 2 Punkte
- ☐ Stimmt nicht — 1 Punkt

3: Ich fühle oftmals, was jemand anderes fühlt – manchmal sogar, wenn der anderen Person dieses Gefühl gar nicht bewusst ist. Das kann anstrengend sein, letztlich weiß ich aber immer genau, was meine Gefühle und welche die der anderen Person sind, beziehungsweise kann ich die Gefühle bewusst trennen.

- ☐ Stimmt — 3 Punkte
- ☐ Stimmt eher — 2 Punkte
- ☐ Stimmt nicht — 1 Punkt

4: Ich erinnere mich daran, als Kind Farben um Menschen und Tiere herum gesehen zu haben.

- ☐ Stimmt — 3 Punkte
- ☐ Stimmt eher — 2 Punkte
- ☐ Stimmt nicht — 1 Punkt

5: Manchmal sehe ich Dinge, die andere nicht sehen. Ich weiß, dass ich nicht verrückt bin, ich habe keinerlei Druck und kann völlig entspannt damit sein.

- ☐ Stimmt — 3 Punkte
- ☐ Stimmt eher — 2 Punkte
- ☐ Stimmt nicht — 1 Punkt

Auswertung:

Zähle alle Punkte zusammen und schau, wo du dich wiederfindest.

1 bis 6 Punkte:
Du nimmst kaum intuitiv wahr beziehungsweise meinst, nicht oder wenig intuitiv wahrzunehmen. Wahrscheinlich hast du recht früh vehemente Ablehnung auf dieser Ebene erfahren. Es ist gut möglich, dir diese Wahrnehmungsebene zurückzuerobern. Kleine Schritte können bereits eine erstaunliche Wirkung auf deine Selbstsicherheit haben. Das Wichtigste: Nimm dir Zeit für die Veränderung.

7 bis 10 Punkte:
Du kennst deine intuitive Wahrnehmung, aber du vertraust ihr nicht. Kein Wunder in einer Welt, die diese Wahrnehmung negiert, pathologisiert oder lächerlich macht. Du kannst dir vornehmen, mehr und bewusst darauf zu achten, was du intuitiv wahrnimmst, und es aufschreiben. So kannst du überprüfen, was dran ist. Du wirst dich wundern.

11 bis 15 Punkte:
Deine intuitive Wahrnehmung ist dir vertraut. Herzlichen Glückwunsch, das ist (noch) ein seltenes Gut. Stell dir vor, du würdest in einer Welt leben, in der alle Menschen einen freien Zugang zu ihrer Wahrnehmung hätten, so wie du. Vielleicht möchtest du andere ermutigen?

HINTERGRUND: INTUITIVE WAHRNEHMUNG INTEGRIEREN

Uns unserer Seelenebene und der intuitiven Wahrnehmung zu öffnen, ist einfach. Sie aber zuverlässig anwenden zu können und in unsere bestehenden Wahrnehmungsebenen, die unserer fünf Sinne und der kognitiven Intelligenz, zu integrieren, ist eine Herausforderung, die das Erlernen ganz neuer Kompetenzen erfordert. Erleuchtung – das Bewusstsein des Göttlichen Seins und das Leben aus dem höchsten Selbst – ist nicht das plötzliche Ereignis, als das es häufig beschrieben wird, und tatsächlich erlernbar. Im Prinzip ist Erleuchtung ein Verb, ein Tuwort, denn es ist ein kontinuierlich stattfindender Prozess.

Lernen ist, auch auf Energieebene, eine komplexe Angelegenheit. In unserem Gehirn existiert ein Netz aus Millionen Nervenzellen, die untereinander kommunizieren. Wenn wir etwas lernen, entstehen Verbindungen zwischen den Nervenzellen, und wenn wir nach intensivem und langem Üben etwas richtig gut können, bilden sich bleibende Verbindungen. Diese Verbindungen sind wie Wege, die wir gut kennen und die wir gehen, ohne darüber nachzudenken. Das ist eine großartige Leistung unseres Gehirns, denn so können wir aufbauend lernen. Die bereits erworbene Kompetenz läuft automatisch ab, wir haben sozusagen den Kopf frei für Neues, weil wir die bekannten Verbindungen automatisch und unbewusst abrufen.

Diese Funktion hat aber auch Nachteile. Wolltest du schon mal ein neues Restaurant besuchen und hast dich unterwegs dorthin so in Gedanken verloren, dass du erst beim Betreten des Restaurants gemerkt hast, dass du gar nicht dort warst, wo du hinwolltest? Ohne es zu merken, hast du einen gewohnten Weg genommen und standest plötzlich verwirrt in dem Restaurant, in dem du regelmäßig isst? Du kannst das Restaurant ersetzen mit neuer Wohnung, neuem Haus, neuer Liebe, einer neuen Arbeitsstelle, einer ungewohnten Strecke mit der S-Bahn … Kennst du eine solche Situation, in der du bewusst etwas Neues machen wolltest, die Gewohnheit aber schneller war als du?

Ein anderes Beispiel ist das Erlernen einer neuen Sprache. Immer wenn du versuchst, sie zu sprechen, fallen dir zuerst die Vokabeln einer anderen Sprache ein, die du bereits länger beherrschst. Auch dieses *lost in translation* ist einfach ein bekannter Weg in deinem Gehirn, den du automatisch nimmst. Wenn wir etwas neu lernen, braucht es neue Verbindungen im neuronalen Netz – wie neue Wege, die im Gehirn angelegt werden. Als Kinder lernen wir sehr leicht und schnell. Es sind noch nicht so viele bekannte »Wege« in unserem Gehirn angelegt, und wir können flexibel auf Neues und Ungewohntes reagieren. Je mehr wir »gewohnt« sind, je mehr »bekannte Straßen« wir in unserem neuronalen Netz haben, umso unflexibler werden wir tatsächlich nach und nach.

Die gute Nachricht ist, dass sich eine erlernte Inflexibilität der Wahrnehmung wieder ändern lässt. Je mehr Neues wir erlernen, desto leichter fällt uns generell das Lernen. Man spricht in dem Zusammenhang von der Neuroplastizität, also der Fähigkeit unseres Gehirns, seine neuronalen Verbindungen immer wieder umzugestalten und zu erweitern. Die intuitive Wahrnehmung steht nicht in Konkurrenz mit den anderen Wahrnehmungsebenen, die wir zur Verfügung haben. Dir wird nichts weggenommen – du bekommst etwas dazu!

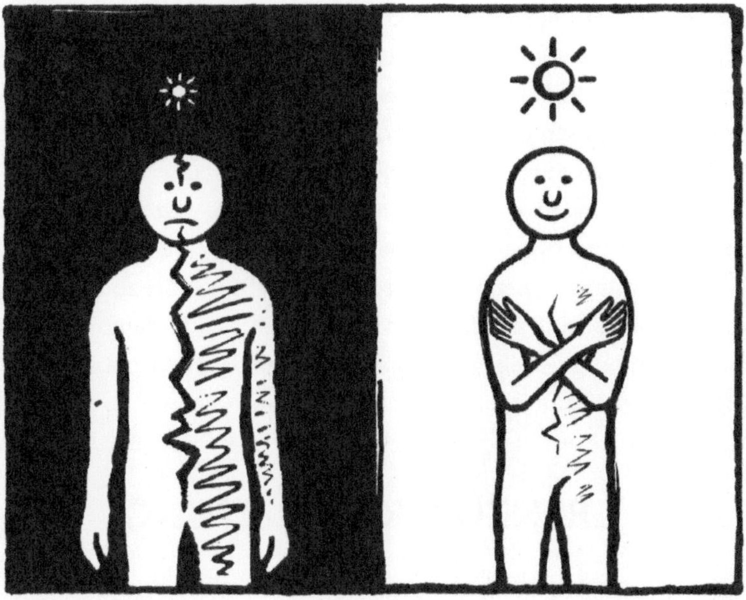

TYPISCHE FALLSTRICKE BEIM ERLERNEN DER INTUITIVEN WAHRNEHMUNG – ÜBERHÖHUNG STATT INTEGRATION

Eine Gefahr der Hinwendung zur Seelenebene und des Erlernens der intuitiven Wahrnehmung birgt ihre einzigartige Qualität: Auf intuitiver Ebene ist oftmals sehr viel Lichtvolles, Schönes und unendlich viel Potenzial zu sehen. Wenn wir uns damit zufriedengeben zu meinen, wir seien das, was wir in unseren Seelen sehen, ohne uns die Mühe zu machen, diese Ebene zu verkörpern, haben wir ein großes Problem: Wir bleiben in der Abspaltung unserer Seinsebenen stecken.

Ich sehe in dem Zusammenhang oftmals eine Überhöhung der intuitiven Wahrnehmung und der Seelenebene, bei gleichzeitiger Abwertung der kognitiven Intelligenz und häufig insbesondere der Körperempfindungen und der Gefühle. Diese Form der ausschließlichen Konzentration auf die Seele und »das Licht« lässt das größte Potenzial, das die Seelenebene für das eigene Leben hat, links liegen. Es ist ganz menschlich, sich nur der Schönheit zuwenden zu wollen. Und es ist auch möglich, die Schönheit in der manifesten Welt und im Alltag zu finden. Dafür braucht es den Willen, sich mit sich selbst auseinanderzusetzen und das Spannungsfeld, das die verschiedenen Wahrnehmungsebenen häufig erzeugen, nicht negativ zu bewerten, sondern als fruchtbares Lernfeld wertzuschätzen, in dem man über die Anwendung des eigenen Wissens und der eigenen Autorität den ganz eigenen »Sinn des Lebens« finden kann.

GRENZÜBERSCHREITUNG

Ein weiterer, tatsächlich nicht ungefährlicher Aspekt ist die Abkürzung über eine Initiation durch einen »Meister« oder »Guru«, der Energieebenen in deinem System in einem Maße öffnet oder bewegt, ohne dass du diese Veränderung autonom in deinem System halten kannst. Solche Praktiken, die auch ein Machtgefälle reproduzieren, können tatsächlich erhebliche psychische Instabilität auslösen. Wenn so eine Destabilisierung geschehen ist, ist es wichtig, Unterstützung zu finden, die psychische und physische Grenzen anerkennt und dabei hilft, wieder eine sichere Verbindung zum eigenen Körper und zur eigenen Wahrnehmung zu bekommen. Niemand weiß mehr darüber, wer du bist und was für dich richtig und stimmig ist, als du selbst!

7
Die Macht der Worte – Intuitive Kommunikation und Selbstausdruck

> »There is no greater agony than bearing an untold story inside you.«
>
> – Maya Angelou

Ist dir bewusst, dass deine Kommunikationsmuster mit deinem Lebensglück zusammenhängen? Kommunikation ist Selbstausdruck. Was du sagst, was du nicht sagst, deine Körperhaltung, deine Gesten, deine Mimik, dein Tun, dein Lassen – all das ist Kommunikation.

Es gibt verschiedene Theorien und Modelle dazu, was Kommunikation ist beziehungsweise wie sie funktioniert. »Man kann nicht *nicht* kommunizieren«, sagte der Kommunikationswissenschaftler, Psychotherapeut und Autor Paul Watzlawick. Es gibt verschiedene Theorien zu Kommunikation, die in gewisser Weise Ähnliches beschreiben, wenn auch mit unterschiedlichen Begriffen und in unterschiedlicher Differenziertheit.

Zusammenfassend lässt sich sagen, dass menschliche Kommunikation immer mindestens zwei Personen braucht. Eine Person gibt eine Botschaft (sagt/kommuniziert etwas), die andere Person empfängt die Botschaft und reagiert darauf, wiederum mit einer Botschaft. Das klingt erst mal simpel, ist aber tatsächlich sehr komplex. Denn alle Theorien stimmen darin überein, dass jede Botschaft viel mehr mitteilt als das gesprochene Wort, dass immer sehr viel mehr kommuniziert wird als die Inhalts- oder die Sachebene. Und nicht nur das, auch das Empfangen der Botschaft ist vielschichtig, denn jede Botschaft wird durch den Filter empfangen, den der Empfänger in die Kommunikationssituation mitbringt.

Doch damit nicht genug. Vieles von dem, was kommuniziert wird, geschieht unbewusst. Kein Wunder, dass Kommunikation in allen Beziehungen, egal ob beruflich oder privat, immer mal schiefläuft! Nehmen wir als Beispiel eine scheinbar einfache Kommunikationssituation. Ein Paar frühstückt gemeinsam. Einer der beiden sagt: »Gibst du mir bitte das Salz?« Oberflächlich betrachtet, oder rein sachlich, geht es darum, dass die eine Person nicht an das Salz herankommt und die andere Person bittet, ihr das Salz zu geben.

Wenn wir wissen wollen, was tatsächlich alles kommuniziert wird, schauen wir uns Mimik, Gestik, Körperhaltung und auch Tonlage, Betonung, Lautstärke, also generell den stimmlichen Ausdruck an. Außerdem ist wichtig zu wissen, wie die Stimmung, also die Gefühlslage, zwischen den beiden während des Frühstücks ist. Denn in »Gibst du mir bitte mal das Salz?« kann, je nachdem, wie es gesagt wird und welche Energie in der Bitte (oder Aufforderung) mitschwingt, ein Vorwurf, eine Anklage, eine Entschuldigung, ein Friedensangebot, eine Kontaktaufnahme oder ein Urteil mitschwingen. »Gibst du mir bitte das Salz?« kann aussagen: »Wollen wir uns wieder vertragen?«, genauso wie: »Kannst du auch mal irgendwas für mich machen?«.

Wahrscheinlich wird die Person, die um das Salz gebeten wurde, auch genau verstehen, worum es geht. Ob es um das Salz geht, um ein Aufeinander-Zugehen oder um einen Angriff, wird bei der um das Salz gefragten Person immer ankommen – auch wenn sie nicht die komplette Botschaft dechiffrieren kann, sie wird – meistens unbewusst – die Energie wahrnehmen, in der kommuniziert wird. Je nachdem, wie sie selbst aufgestellt ist, wird sie reagieren. Vielleicht reicht sie wortlos das Salz. Vielleicht ignoriert sie die Frage und verschanzt sich hinter einer Zeitung. Vielleicht nimmt sie Augenkontakt auf, um die Stimmung genauer zu ergründen. Womöglich reagiert sie mit einer Einladung zu einem klärenden Gespräch – oder holt zum Angriff aus.

KOMMUNIKATION UND LEBENSGESTALTUNG

Als gelungene Kommunikation bezeichnen wir eine Kommunikation, in der die Beteiligten einander verstehen, inhaltlich und auf allen anderen implizierten Ebenen. Das gegenseitige Verständnis lässt sich über Konzepte und Kommunikationsregeln nur bedingt erreichen, da die Faktoren, die die Kommunikation wiederholt misslingen lassen, energetisch immer anwesend und zum größten Teil unbewusst sind. Deine Art zu kommunizieren, ist Ausdruck deiner Beziehung zu dir selbst und Ausdruck deiner Beziehung zu der Welt.

Oftmals haben wir früh gelernt, was wir sagen dürfen, was wir sagen müssen, was wir nicht sagen dürfen und auch wie wir etwas sagen sollen und wie nicht. Das gilt generell für unseren Selbstausdruck, nicht nur für unseren sprachlichen Ausdruck. Unser Selbstausdruck ist in der Tiefe von den unausgesprochenen Kommunikationsregeln unseres Zuhauses geprägt. Damit meine ich nicht die Regeln, die die persönlichen Überzeugungen unserer Eltern darstellten, sondern die unausgesprochenen, die aus individueller Not oder individuellem Unvermögen entstanden sind.

Vielleicht hatten deine Eltern, als du klein warst, viel Stress, beruflich oder privat, und du hast gelernt, dass deine Mitteilungsfreudigkeit »zu viel« ist. Dann lautet eine unbewusste Regel vielleicht: »Ich muss mich immer zurücknehmen, ich bin eine Belastung.« Oder ein Elternteil hatte aus der eigenen Geschichte heraus große Angst vor Gefühlen und brauchte immer eine innere Distanz zu allem. Dann kann der Glaubenssatz sein: »Meine Gefühle sind unwichtig und lästig.« Oder du musstest für einen Elternteil der Partnerersatz sein und warst sehr vielen Gefühlen ausgesetzt, die gar nichts mit dir zu tun hatten. Und hast so gelernt, dass du für die Gefühle anderer sorgen musst und dass Emotionalität immer angebracht ist, auch wenn du von deiner Grundenergie her generell eher sachlich orientiert bist. Dann kann der Glaubenssatz zum Beispiel sein: »Ich muss auf die

Gefühle und Bedürfnisse der anderen eingehen, sonst bin ich egoistisch/nicht liebenswert.«

Was wir gelernt haben zu sagen beziehungsweise nicht zu sagen, ist identisch mit dem, was wir sein sollen beziehungsweise müssen und nicht sein zu dürfen. Wenn wir uns dieser Prägungen nicht bewusst sind und sie nicht bearbeiten, werden sie immer in unser Kommunikationsverhalten »reinschwappen«. Unsere Kommunikation spiegelt 1 : 1 unseren Bewusstheitsgrad und unsere unbewussten, nicht geheilten oder noch empfindlichen Verletzungen wider.

Was wir erlernt haben, was vielleicht schmerzhaft, verletzend, unterdrückend oder auch pushend war, liegt dann quasi wie ein Filter vor unseren Ohren. Dieser Filter bestimmt, was wir »hören«, und entsprechend bestimmt er auch unsere Reaktion.

Übung: Komplimente annehmen

Stell dir bitte einmal die Energie der Überzeugung »Ich bin nicht liebenswert« vor. Hat diese Energie für dich eine Farbe, ist es ein Bild oder fühlst du diese Energie? Wie auch immer du die Energie dieser Überzeugung wahrnimmst, lege sie über deine Ohren. Wenn gerade jemand bei dir ist, dem du vertraust, dann bitte sie/ihn, dir ein Kompliment zu machen. Wenn du gerade allein bist, dann stell dir dich mit jemandem, dem du vertraust, in dieser Mini-Übung vor. Welchen Effekt hat das Kompliment auf dich? Welche Gedanken, Gefühle oder Körperempfindungen löst es aus? Dann löse die Energie von deinen Ohren, schüttele dich und bitte die Person, das Kompliment zu wiederholen. Welche Wirkung hat es jetzt auf dich?

Fallbeispiel: Caren T., TV-Redakteurin, in Ausbildung zur Intuitionstrainerin

»›Mach doch nicht immer so ein Drama‹ ist einer der Sätze, mit denen ich groß geworden bin. ›Du immer mit deinen Geschichten, du Dramaqueen.‹ Ich verstand nicht, was mir da gesagt wurde. ›Drama machen‹? Ich habe immer schon intensiv empfunden. Für mich barg jedes kleine Tier, das ich im Wald tot aufgelesen habe, ein Drama. Denn ich ›sah‹ immer die ganze Geschichte, die sich hinter diesem Tod verbarg. Eine tote Häsin mit vollen Zitzen – was ist mit ihren Jungen? Ein nacktes Vögelchen – die Lieder, die ungesungen bleiben! Eine überfahrene Katze – das Mädchen oder der Junge, die ihren besten Freund vermissen und verzweifelt suchen!

Wir Menschen erleben und verstehen uns und die Welt durch Geschichten, das wusste ich schon immer. Ich denke und fühle in Geschichten, so ist es nun mal. Dann mache ich eben Drama! Warum denn nicht? Denn das war anscheinend schon mein Plan als junges

Mädchen, bevor ich später als TV-Redakteurin genau dies auch weiterverfolgt habe: professionelles ›Drama-Machen‹. Geschichten erzählen, Serien, Filme …
Kennst du die klassische ›Drei-Akt-Struktur der Heldenreise‹ im Film? Pass auf: Sie meint, jede Geschichte hat üblicherweise eine ›Exposition‹, in der die Welt der Heldin vorgestellt wird. Im Verlauf der Geschichte ergibt sich dann eine ›dramatische Zuspitzung‹. Das heißt übersetzt, dass ein bis zwei Plot Points folgen, in denen unsere Heldin Hindernisse überwinden muss und sie im besten Falle löst. Und schließlich dann das ›Finale‹, in dem die Heldin – dank der Hindernisse und des Prozesses – dadurch (meistens) auf eine andere Erkenntnisebene gelangt.
Unser Leben ist doch unsere ganz eigene Heldinnenreise, nicht wahr? So geschah es, dass ich vor etwa sieben Jahren als frischgebackene Mutter, als Optimistin, als Geschichtenerzählerin und als Redakteurin (hast du es gemerkt? Das war die Exposition!) in meinem eigenen Horror-Film landete. Und das ist nicht mein Lieblingsgenre, das kannst du mir glauben! Ich war krank. Ein Tumor im Kopf.
Mein Film war schrecklich und beängstigend. Der Werkzeugkasten, den ich als TV-Redakteurin für ›Drama-Optimierung‹ in petto habe, wurde nicht mehr benötigt, denn meine Lebensgeschichte nahm aus sich heraus eine dramatische Wendung.
Plot Point 1 also: Die Heldin meines Films steht vor einer lebensverändernden Herausforderung: Es ist unklar, ob sie diese überlebt. Dann: Der erste dramatische Höhepunkt wendete sich zum Guten, die Heldin, also ich, überlebte. Puh, aufatmen! Oh nein, doch nicht! Das Gute war nur vordergründig gut. Es folgte eine Depression durch das Trauma der Todesbedrohung. Die Heldin hat keine Wahl, sie begibt sich auf die Reise in den Abgrund, in der Hoffnung, so den Weg hinaus zu finden. Genauso fühlte es sich für mich an. Und diese Suche in der Dunkelheit führte mich schließlich zu Alexandra ins IFI, auf die Reise nach innen und so schlussendlich zu mir selbst.

In meiner Ausbildung zur Intuitionstrainerin begegnete ich noch vielen weiteren Plot Points, wie wir Dramaturgen die wichtigen Herausforderungen nennen, deren ›Überwindung‹ inneres sowie äußeres Wachstum und die intensive Veränderung des Helden bedeuten. Ich erinnere mich an die vielen endlos hohen Berge, vor denen ich stand, und die unfassbar tiefen Täler, in die ich abzustürzen drohte. Immer wieder.
Der Schrecken über all die Bilder, die ich sah, war groß. Die gnadenlose Wirksamkeit der Glaubenssätze und Überzeugungen, die ich seit Langem in mir hielt, die mir bis dahin aber noch nicht mal bewusst gewesen waren, schockierte mich. Lange war es dunkel, und es wurde immer dunkler – aber dann, auf einmal: heller. Ich verstand, dass meine Reise einzigartig ist, meine Seele einzigartig und dass meine Reise Sinn machte, genau so, wie sie war. Alle Plot Twists hatte meine Seele schon geplant, bevor ich, Caren, sie erlebte. Meine Aufgabe als Caren, als Heldin, war nun, die Aufgabe zu verstehen und zu lösen.
Und so verstand ich, dass meine Angst vor dem Tod, die mich schon so lange begleitete, gar nicht nur meine war. Sie gehörte zum transgenerationalen Trauma meiner Familie, und ich konnte die Energie zurückgeben. Welche Befreiung! Mit der Angst vor dem Tod, die nicht durch Plot Twist 1 entstand, sondern mir bewusst wurde, war immer großes Misstrauen einhergegangen. Ich misstraute allen Menschen, außer meinem Mann. Ich misstraute dem Leben und vor allem mir selbst. Und dann verstand die Heldin endlich, warum so viel Dunkelheit in ihrem Leben war: Sie sah alles durch die Brille der unmittelbar bevorstehenden Katastrophe. Ich liebe Intensität, aber der Preis, den die Heldin durch ihr Selbstbild und Weltbild zahlte, war viel zu hoch gewesen. Jede Kommunikation wurde zum Minenfeld, immer und immer wieder. Die Heldin wollte nur das Beste. Und verstand die Ursache der Schlachtfelder lange Zeit nicht. Erst als es heller wurde in ihrem, in meinem Herzen. Ich, Caren, lernte, meine Intensität positiv auszudrücken. Und das Unglaubliche geschah: Die Menschen wendeten sich nicht

mehr von mir ab, sobald ich intensiv wurde. Ich zog sie an, fast wie das Licht die Motten!

Wir Menschen kommunizieren immer. Mit unserer Energie am allermeisten. Und darauf bekommen wir immer die unmissverständliche Antwort. Wir Menschen sind Geschichtenerzähler. Wir machen Drama. Wir sind Drama! Jeder Held hat seine Reise. Und so auch jede Seele. Sie allein kennt ihre Route. Die inneren Berge und die dazugehörigen Täler und den Weg zum Licht. Okay, aber wie verhält es sich dann mit den Geschichten, die wir Fernseh-Dramaturgen entwickeln? Folgen diese auch einer ›inneren Dramaturgie‹? Wie findet man diese Geschichten und die dazugehörigen Wahrheiten?

Finale: Ich fing an, mich als ›Energieleserin‹ mit den Figuren meiner Geschichten energetisch zu ›unterhalten‹ – mit dem Handwerkszeug aus dem Intuitionstraining. Ich stellte dabei ziemlich schnell fest, dass es mein Job als Redakteurin ist, ›liegen gelassene Energien‹ aufzulesen, diese anzuschauen und schließlich über die Drehbuchentwicklungsarbeit in Filme ›umzuwandeln‹. Meine Intuition anzuwenden, nun auch auf dieser Ebene.

Wow. Ich entwickle also Geschichten aus dem, was mir das Leben kommuniziert, und kommuniziere diese fiktionalisiert an das Fernsehpublikum zurück. Die Erkenntnis, dass ich durch meine Intuition nichts mehr zu erzählen vergesse, was relevant ist, und nichts mehr erzähle, was überflüssig ist, hat mich sicher werden lassen. Im Beruf genauso wie in meinem Privatleben. Ich bin intensiv, und ich bleibe intensiv. Jetzt ganz ohne Angst! Ich habe gesehen, dass alles mit allem verbunden ist. Realität und Fiktion. Drei-Akt-Struktur und Geburt/Leben/Sterben. Heldenreise und Seelenreise. Kommunikation und Erfahrung.

Nun macht alles mehr Sinn für mich. Dieses Drama-Machen. Ich lausche meinen eigenen und den liegen gelassenen Geschichten. Ich lausche den Bergen und den Tälern. In jedem Moment, mit jedem Atemzug.«

Die Geschichtenerzählerin Caren zeigt, wie sehr die Prägung, die wir erfahren haben, unsere Kommunikation bestimmt. Was wir in eine Kommunikation mitbringen, ist immer auch als Energie sichtbar, und wir interagieren energetisch in jeder Kommunikation.

Übung: Frei kommunizieren

Nimm dir einen Moment zur Reflexion und lass eine Situation auftauchen, in der du zuletzt kommuniziert hast. Was siehst du? Was war das für eine Situation? Wer außer dir war noch dabei? Worum ging es? Was wurde gesagt? Was wurde nonverbal kommuniziert? Welche Kommunikationsmuster nimmst du bei dir wahr? Wie fühlst du dich, und wie ist deine Körperhaltung? Was sagst du, und wie sagst du es? Was sagst du nicht und warum nicht? Wie fühlst du dich nach Beendigung der Kommunikation? Ist diese Situation typisch? Von wem hast du gelernt, so zu kommunizieren und/oder nicht zu kommunizieren? Was ist der Glaubenssatz dazu? (»Wenn ich das sage, bin ich …«, »Wenn ich das zeige, denken die anderen, dass …«, »Wenn ich mich nicht so verhalte, dann …«?) Was hättest du gerne gesagt, und wie hättest du dich gerne verhalten?

Sieh dieselbe Situation vor dir. Was brauchst du, um frei zu kommunizieren? Ermutigung? Erlaubnis? Sicherheit? Vertrauen? Nimm dir einen Moment – in der Situation –, wie zeigt sich dir diese Qualität? Als Farbe? Ist es ein Gefühl? Oder ein Bild? Wie auch immer du diese Qualitäten wahrnimmst, bring sie dorthin in dein System, wo sie dich unterstützen und dir guttun. Es ist dieselbe Situation, aber du bist »versorgt« mit dem, was du sagen möchtest, und kannst dich nun so verhalten, wie du es möchtest. Was geschieht?

Was brauchst du, um in der nächsten vergleichbaren Situation frei oder freier zu kommunizieren?

INTUITIVE KOMMUNIKATION

Mein Kommunikationsverhalten war sehr lange durch meinen geringen Selbstwert bestimmt. Ich habe manchmal immer noch damit zu kämpfen, mich selbst wertzuschätzen für das, was ich bin und tue, und mich in meinem Selbstausdruck nicht immer wieder kleinzumachen. Die zwei schmerzhaftesten Glaubenssätze, die mein Kommunikationsverhalten lange wesentlich beeinflusst haben, und es auch heute noch manchmal tun, lauten: »Ich bin dumm« und »Ich bin ein schlechter Mensch«. Energetisch sehe ich beide wie Attacken, die eine war wie ein schwarzer gezackter Pfeil mit Widerhaken, die andere Energie ist ein von außen kommender Nebel, der meinen Raum sehr eng gemacht hat, insbesondere mein Herz und meine Kehle. Wie sich diese Energie in der Interaktion mit anderen auswirkte, zeigt ein Beispiel aus meiner Studienzeit.

1993 bekam ich ein Stipendium für die Universität Utrecht in den Niederlanden. Endlich weg von zu Hause. Ich liebte die Niederlande, die Architektur, Kultur und die niederländische Sprache, die ich innerhalb von drei Monaten fließend sprach. Das Studium der Film- und Theaterwissenschaften war hier viel praxisbezogener als an meiner Universität in Deutschland, was mir sehr entgegenkam.

Für meinen ersten »Schein« schrieb ich eine Arbeit in Theaterwissenschaften bei einem Dozenten, den ich sehr mochte, ein kluger und ruhiger Mann. Während ich die zehnseitige Analyse einer Aufführung von Der Tod und das Mädchen *verfasste, litt ich Höllenqualen. Ich arbeitete Nächte durch und kaute wieder und wieder auf meinen Gedanken und Sätzen herum. Teil der Arbeit war auch, dass wir uns Arbeitsgruppen anschließen, unsere Arbeit im Prozess besprechen und gemeinsam die Theaterstücke besuchen sollten, die die anderen analysierten – alles, um gemeinsam zu diskutieren und zu entwickeln.*

Ich sprach mit niemandem und besuchte auch mit niemandem andere Theaterstücke. Zum einen schämte ich mich für meine Gedanken und meine Arbeit, weil ich immer dachte, ich sei die Schlechteste und hätte keine Ahnung. Zum anderen hatte ich kein Geld. Damit ich das Theaterstück besuchen konnte, was ich analysieren sollte, musste ich eine Woche auf gesunde Nahrungsmittel verzichten. Deswegen schloss ich mich buchstäblich und auch im übertragenen Sinne ein. Ich war nur in meinem Zimmer, an der schönen Oudegracht in Utrecht, und blockte die Kommunikationsangebote der anderen ab, die immer wieder nachfragten und mich einluden.

Als ich die Arbeit abgeben musste, war ich komplett im Überlebensmodus. Ich dachte: »Jetzt kommt es raus. Jetzt kommt es raus, wie dumm du bist und dass du nicht vernünftig denken kannst.« Ein paar Tage später bat mich der Dozent, den ich so mochte, in seine Sprech-

stunde. Ich erwartete das Todesurteil für meine intellektuellen Fähigkeiten und war den Tränen nahe, als er mich bat, mich zu setzen. Dann sagte er: »Deine Arbeit ist die beste, die ich je gelesen habe. Wir vergeben hier keine 10 (das ist die Bestnote in den Niederlanden, dort wird von 1 bis 10 bewertet). Ich müsste dir aber eigentlich eine 10 geben, denn die Arbeit ist weit überdurchschnittlich. Ich gebe dir eine 9,5.« Ich konnte überhaupt nicht reagieren. Er wollte mit mir ein fachliches Gespräch führen, aber ich war wie gelähmt.

In der Psychologie spricht man von »Projektion«, wenn man Anteile der eigenen Persönlichkeit, wie zum Beispiel einen Glaubenssatz oder eine Überzeugung, nicht im Bewusstsein hat und entsprechend keine Möglichkeit, damit konstruktiv umzugehen. In meinem Fall sah die Projektion meines Glaubenssatzes »Ich bin dumm« auf meinen Dozenten so aus, dass ich ihm die Macht über meine Fähigkeiten gab, zu urteilen und diese völlig zu entwerten. Ich konnte ihn überhaupt nicht als Gesprächspartner auf Augenhöhe wahrnehmen.

Übung: Lass die Energie deines Glaubenssatzes abfließen

Lass eine Situation hochkommen, in der du dich jemandem gegenüber »klein« gefühlt hast. Erinnere dich an die Situation, den Ort, die andere Person, eventuell weitere Personen, Gesprächsinhalte, nonverbale Signale, Geräusche, Gerüche. Gab es Details, die dir damals aufgefallen sind? Welcher Glaubenssatz war aktiviert? Wie hast du die andere Person gesehen, weil der Glaubenssatz aktiviert war? Was hast du der anderen Person zugeschrieben? Eine Eigenschaft? Positiv oder negativ? Macht? Oder etwas anderes? Wie nimmst du die Energie des Glaubenssatzes und wie die deiner Projektion wahr? Welche Energiedynamik siehst du?
Unabhängig davon, ob die andere Person dein Dich-klein-Fühlen aktiv unterstützt hat oder nicht: Atme tief durch, betrachte

die Situation und lass die Energie des Glaubenssatzes abfließen. Hol die Projektion in der Situation zu dir zurück und versorge dich stattdessen mit der Qualität, die du gebraucht hättest. Ist es deine eigene Autorität? Wertschätzung? Freiheit? Vertrauen? Versorge dich. Und dann sieh dir die Situation noch mal an. Mit deiner Projektion und zumindest bewusstem, eventuell sogar gelöstem Glaubenssatz. Was siehst du jetzt? Was hörst du? Nimm alle Details wahr. Wie siehst du die andere Person? Wenn etwas anders ist, was ist das? Wie unterscheidet sich dein Körperempfinden in Projektion zu dem mit zurückgenommener Projektion? Wie nimmst du die Dynamik der Situation jetzt intuitiv wahr? Mach dir ein paar Notizen, die dich dabei unterstützen, eine ähnliche Dynamik beim nächsten Mal direkt zu erkennen und deine Projektion zurücknehmen zu können.

Intuitiv betrachtet, sind Projektionen energetische Gewalt. Gewalt deswegen, weil du dabei Energie von dir, die du nicht halten kannst, faktisch auf die andere Person schmeißt. Die Energiebewegung von Projektion ist immer eine invasive. Dass diese Bewegung immer Verletzungen hervorruft, auch wenn sie unbewusst geschieht, zeigt das Beispiel mit meinem Dozenten im weiteren Verlauf:

In der nächsten Seminarstunde hatte ich das Feedback immer noch nicht annehmen können. Ich ging davon aus, dass sich der Dozent »irgendwie« geirrt haben musste. Er gab die Arbeiten zurück und sprach offen seine Bewertungen aus, wiederholte vor allen anderen auch das Lob für meine Leistung. Alles in mir zog sich zusammen, ich erinnere mich noch heute an den metallischen Geschmack im Mund, als er mich vor allen anderen hervorhob.

Eine Teilnehmerin meldete sich schließlich und schimpfte, dass auch bewertet werden müsse, wie sozial jemand sei. Sich nicht einzubringen und immer nur am eigenen Text zu arbeiten, zu keinem gemeinsamen Meeting zu kommen und auch kein anderes Theaterstück anzuschauen, sei »hartstikke aso« also egoistisch und asozial. Das würde sie einfach mal loswerden wollen.

Der Dozent, den ich so bewunderte, sah mich erst abwartend, dann bedauernd an. Ich war wieder wie gelähmt. »Ich bin ein schlechter Mensch« hatte ich mir zu 100 Prozent selbst bestätigt. Irgendwie hatte ich was gut gemacht mit der Arbeit, aber das zählte nicht mehr, denn ich war asozial und egoistisch – dieses Urteil zog ich mir sofort an.

Unser Kommunikationsverhalten offenbart schonungslos, wie frei und bewusst oder unfrei und unbewusst wir in Verbindung mit uns selbst, und entsprechend in Verbindung mit der Welt, sind.

In der intuitiven Kommunikation sind alle Ebenen bewusst, die während der Kommunikation aktiv sind. Das ist möglich über die Wahrnehmung von Energien. Kognitiv oder emotional können wir in der Unmittelbarkeit gar nicht analysieren, wie wir uns über unsere Intuition wahrnehmen, dafür sind wir auf den Ebenen viel zu langsam. Die Intuition und die intuitive Wahrnehmung sind extrem schnell.

Ich hätte in dem Moment der Kritik zu meiner Kommilitonin sagen sollen: »Du hast recht. Es tut mir sehr leid. Ich hätte es vorher sagen müssen. Ich habe euch auflaufen lassen und jetzt denkt ihr, ich sei arrogant und nicht an euch interessiert. Die Wahrheit ist, ich habe kein Geld, um Theatervorstellungen zu besuchen, und ich habe mich dafür so geschämt, dass ich jeden Kontakt abgeblockt habe. Ich dachte ehrlich nicht, dass es euch etwas ausmacht, ob ich mitmache oder nicht. Ich habe mich geirrt.« Doch dazu wäre ich niemals in der Lage gewesen, ich war starr vor Scham und Schuldgefühl. Ich starrte nur auf meinen Tisch und sagte nichts und bestätigte so das Bild, ich sei nicht an ihr und den anderen interessiert. Sie waren sehr freundlich und einladend auf mich zugekommen, und meine vorbewusste Scham und Unfähigkeit, damit umzugehen, erzeugte Verletzungen. Ich verletzte meine Mitstudierenden und mich selbst. Für mich war damit das positive Feedback auf meine Leistung und eine Erfahrung, die meinen Glaubenssatz »Ich bin dumm« hätte korrigieren können, wirkungslos geworden.

Die intuitive Kommunikation ist immer eine vulnerable Kommunikation. Ich verschanze mich nicht, sondern spreche offen. In der idealen intuitiven Kommunikation sind die Standpunkte der Beteiligten klar sichtbar, die Energien sanft fließend, sich berührend und klar getrennt und niemals invasiv.

Übung: Sprich aus, was du sagen willst

Erinnere dich an eine Gesprächssituation, in der du dich nicht gezeigt hast, obwohl du es gerne getan hättest. Warst du abweisend? Cool? Sehr sachlich? Warum hast du eine Maske aufgesetzt? Was hättest du eigentlich gerne gesagt/gezeigt? Was war deine Befürchtung? Sag oder zeige in deiner Vorstellung dasjenige, was du eigentlich ausdrücken wolltest. Achte, während du sprichst, darauf, welche Energien auftauchen. Ist es eine Person, von der du gelernt hast, dich nicht offen zu zeigen? Taucht eine schmerzhafte Erinnerung auf, vielleicht bist du einmal abgelehnt worden? Mach dir ganz klar bewusst, was dich dazu motiviert, das, was du ausdrücken möchtest, zu verbergen.

Die intuitive Kommunikation umfasst das Bewusstsein über alle Kommunikationsebenen, insbesondere über die nonverbalen Ebenen. Intuitive Kommunikation kennt und fokussiert immer die Essenz einer Kommunikation: »Worum geht es in der Essenz wirklich?« Intuitive Kommunikation ist ehrlich, direkt und essenziell.

Wenn ich intuitiv kommuniziere, fürchte ich nicht mehr, mir eine Blöße zu geben und mich verletzbar zu machen. Die intuitive Ebene wird immer den Fokus auf die Essenz des Kommunikationsinhalts und auf die Verbindung legen. Auf der Ebene ist Blöße keine Bedrohung, sondern eine Stärke. Intuitive Kommunikation hilft dir, schnell zu unterscheiden, wer es gut mit dir meint und wer nicht. Und sie ist essenziell friedensstiftend.

Eine Frage, die ich in meinen Vorträgen immer stelle, lautet: »Wie würde eine Welt aussehen, wenn wir alle wieder im Vollbesitz unserer intuitiven Fähigkeit wären und entsprechend offen, direkt und ehrlich miteinander kommunizieren würden?« Was glaubst du, wie so eine Welt aussehen würde? Was wäre der Unterschied zu der Welt, in der wir aktuell noch leben?

SELBSTTEST: WIE GUT BEHERRSCHST DU DIE INTUITIVE KOMMUNIKATION

1: Ich nehme grundsätzlich recht genau wahr, was nicht ausgesprochen wird.

☐ Stimmt 3 Punkte
☐ Stimmt eher 2 Punkte
☐ Stimmt nicht 1 Punkt

2: Während eines Gespräches bin ich mir meiner Gedanken, meiner Gefühle und meines intuitiven Wissens bewusst.

☐ Stimmt 3 Punkte
☐ Stimmt eher 2 Punkte
☐ Stimmt nicht 1 Punkt

3: Ich kann meine Gefühle äußern, auch negative Gefühle, ohne anderen die Verantwortung dafür überzustülpen.

☐ Stimmt 3 Punkte
☐ Stimmt eher 2 Punkte
☐ Stimmt nicht 1 Punkt

4: Es ist mir bewusst, dass es in meiner Verantwortung liegt, die Worte für meine intuitiven Wahrnehmungen zu suchen, die andere auch dann verstehen, wenn sie nicht mit ihrer Intuition vertraut sind.

- ☐ Stimmt — 3 Punkte
- ☐ Stimmt eher — 2 Punkte
- ☐ Stimmt nicht — 1 Punkt

5: Ich kann mich in Gesprächen souverän in meiner Verwundbarkeit zeigen.

- ☐ Stimmt — 3 Punkte
- ☐ Stimmt eher — 2 Punkte
- ☐ Stimmt nicht — 1 Punkt

Auswertung:
Zähle alle Punkte zusammen und schau, welche Stufe für dich relevant ist.

1 bis 6 Punkte:
Stufe 1: Es fällt dir nicht leicht, dich in deiner Ganzheit auszudrücken. Vielleicht bist du sehr rational und wehrst jede Berühr- und Verletzbarkeit ab, vielleicht versuchst du, dich unangreifbar zu machen. Das ist verständlich, da wir alle gelernt haben, so zu kommunizieren. Kommunikation ist Verbindung und Sichtbarkeit. Vielleicht möchtest du dich nach und nach aus dem Schneckenhaus heraus- beziehungsweise hinter deiner Maske hervortrauen? Trau dich – es lohnt sich.

7 bis 10 Punkte:
Stufe 2: Du hast eine Ahnung davon, wie intuitive Kommunikation funktionieren könnte. Wo du dich sehr sicher fühlst, probierst du sie hin und wieder schon mal aus. Und doch scheint es dir noch peinlich, unangemessen oder riskant, die intuitive Kommunikation bewusst auszuüben. Natürlich gibt es Gesprächssituationen, in denen du dich schützen musst. Und dennoch: Möchtest du dich vielleicht ein bisschen mehr

ausprobieren und die Komfortzone verlassen? Nicht immer wird die Reaktion positiv ausfallen, das ist klar. Und doch wirst du große Überraschungen erleben, wenn du dich in deiner Ganzheit sichtbar machst!

11 bis 15 Punkte:
Stufe 3: Respekt! Du traust dich was. Du zeigst dich in einer Welt, die diese Form der ganzheitlichen Sichtbarkeit meistens (noch) nicht wirklich wertschätzt. Damit bist du ein echter Pionier und zeigst anderen, was möglich ist. Unterschätze niemals den Wert deines intuitiven Selbstausdrucks, auch wenn er vielleicht häufiger nicht auf Gegenliebe stößt. Es wird immer jemanden geben, der/die nicht reagiert, aber bei sich denkt: »Wow. Das habe ich noch nie gehört, und es ist genau das, was ich gerne sagen würde. Es existiert also.« Weitermachen!

HINTERGRUND: DIE BEDEUTUNG DER KOMPETENZ »EIGENTUM«

Für die intuitive Kommunikation ist eine Fähigkeit entscheidend: Eigentum. Der Begriff ist abgeleitet vom englischen *to own*, was in diesem Kontext meint, das, was zu einem gehört, auch zu sich zu nehmen. *Owning my shit* heißt nichts anderes, als dass ich mir meiner Selbst, auch meiner Macken, bewusst bin; dass ich weiß, wann ich projiziere, meine Energie zu mir zurückhole und in der Kommunikation offen benennen kann, was geschieht oder geschehen ist.

Die Kommunikation wird durch Eigentum und die Bereitschaft, mir eine Blöße zu geben, nicht unsicher, wie man meinen könnte. Im Gegenteil, sie wird sicher! Denn jeder integre Mensch reagiert auf diese Art der Kommunikation seinerseits mit Öffnung. Wenn jemand deine »offene Flanke« nutzt, um dich zu verletzen oder in ein Machtspiel einzubauen, würde ich empfehlen, die Beziehung sehr ernsthaft zu hinterfragen. In dem Sinne ist es immer auch ein Lackmustest für eine Beziehung, sich in einem Konflikt offen und absichtslos verletzbar zu zeigen!

In den Parts der Ausbildung zum Intuitionstrainer, in denen die Teilnehmerinnen unter Supervision mit Probanden Healing- oder Reading-Sessions geben, also Energien bewegen und benennen, ist Eigentum das entscheidende Kriterium für Fortschritt und auch Schwierigkeiten. Denn jeder Mensch, dem wir auf Seelenebene begegnen, den wir »sehen« dürfen, löst etwas in uns aus. Immer. Diese Ebene ist so fein schwingend, komplex und vielschichtig, es gibt dort immer zu 100 Prozent Berührungspunkte. Und weil es ja eine Ausbildung ist, in der nur über Erfahrung und Integration des ureigenen Wissens gelernt werden kann, suchen wir (ich und die anderen Trainer) immer die Probanden für den jeweiligen Practicioner aus, der im aktuellen Entwicklungsstand die beste Herausforderung darstellt.

Wir sprechen in dem Zusammenhang von »Match«, was bedeutet, dass es eine Energiequalität gibt, die ähnlich ist. Das kann synchron sein (dann sprechen wir von einem weichen Match), es kann aber auch einfach die andere Seite der Medaille sein (dann sprechen wir von einem harten Match). Wenn diese Begegnung klar von der Intuition des Practicioners geführt ist und er oder sie sich »in Eigentum hat« beziehungsweise immer wieder »in Eigentum nimmt«, führt die Begegnung immer zu einer klärenden Bewegung.

Beispielsweise könnte das Match zwischen Practicioner und Proband der Glaubenssatz »Ich bin nie genug« sein. Der Proband löst das vielleicht über Selbstüberhöhung und geht in die Sitzung mit der Überzeugung: »Der ist erst in der Ausbildung, der kann mir sowieso nichts erzählen, was ich nicht schon weiß.« Energetisch wird das sichtbar (und für den Practicioner womöglich fühlbar) als Schlag auf den Kopf oder Stoß in den Magen, beides Kraftzentren, die mit der Autorität und Souveränität zu tun haben. Wenn der Practicioner die andere Seite der Medaille des Glaubenssatzes »Ich bin nie genug« lebt, wird er als automatische Reaktion entweder in das *Pleasing* – also Gefallen-Wollen – gehen oder in die Abwehr »Was glaubst du, wer du bist«. Das sind beides sehr unsichere Voraussetzungen für eine Situation, in der durchaus tiefe und verletzte Ebenen angeschaut, benannt und bewegt werden. Wenn der Practicioner nicht aus der automatischen Reaktion herauskommt, sich also nicht »in Eigentum nimmt«, wird er nicht in der Lage sein, intuitiv zu kommunizieren. Nicht die Intuition führt, sondern seine Abwehr oder sein Überlebensmechanismus, eine für beide Beteiligten sehr unsichere Situation.

Wie du siehst, kann es durchaus ein komplexer Vorgang sein, sich in Eigentum zu nehmen. Je geübter man ist, desto weniger wird man den Vorgang reflektieren müssen, sondern kann sich auf die blitzschnelle Intuition verlassen. Auf der intuitiven Ebene ist es binnen Nanosekunden möglich, die Energie, die mir mein Gegenüber entgegengeschleudert hat, neutral zurückzugeben und meine Energie, die ich auf den anderen geschleudert habe, zu mir zurückzuholen und ihr einen sicheren Platz in meinem Energiekörper zu geben, auch wenn ich noch keine Lösung für meinen Triggerpunkt gefunden habe.

In der oben geschilderten Übungssituation würde Eigentum beispielsweise bedeuten, dass der Practicioner den Glaubenssatz »Ich fühle mich unterlegen« wahrnimmt und als eigene Energie annimmt. Er prüft, was er energetisch braucht, um diese schmerzhafte Energie bei sich behalten zu können und nicht mehr abwehren zu müssen – das könnte beispielsweise wiederum das spirituelle HALLO sein: »Ich habe diesen Glaubenssatz, er ist keine Wahrheit, im Moment ist er noch Teil von mir und das darf sein« –, um dann wieder auf die neutrale und zugewandte Seelenebene zu wechseln. Von dort aus kann er schauen, jetzt ohne die Projektion und ohne getriggert zu sein, worum es für den Probanden in dieser Session wirklich, also auf Seelenebene, geht.

Genauso funktioniert intuitive Kommunikation auch im Privaten, letztlich auf allen Ebenen. Die Geschichte im Kapitel »Intuition – was ist das eigentlich?« von dem Filmproduzenten und mir ist unter anderem auch ein Beispiel für intuitive Kommunikation. Wenn du dich in Eigentum hast, kannst du in einem Moment, in dem du jemandem auf professionellem Gebiet begegnest, bei dir bleiben und der Situation und deiner Rolle angemessen reagieren. Und in einer privaten Situation kannst du über die intuitive Kommunikation bei dir bleiben und gleichzeitig dem anderen zugewandt sein.

Eigentum kann auch heißen: »Ich bin gerade so getriggert, ich möchte nicht in die Reaktion kommen und dich angreifen, darum brauche ich eine Gesprächspause.« Eigentum in der professionellen Situation einer Sitzung mit einem Probanden kann heißen: »Moment, ich bin gerade etwas berührt, ich brauche einen Moment, um wieder neutral zu werden.« Eigentum kann auch heißen: »Wir sind beide sehr verletzt und wissen nicht, wie wir anfangen sollen, wieder zueinanderzufinden. Ich habe Angst und ich möchte den Anfang machen. Ich gebe dir gerne das Salz und möchte gleichzeitig sagen, wie wichtig du mir bist und wie wichtig es mir ist, dass wir wieder ins Gespräch finden.«

TYPISCHE FALLSTRICKE: VERMEIDUNG VON VERLETZBARKEIT DURCH VERMEINTLICH »RICHTIGE« KOMMUNIKATION

Die größten Fallstricke in Bezug auf die intuitive Kommunikation bieten tatsächlich die erlernten Konzepte von »guter« Kommunikation, die leicht für die Vermeidung von Berührung und Vulnerabilität oder generell unangenehmen Gefühlen in einer Kommunikationssituation missbraucht werden können. Für mich ist wenig unangenehmer, als mit einer »korrekten« Formulierung adressiert energetisch attackiert zu werden.

Ich habe schon beeindruckende emotionale Manipulation unter der Verwendung von Worthülsen, die beispielsweise aus dem (in der Essenz sehr guten und wichtigen) Konzept der gewaltfreien Kommunikation stammen, erlebt. Und ich bin sicher, du kennst das auch, dass jemand Formulierungen verwendet, die bei dir das Gefühl hinterlassen, dass mit dir etwas nicht stimmt. Das Gesagte ist liebevoll, aber du hast trotzdem gespürt, dass du irgendwie einen Knüppel über den Schädel bekommen hast. Es gibt nicht ohne Grund wirklich witzige Videos im Netz, die sich über die Streitkultur in der spirituellen oder Bewusstseinswelt ausgiebig lustig machen.

Wenn du in diese Falle tappst, rührt das letztlich auch immer von dem grundsätzlichen Missverständnis her, dass es in der intuitiven Kommunikation darum ginge, dass du es »richtig« machst. Oder du hast die Angst davor, dir eine Blöße zu geben, nicht überwunden und glaubst, dass du dich, wenn du das »Richtige« in der »richtigen« Art und Weise sagst, unangreifbar machst.

Das Bestreben danach, »richtig« zu kommunizieren, ohne die eigene Energie in Eigentum genommen zu haben, bringt oftmals endlose und verworrene Diskussionen hervor. Wenn du das Wagnis der intuitiven Kommunikation eingehst, wirst du sehr schnell herausfinden, welche Verbindungen dich unterstützen und welche dir Zeit, Energie und Kraft rauben. Und du wirst erleben, dass die intuitive Kommunikation die unterstützenden Verbindungen noch bereichernder und tiefer werden lässt, als sie vielleicht schon sind.

8
If love is the answer – Intuitive Liebe und Verbindung

»There is a crack in everything. That's how the light gets in.«
– Leonard Cohen

Ich verstand gar nichts von all dem. Noch nie hatte ich mich mit einem Menschen so gefühlt. Es war nicht himmelhoch jauchzend, obwohl wir uns erst kurz kannten. Ich war entspannt. Völlig entspannt. Ich schlief oft ein, wenn wir zusammen auf der Couch saßen. »Na, ich scheine ja eine tolle Wirkung auf dich zu haben«, sagte mein Lieblingsmensch ein wenig verunsichert. »Immer schläfst du ein.«

Ich erlebte das erste Mal in meinem Leben eine sichere Bindung. Ich war es gewohnt, dass die ersten Wochen und Monate einer Liebesbeziehung exzessiv und dramatisch waren, wie ein Rausch. Bevor ich lernte, Energien neutral wahrzunehmen, hielt ich mich in meinen Zwanzigern für beziehungsfähig. Ich war therapiert, reflektiert, hatte eine Menge Ratgeber gelesen und sah in den Seelen meiner Partner und Partnerinnen immer deren Schönheit – ich sprach häufig von ihrem »Potenzial«. Ich glaubte wirklich, dass meine Partner und Partnerinnen für die sich immer in ähnlicher Weise destruktiv entwickelnden Beziehungen hauptsächlich verantwortlich zu machen seien. Ich machte den »Fehler«, den alle Menschen in der Liebe so lange machen, bis sie sich ihrer Muster bewusst werden: Ich suchte Heilung in der Art von Beziehung, die die Verletzung verursacht hatte.

Ich hatte große Angst. Sie war nicht da, ich war ganz allein, und ich hatte so schlecht geträumt. Ich wurde panisch, ich musste zu ihr. Die Tür war abgeschlossen, ich konnte nicht raus. Da fiel mir ein, dass ich vielleicht über den Balkon klettern konnte. Vor ein paar Tagen war ich von unten hochgeklettert, als ich meinen Schlüssel vergessen hatte und mich zu sehr schämte, meine Freundin zu fragen, ob ich mit zu ihr kann, weil ich keinen Schlüssel habe und nicht weiß, wann meine Mutter nach Hause kommt. Wenn es hoch ging, ging es runter bestimmt auch. Ich schaffte es.

Es war dunkel und kalt, aber ich war schon da gewesen, also würde ich den Weg jetzt auch finden. Es war weit, und ich hatte in der Dunkelheit so viel Angst. Aber ich fand das Haus, in dem der neue Freund meiner Mutter wohnte. Ich war so erleichtert! Ich klingelte. Nichts geschah. Ich klingelte wieder. Nichts. Einmal versuchte ich es noch, bevor ich aufgab, denn meine Mutter konnte sehr wütend werden, wenn ich sie aufweckte. Ich setzte mich auf die kratzige Matte vor der Haustür.

»Was machst du denn hier so allein?« Ich wachte auf. Es war dämmrig, aber noch nicht hell. Zwei Menschen standen vor mir, ungefähr so alt wie meine Oma, die Frau roch auch ein bisschen wie meine Oma. Ich sagte, dass ich meine Mutter gesucht hatte, und den Namen des Freundes. Sie schienen ihn zu kennen und klingelten bei ihm, doch nichts geschah. »Na, dann komm mal mit.« Der Mann nahm mich auf den Arm, und wir gingen ins Haus. Sie wohnten neben der Wohnung, in der ich schon mal war. »Möchtest du vielleicht einen Kakao?«

Ich freute mich so sehr über den warmen Kakao, gleichzeitig schämte ich mich die ganze Zeit so sehr, dass ich so viel Mühe machte. Ich hätte mich am liebsten in Luft aufgelöst. Ich konnte nicht sprechen vor Scham. Sie legten mich auf ihr Sofa, doch ich konnte nicht schlafen und lag stocksteif da. Und doch fühlte es sich gut an, dort zu sein. Ein ungewohntes Gefühl, aber gut.

Immer mal wieder ging einer von den beiden nach nebenan, um zu klingeln, doch lange passierte nichts. Ich stellte mich weiter schlafend und irgendwann schlief ich doch ein. Ich wurde wach, als ich laute Stimmen aus dem Flur hörte. Meine Mutter. Sie schimpfte die beiden an, dass es sie alles gar nichts anginge und sie sich um ihren eigenen Scheiß kümmern sollten. Die Energie war grellrot. Der Mann kam zu mir, nahm mich hoch und übergab mich meiner Mutter. Über ihre Schulter sah ich in die Gesichter der Menschen, die mich aufgenommen und mir einen Kakao gemacht hatten, die sich gekümmert hatten. Ich sah Angst, Schrecken und noch etwas, das ich nicht identifizieren konnte. Es tat mir so leid, und ich schämte mich auch für das, was jetzt geschehen war.

Meine Mutter schmiss die Tür zu und fuhr mich an: »Wieso machst du gemeinsame Sache mit diesen Scheißspießern?« Ich schämte mich dafür, dass ich gemeinsame Sache gemacht hatte, auch wenn ich nicht genau verstand, was mein Fehler war. Ich sagte nichts vom Kakao und dem ungewohnten, aber schönen Gefühl. Ich lachte und sagte: »Ja, Scheißspießer!« Meine Mutter lachte mit mir, und zum Glück wurde das Rot weniger. Meine Mutter, ihr Freund, die ganze WG war aufgewacht durch die Spießer. Wir sangen alle zusammen »Der Teufel hat den Schnaps gemacht« und lachten laut.

WIE BINDUNGSMUSTER ENTSTEHEN

Ich suchte mir immer Menschen, die in ihren Persönlichkeitsstrukturen genauso waren wie meine Eltern. Emotional unerreichbar, narzisstisch, oftmals sogar sadistisch. Dazu lieferte ich das klassische Gegenstück, ich setzte keine Grenzen, ließ mich schlecht behandeln, hoffte immer auf Besserung, weil ich doch meinte, »Potenzial« zu sehen. Ich machte mich zum Opfer, war passiv-aggressiv und wenn ich genug getriggert war, leider auch aktiv aggressiv, und wurde zur Täterin.

Und so waren meine Liebesbeziehungen lange vom klassischen »Drama-Dreieck« geprägt. Ich warf meinen Partnern und Partnerinnen vor, mich nicht wirklich zu lieben (was auch stimmte), während ich sie wirklich lieben würde (was gar nicht stimmte). Ich sah das Potenzial auf Seelenebene, sah, wie der Mensch wäre, wenn er oder sie alle Verletzungen geheilt und alle destruktiven Muster aufgelöst hätte – und diesen idealen Menschen wollte ich. Was ich letztlich unbewusst wollte, war die geheilte Mutter und den geheilten Vater. Mit meiner »Liebe« war keine/r meiner früheren Partnern und Partnerinnen wirklich gemeint. Letztlich ging es um mich, ich wollte endlich eine vollkommene Liebe erfahren, ich wollte angenommen und geliebt werden.

Exkurs: »Drama-Dreieck« ist ein Begriff, der eine klassische Dynamik in Zweierbeziehungen beschreibt. Diese Dynamik ist so häufig wie zerstörerisch. Sie entsteht unabhängig davon, ob es sich um eine Freundschaft, eine Liebesbeziehung, eine berufliche Beziehung o. a., handelt. Drama-Dreieck oder Täter-Opfer-Retter-Dreieck heißt die Dynamik, weil (unbewusst) im Verlauf der Beziehung immer ganz bestimmte Rollen eingenommen werden und die Beziehung dadurch in eine zerstörerische Abwärts-Spirale gerät. Einer der Beziehungspartner identifiziert sich (unbewusst) als Opfer, häufig vor dem Hintergrund von Traumaerfahrungen. Der andere will »das Opfer« retten, nimmt (unbewusst) die Rolle des Retters ein. Zu Anfang einer Beziehung ist das oftmals angenehm oder sogar schön, weil beide viel Bestätigung bekommen. »Das Opfer« wird in seinem Leid gesehen und angenommen, getröstet und versorgt, es bekommt also viel, was es sich vielleicht immer gewünscht und früher nie bekommen hat. »Der Retter« kann sich stark fühlen, er wird gebraucht und erfährt sich als sehr wertvoll für »das Opfer«. Die Rollenverteilung »Opfer« und »Retter« bringt leider immer ein Machtgefälle mit sich: Das Opfer ist schwach, der Retter ist stark. Und so entsteht schnell eine Veränderung und Umkehr der Rollen: »Das Opfer« fühlt sich irgendwann auch schwach »dem Retter« gegenüber und beginnt zu projizieren. Oder der »Retter« fühlt sich so stark, dass er übergriffig und direktiv wird. So wird aus der »Retter«-Rolle die »Täter«-Rolle. Beide projizieren nicht aufgearbeitete Traumata aufeinander, das »Opfer« meint, sich »wehren« zu müssen. Weil es den Partner nicht mehr so sieht wie er ist, sondern nur noch die eigene Projektion sehen und fühlen kann, wird es nun zum Täter, beschuldigt, greift an, schreibt zu. Der »Täter« ist jetzt das »Opfer« geworden. Diese Beziehungen sind immer gewaltvoll, mindestens energetisch und emotional, manchmal aber auch verbal oder sogar physisch. Diese Dynamik rechtzeitig zu erkennen und vor allem aus der Dynamik wieder auszusteigen, erfordert von den Partnern und Partnerinnen ein großes Maß an Bewusstsein und emotionaler Reife.

Übung: Reflektiere deine Liebesmuster

Nimm dir einen Moment zur Reflexion deiner Liebesmuster. Wenn du deine bisherigen Beziehungen an dir vorbeiziehen lässt, wer und was taucht auf? Nimm dir Zeit, dich zu erinnern und nachzuspüren, wie du dich gefühlt hast, wie es dir ging in diesen Verbindungen. Taucht ein bestimmtes Gefühl auf, das sich wiederholt? Taucht ein wiederkehrendes Thema auf? Gibt es etwas, das bei allen deinen bisherigen Partnern ähnlich ist? Gibt es bestimmte Bedürfnisse, die immer wieder zu kurz kommen? Gibt es ein Verhalten, das du immer wieder gezeigt hast, in jeder Beziehung? Welches war das? Warum sind deine Beziehungen bisher geendet? Wie viel Bewusstsein hast du für deinen Anteil am Verlauf deiner Beziehungen? Was würde sich verändern, wenn du Verantwortung für deinen Anteil übernehmen würdest?

Das Bedürfnis, gemocht und angenommen zu werden, so wie wir sind, ist ein tiefes menschliches Bedürfnis. Wir brauchen das Gefühl von Zugehörigkeit, wir brauchen ein Gegenüber, um uns selbst erfahren zu können. Wir sind eine soziale Spezies, (gute) Beziehungen sind existenziell wichtig für unsere Lebensqualität. Wenn ich im Training die Teilnehmer bitte, sich vorzustellen, dass sie die letzten Sekunden ihres Lebens erleben würden, und dann danach frage, woran sie in diesen Sekunden denken, kommt eher selten der Kontostand, die Zahl der Instagram-Follower oder das Körpergewicht als Antwort. Es sind immer die Menschen, die ihnen am Herzen liegen, an die sie denken.

Rein evolutionär bedingt ist Zugehörigkeit und Verbindung ein primäres Bedürfnis. Als wir Menschen noch durch die Wildnis zogen, hing unser Überleben von unserer Zugehörigkeit zu einer Gruppe ab. Verbannung war lange Zeit eine schlimmere Strafe als der Tod – allein können wir nicht überleben, allein sind wir verloren. Diese Wertung von Bedrohung lässt sich auch im Verhalten von Kindern wiederfinden, die mit Liebesentzug bestraft werden. Wenn sie ignoriert werden, reagieren viele Kinder mit Provokation. Sie drücken so lange alle »Knöpfe« der Eltern, bis sie eine Reaktion auslösen – die dann oftmals negativ ausfällt. Aber für ein Kind ist negative Aufmerksamkeit in Form von Schimpfen und Strafen immer noch besser als gar keine Aufmerksamkeit. Das gilt auch für Schläge.

Wir brauchen Verbindung und Liebe, das Gefühl, gemocht und angenommen zu sein, um uns selbst zu erfahren. Gleichzeitig ist kaum ein Aspekt des Lebens so beladen wie die Liebe. Wir erfahren dort unser größtes Glück und unser größtes Unglück, sie bringt das Beste und das Schlechteste in uns hervor.

Übung: Mach dir deine Reaktionen bewusst

Nimm dir einen ungestörten Moment und schau, was geschieht, wenn du zu dir sagst: »Ich mag mich.« Achte auf die Reaktionen auf jeder Bewusstseinsebene, physisch, geistig, intuitiv. Was geschieht? Dann sprich aus: »Ich mag mich nicht.« Wie reagierst du darauf?

Dann stell dir vor, jemand, den du magst, sagt: »Ich mag dich.« Was geschieht physisch, emotional, kognitiv und energetisch, wenn du dir das vorstellst? Und was geschieht, wenn du dir im Folgenden vorstellst, dieselbe Person sagt zu dir: »Ich mag dich nicht?«

Zuletzt lass bitte jemanden vor dir erscheinen, den du nicht leiden kannst. Die Person sagt: »Ich mag dich.« Was nimmst du wahr? Jetzt sagt die dir unangenehme Person: »Ich mag dich nicht.«

Wie reagierst du auf allen drei Bewusstseinsebenen? Nimm dir einen Moment, dir deine Reaktionen in allen drei Settings ehrlich bewusst zu machen.

Es ist beeindruckend festzustellen, dass wir tatsächlich auch dann relativ stark auf die Ablehnung eines Menschen reagieren, wenn wir ihn selbst nicht mögen, nicht wahr? Diese Reaktion offenbart eindrücklich, wie tief das Bedürfnis nach Annahme vor allem unbewusst wirkt.

In jeder wirklich intensiven Liebe werden unsere Ur-Themen aktiviert. Die Prägung unseres inneren Bildes von Liebe, Verbundenheit und Zugehörigkeit durch unser Elternhaus ist so lange kraftvoll wirksam, bis wir uns mit ihr intensiv auseinandersetzen und die Glaubenssätze und Überzeugungen lösen und gleichzeitig an unserer eigenen Liebesfähigkeit intensiv arbeiten. Um Bindungsmuster zu entwickeln, die uns und anderen nicht guttun, braucht es nicht die extremen Erfahrungen, die ich als Kind gemacht habe. Auch wenn du behütet aufgewachsen bist, mit Eltern, die Verantwortung übernommen haben und ihr Bestes gaben, kann es absolut sein, dass sie dich nicht so sehen und nehmen konnten, wie du warst, oder dir nicht (ganz) das geben konnten, was du gebraucht hättest. Die Traumaforschung geht davon aus, dass wir fast alle Entwicklungstraumata erlitten haben und entsprechend Bindungsprobleme haben.

Eine ganzheitliche Persönlichkeitsentwicklung unter Einbeziehung des spirituellen Aspekts des menschlichen Seins steckt immer noch in den Kinder-, wenn nicht in den Babyschuhen. Auch die Psychologie und die Medizin sind weiterhin dabei, immer differenzierter zu werden und das Verständnis vom Menschen und der Funktionsweise menschlicher Heilung mehr und mehr zu verstehen.

Wenn wir im Elternhaus nicht die Erfahrung gemacht haben, um unserer selbst willen gemocht und so angenommen zu werden, wie wir sind, haben wir energetisch betrachtet zwei Möglichkeiten. Die erste ist, unseren Herzraum und generell unser energetisches System sehr weit nach außen zu öffnen. So können wir immer ganz fein und genau erspüren, was die anderen sich wünschen und brauchen, und vor allem, wo sie einen versteckten Mangel haben. Wir versuchen in dieser Variante, immer das Richtige für die anderen zu sein und das Richtige zu geben. Unser Herzraum ist dabei für uns selbst geschlossen, und dabei verlieren wir die Verbindung zu uns selbst, auch wenn wir das nicht realisieren, weil wir so fein und intensiv spüren. Diese Variante habe ich gewählt.

Zum einen ist dieser Mechanismus gut, denn wir bekommen, was wir unbedingt brauchen als Kind: Wir gehören dazu und erhalten in irgendeiner Weise Aufmerksamkeit. Das Fatale ist aber, dass wir durch diese Überlebensstrategie nicht wirklich gemocht und angenommen werden – wir gefallen höchstens. Wir gefallen denen, zu deren Überlebensstrategie die unsere passt, alles nach außen zu richten. So können wir schließlich die Erfahrung, um unserer selbst willen gemocht zu werden, gar nicht mehr machen, weil wir uns selbst so weit aufgeben mussten, dass wir glauben, was wir tun, um zu gefallen, seien wir wirklich selbst. Wir benutzen andere Menschen als »Existenzberechtigungserteiler« und als Bestätigung unseres Selbstwerts. Wir entwickeln immer mehr Verhaltens- und Ausdrucksweisen, die für andere angenehm sind, und können so nicht herausfinden, wer wir eigentlich sind und welche Bedürfnisse wir in einer Beziehung haben. Wir wissen also nicht, wie wir geliebt werden möchten, und auch nicht, wie wir lieben können – wir wissen nicht, wer wir sind. In den letzten Jahren wurden die Begriffe »People Pleaser« und »Empath/Empathin« für diese Lösungsvariante geprägt, in extremerer Ausprägung ist diese Variante als »emotional instabil« bekannt.

In der zweiten Variante entwickle ich mich in die entgegengesetzte Richtung. Vielleicht waren unsere Versuche zu gefallen aussichtslos, wir haben aufgegeben oder es entspricht eher unserem – dunklen – Wesen, in die Abwehr zu gehen. Dann schließen wir uns und unseren Herzraum ganz, nach innen und nach außen gleichermaßen. Wir haben eigentlich nichts, was uns nährt. Das Einzige, was unser psychisches Überleben sichert, ist die Abwehr und die Bewertung des Außen. Wir verströmen unsere Energie nicht, sondern halten alles innen. Die Dynamik, die in unserem Herzraum und unserem ganzen System so entsteht, gleicht einem schwarzen Loch. Wir brauchen konstant die Energie von anderen Menschen, da wir keinerlei Zugang zu unseren eigenen Ressourcen haben. Wir benutzen andere als energetische Tankstellen. In Bezug auf diese Variante spricht man im Allgemeinen von narzisstischem Verhalten oder einer narzisstischen Persönlichkeitsstruktur oder -störung.

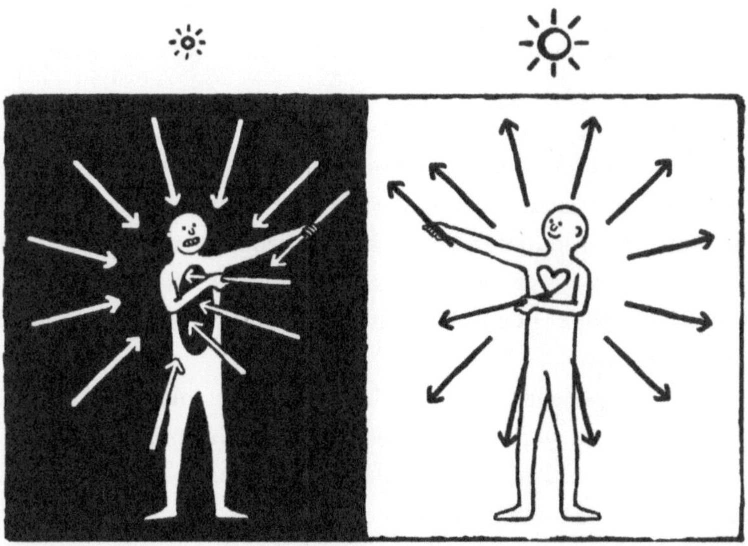

Natürlich liegen beide Varianten auf einem Spektrum, und es gibt viele Varianten, die dazwischenliegen oder auch Mischformen sind. Es ist nützlich, sich die energetische Grundstruktur zu vergegenwärtigen, um zu erkennen, welches Muster man vielleicht selbst entwickelt hat oder in welchen Situationen man sich in welcher Ausprägung eines Musters typischerweise wiederfindet. Wenn man sich bewusst macht, welche Konsequenzen diese Muster in bestehenden Verbindungen haben, kann man beginnen, Wege zu suchen und zu finden, Verantwortung für die eigene Struktur und das eigene schädliche oder zumindest ungünstige Verhalten zu übernehmen.

INTUITIVE LIEBE

Sobald wir uns nach und nach aus der meist ungünstigen Projektion der Elternerfahrung auf unser Partnerbild verabschieden, können wir damit beginnen zu untersuchen, was eigentlich unser ureigenes Partner- und Beziehungsbild ist. Das romantische Ideal – es gibt den einen Partner, der mich glücklich macht – hat in der spirituellen Branche eine Parallele im Bild des Seelenpartners oder der Dualseele.

Ich weiß nicht, ob es irgendwo auf der Welt einen idealen Partner gibt, für dich oder für mich. Das wirft auch die Frage auf, was »ideal« bedeutet. Ein Mensch, der mich nie herausfordert, mir jeden Wunsch von den Augen abliest und mich auf Händen trägt, ist das der ideale Partner? Ich weiß es nicht. Es hat ja einen Grund, warum Hollywoodfilme früher beim Happy End (sie kriegen sich!) tatsächlich geendet haben.

Auch den Seelenpartner oder die Dualseele zu finden ist kein Garant für »… und sie lebten glücklich bis ans Ende ihrer Tage«. Wenn man einen Menschen gefunden hat, der zu einem passt, der integer, zugewandt und bereit ist, sich zu entwickeln, kommt man trotzdem in keinem Fall um die tiefe Auseinandersetzung mit sich selbst und um die Arbeit an sich selbst herum.

Ich schlief in den ersten Monaten meiner Beziehung mit meinem Lieblingsmenschen nicht etwa ein, weil er so langweilig war. Ich schlief ein, weil sich alles vertraut und ruhig anfühlte und mein gesamtes System wusste: »Ich bin hier sicher.« Die Anspannung, die sich in vier Jahrzehnten in meinem Körper angesammelt hatte, konnte ich endlich loslassen. Ich tat nichts davon bewusst oder steuerte das Loslassen gar, mein Körper erledigte es ganz einfach für mich. Ich war nicht mehr im Überlebensmodus, sondern konnte beginnen zu leben. Durch meine Arbeit an mir selbst und die vielen Jahre Integration meiner Intuition und Heilung war ich zwar nicht plötzlich beziehungsfähig, aber ich hatte etwas ganz Wesentliches verändert: meinen Selbstwert und mein inneres Bild von einer Liebesbeziehung. Ich wusste, was mir guttut und was mich nur immer weiter verletzt.

Ich hätte es nicht bewusst formulieren können, als ich meinen Lieblingsmenschen traf. Im Gegenteil, ich war völlig überrascht, denn so etwas hatte ich noch nicht erlebt, er fiel vollkommen aus meinem bisherigen »Beuteschema«. Ich war nicht hyper, im Gegenteil, ich war entspannt, und ich wusste einfach: Das hier ist anders, und es ist vor allem richtig. Mein Herz war nicht aufgeregt. Es war unheimlich ruhig und sehr, sehr weit.

Exkurs: Der Begriff »Dualseele« beschreibt zwei Seelen, die ursprünglich eins waren, eine Seele. Diese Seele hat sich aufgeteilt, um bestimmte Aspekte des göttlichen Seins noch viel umfassender lernen zu können und um profund zu heilen. Dabei ist es nicht so, dass die beiden Anteile nur »halb« sind, und die andere Seele brauchen, um wieder ganz zu werden – auch wenn es sich beim ersten Aufeinandertreffen so anfühlen kann. Oftmals trägt so eine Dualseele die Eigenschaften, die wir nicht haben, es sind Gegensätze die aufeinandertreffen und sich anziehen. Eine Dualseele ist keineswegs »die einzig richtige«, auch wenn wir es manchmal im ersten Moment glauben. Die Begegnung fragt eine erwachsene intuitive Auseinandersetzung mit den Aspekten, in denen wir uns selbst nicht als ganz empfinden. Über dieses Phänomen können wir als immer lernendes göttliches Wesen die Spaltung und damit auch die bewusste Entscheidung für die Ganzheit durchdringen. Eine »Seelenpartnerin« ist, anders als eine Dualseele, nicht jemand mit dem wir mal »eins« waren, sondern oftmals eine Seele, mit der wir intensive karmische Erlebnisse teilen, das heißt, gemeinsame Erfahrungen in vorherigen Leben gemacht haben. Auch zu einer Seelenpartnerin fühlen wir oftmals eine große Anziehungskraft.

Intuitive Liebe ist das Lieben im vollen Bewusstsein der Bedürfnisse von Körper, Geist und Seele und im bedingungslosen Respekt für das eigene Sein genauso wie für das der Partnerin. Intuitive Liebe ist frei von rigiden Vorstellungen und gleichzeitig in direkter Verbindung mit den individuellen Bedürfnissen und Prozessen. Intuitive Liebe bedient kein Bild, sie entwickelt sich immer weiter. Intuitive Liebe erlaubt und kreiert echte Intimität: physische, emotionale und seelische Intimität.

Beziehungsfähig wurde ich erst in den vielen Jahren der Auseinandersetzung und gelebten intuitiven Liebe mit meinem Lieblingsmenschen. Denn die wahre Liebe und Liebesfähigkeit kann nicht konzeptionell erdacht oder herbeimeditiert werden. Erkenntnis ist auch hier wieder wichtig – aber nur der Anfang, mehr nicht.

Genauso wie Erleuchtung ist Liebe für mich ein Verb, ein Tuwort. Vielleicht entwickeln wir im Laufe von Psychotherapien oder anderen Reflexions- und Entwicklungsmöglichkeiten Vorstellungen davon, was wir in einer Beziehung wollen, was uns guttut und was für uns auf jeden Fall ein No-Go ist. Solche inneren Bilder und Vorstellungen, die in der veränderten Persönlichkeitsebene, also der Entwicklung des kognitiven und des Körperbewusstseins, entstehen, sind meistens richtig und schützen uns vor schädigenden weiteren Wiederholungen von Partnerwahl und Beziehungsmustern. Andererseits stammen sie nicht aus dem weiten Herzen der intuitiven Liebe, sondern meistens aus der Abwehr dessen, was schon mal geschmerzt hat und was wir nicht mehr erleben wollen.

So kann auch dieses neue Bild – »Was passt zu mir?«, »Wie geht Liebe?«, »Wie darf Liebe nicht mehr sein?« – starr und rigide werden und uns daran hindern, uns unseren Herzraum ganz zu erschließen und intuitive Liebe zu erleben. Wenn es so ist, erleben wir eine Liebe, die vielleicht emotional sicher ist, sich aber auch nicht weiterentwickelt. Oder wir verzichten auf Liebesbeziehungen generell und richten uns emotional sicher mit Freundschaften ein.

Ich meine natürlich nicht, dass die romantische Liebe oder die Liebesbeziehung die einzige Verbindungsform ist, die zählt. Wie wir Verbindung leben und was uns wirklich erfüllt, ist höchst individuell. Ich meine, dass man vielleicht einen Aspekt des Lebens unbewusst und dadurch unfreiwillig vermeidet, weil man nicht weiß, wie man sich diesen sicher erschließen kann.

Übung: Fühle dich so geliebt, wie du liebst

Stell dir vor, du würdest so geliebt, wie du deine Partnerin oder deinen Partner liebst. Wie wäre das? Was wäre schön? Was wäre weniger schön? Was müsstest du an der Art, wie du liebst, ändern, damit du dich geliebt fühlen würdest?

KLASSISCHE REAKTIONSMUSTER UND DIE FÄHIGKEIT ZUR DIFFERENZIERUNG

Intuition ist die wesentliche Fähigkeit, die wir brauchen, um zu erkennen, was wirklich stimmig für uns ist und was zu dem passt, wer wir im Wesentlichen sind. Sie unterstützt uns darin, in einer Liebe, die sich entwickelt, die natürlich (hoffentlich) völlig unperfekt ist, die Phasen durchzuhalten, in denen sich unsere Ur-Themen aneinander entzünden und alte Verletzungen aktiviert werden. Die Intuition kann in solchen Zeiten, in denen alte Verletzungen hochkommen und wir geneigt sind zu denken: »Das lasse ich mir nicht mehr bieten, es ist doch wieder dasselbe!«, die entscheidende Fähigkeit sein, die wir zur Differenzierung brauchen.

Wenn du dich auf Seelenebene begibst und neutral deine Energie und die deiner Partnerin anschaust, generell und im aktuellen Konflikt, kannst du treffsicher die Frage beantworten, ob es wirklich dieselbe schädliche Situation ist, die du kennst, oder ob ihr beide nur gerade in alten Mustern gefangen seid. Dort siehst du auch, was du brauchst, um den ersten Schritt aus dem alten Muster heraus zu machen, und wie du deine Partnerin einladen kannst, ebenfalls wieder zu entspannen und wieder konstruktiv zu werden. So war es bei mir und meinem Lieblingsmenschen. Wenn wir beide getriggert waren, legten wir ein Verhalten an den Tag, das für den jeweils anderen ein klares No-Go war. Ich – auch wenn es mich beschämt, aber so war es nun mal – wurde laut und beleidigend, wenn ich mich sehr verletzt fühlte. Mein Lieblingsmensch blockte seinerseits ab, wenn er das Gefühl hatte, unter Druck zu geraten. Er machte dicht und war nicht mehr erreichbar für mich.

Das sind klassische Reaktionsmuster, die wunderbar ineinandergreifen und sich gegenseitig herrlich hochschaukeln können. Eine Zeit lang hauten wir uns diese Schmerzmuster auch bedenklich um die Ohren. Aber anders als in allen anderen Beziehungen, die ich davor hatte, war, dass wir, wenn wir uns beruhigt hatten, erst einmal herzlich über uns lachten und dann sehr offene Gespräche über den Auslöser führen konnten. Das half nicht sofort, aber nach und nach. Anklänge davon gibt es auch heute noch, allerdings sehr selten und seit Jahren nicht mehr in dem früheren Extrem. Meistens nimmt einer von uns sich selbst oder den anderen auf die Schippe, wenn ein altes Muster am Horizont auftaucht. Wir lachen eher miteinander, als dass wir streiten. Dafür setzen wir uns ganz anders auseinander als früher. Wir haben beide keine Angst mehr, uns ganz »nackt« voreinander zu machen, also verletzbar.

Über deine Intuition registrierst du alle Ebenen deines Bewusstseins und kannst über die Seelenebene immer auf den Kern einer Situation zurückkommen. Ist die durch die Situation ausgelöste Körperempfindung eine genuine Information oder eine Abwehrreaktion? Ist das ausgelöste Gefühl pur mit dieser Situation verbunden oder ist es vermischt mit alten Gefühlen und negativen Erwartungen? Sind die in der Situation entstandenen Gedanken verbunden mit meinem ganzen Sein, oder rationalisierst du Gefühl oder Bedürfnis, um Schmerz oder Selbsterkenntnis zu vermeiden? Frag deine Intuition, sie beantwortet diese Fragen klar und direkt.

Die intuitive Liebe zeichnet sich durch eine enorme Tiefe und Entwicklungsbereitschaft aus. Die Balance zwischen Stabilität und Weiterentwicklung ist keine starre Größe, sondern findet sich immer neu. Ja, funktioniert. Denn Liebe ist kein unveränderliches Schicksal, das »über uns kommt«. Auch die intuitive Liebe findet nicht als schicksalhaftes Phänomen, sondern durch Bewusstsein und alltägliche liebevolle und zugewandte Handlungen statt.

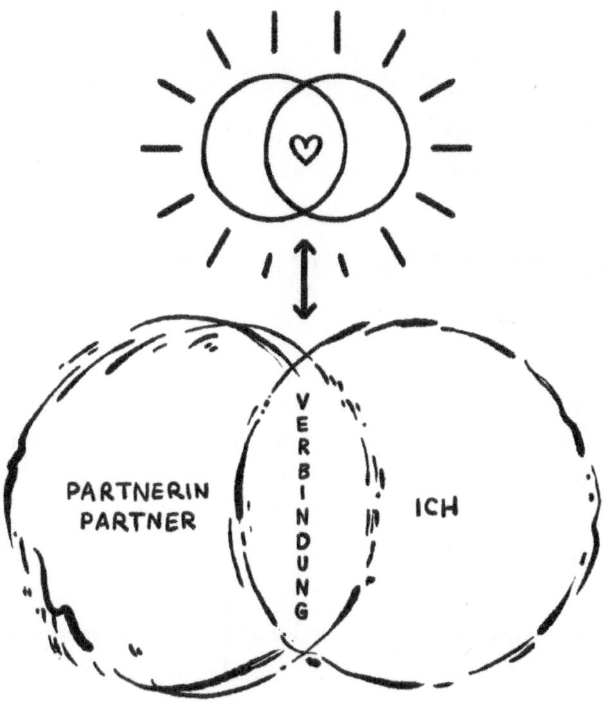

Übung: Welche Beziehungsmuster hast du?

Bring dich an den Ort, an dem du bedingungslose Liebe am besten spüren kannst. Vielleicht gelingt es dir leicht, sie in dir selbst zu finden, vielleicht möchtest du zuerst dafür Kontakt mit dem Göttlichen aufnehmen und um Unterstützung bitten. Schau dir deine Beziehungsmuster an. Was siehst du? Wo liebst du mit rigiden Vorstellungen und bist nicht frei, hast kein weites Herz? Gib dir ein HALLO damit. Es geht niemals um Schuld. Begib dich auf Seelenebene und frag deine Seele oder das Göttliche: »Wie möchte ich eigentlich lieben? Was brauche ich, um wirklich glücklich zu sein? Verhindere ich die Liebe, die ich brauche?« Nimm dir einen Moment, um die Antworten aufzuschreiben, egal in welcher Form sie kommen, ob es Worte, Bilder oder Gefühle sind – oder ob du dir etwas einbildest. ;-) Nimm dich für wahr, glaube dir.

SELBSTTEST: BIST DU FÜR DIE ECHTE LIEBE SCHON BEREIT?

1: Ich lasse mir Zeit für das Eingehen neuer Verbindungen, egal ob es sich um Liebesbeziehungen oder Freundschaften handelt.

☐ Stimmt 3 Punkte
☐ Stimmt eher 2 Punkte
☐ Stimmt nicht 1 Punkt

2: Verschmelzung ist für mich die ultimative Form von Liebe. Ich strebe sie dauerhaft an und bin jedes Mal frustriert, wenn ich mich nicht eins fühle.

☐ Stimmt 1 Punkt
☐ Stimmt eher 2 Punkte
☐ Stimmt nicht 3 Punkte

3: Ich kann klar auseinanderhalten, was ich für jemanden empfinde und was ich auf die Person projiziere.

☐ Stimmt 3 Punkte
☐ Stimmt eher 2 Punkte
☐ Stimmt nicht 1 Punkt

4: Ich bin in der Lage, »Regeln«, die ich aus erlittenen Verletzungen heraus für Verbindungen aufgestellt habe, zu überprüfen und gebe mir so die Möglichkeit, in einer Verbindung zu heilen.

☐ Stimmt 3 Punkte
☐ Stimmt eher 2 Punkte
☐ Stimmt nicht 1 Punkt

Frage 5: Ich kann in meinen Freundschaften und Liebesbeziehungen ich selbst sein.

☐ Stimmt 3 Punkte
☐ Stimmt eher 2 Punkte
☐ Stimmt nicht 1 Punkt

Auswertung:
Zähle alle Punkte zusammen und schau, wo du dich wiederfindest.

0 bis 6 Punkte:
Stufe 1: Wahrscheinlich hast du dich aufgrund von verletzenden oder sogar traumatischen Bindungserfahrungen entweder in die Isolation zurückgezogen oder die »Flucht nach vorne« angetreten. Das ist verständlich. Und doch sind Verbindungen nicht ein, sondern DER wesentliche Aspekt von Lebensqualität.

7 bis 10 Punkte:
Stufe 2: Du weißt, wie wichtig integre und authentische Verbindungen sind und suchst nach der für dich richtigen Weise, sie zu leben. Wahrscheinlich schwankst du noch zwischen zu harten und zu wenig Grenzen und erlebst dementsprechend auch immer mal wieder

instabile Verbindungen. Du darfst dich ruhig mehr trauen, dein Ja und dein Nein zählen in jeder integren Verbindung gleichermaßen.

11 bis 15 Punkte:
Stufe 3: Liebe ist real! Das weißt du bereits. Vielleicht kannst du hier und da noch alte Muster weicher werden lassen – du weißt sowieso, dass der Prozess dein Herz so weit werden lässt wie der Kosmos, der nie aufhört. Genieße die Reise!

HINTERGRUND: AFFINITÄT

Liebe findet auf viel mehr Ebenen statt als nur im Herzraum. Eigentlich findet sie auf allen Ebenen unseres Seins statt. In der Liebe geht es um Zugehörigkeit, Sicherheit, um die Erfüllung von Bedürfnissen, um gemeinsame Gestaltung, um Anziehung, um Kommunikation, physische Nähe, Intimität, Inspiration und noch viel mehr. Wenn es sich um eine Liebesbeziehung handelt, geht es meistens auch um Sexualität.

Ob und wie wir bedingungslose Liebe leben können, dafür ist nicht allein die Prägung durch das Elternhaus verantwortlich. Auch gesellschaftliche und/oder religiöse Normen können eine Rolle spielen und uns glauben machen, Konzepte von Liebe, die wir erlernt haben, wären unsere eigenen Wünsche und Bedürfnisse. Und so wundern wir uns, warum wir nicht die Verbundenheit in Freiheit erreichen, nach der wir uns so sehen. Es liegt einfach daran, dass wir noch nie untersucht haben, was wir eigentlich wirklich für eine Liebe brauchen.

Übung: Lass die Essenz deines Herzraums fließen

Nimm deinen Herzraum wahr und spüre hinein, oder stell dir einen Raum vor, der deinen Herzraum darstellt. Wie nimmst du deine »Farbe« im Herzraum wahr, also deine ursprüngliche Ener-

gie dieses Raumes? Und welche Farben, also Energien, gibt es außerdem? Wie nimmst du Energien deiner Eltern, deiner Familie wahr? Wie gesellschaftliche Einflüsse? Wie zeigen sich dir starre Energien und alte Energien? Vielleicht gibt es Energien von Ex-Partnern? Oder religiöse Überzeugungen, die du energetisch wahrnehmen kannst? Womöglich siehst du diese Energien als graue oder dunkle Farben oder auch einfach als von deiner originären Farbe sich unterscheidende Farben. Vielleicht fühlst, kennst du Fremdenergien in deinem Herzraum oder du erinnerst dich an sie. Vielleicht bildest du sie dir ein? ;-)
Nun beginne damit, die Essenz deines Herzraums fließen und mehr werden zu lassen. Alle anderen Energien kommen in Bewegung und fließen ab. Lass deinen Herzraum ganz und gar von seiner Essenz erfüllt sein. Was geschieht mit dem Raum? Verändert er sich? Wenn ja, wie? Wie ist die Auswirkung der Veränderung auf dein Körperempfinden?

Was im Herzraum zu Hause ist, ist nicht nur die Liebe, auch wenn das häufig gesagt wird. Es ist die Affinität, die im Herzen wohnt, das Erkennen von Energien, zu denen ich ein Ja oder ein Nein habe. Man könnte auch Anziehung dazu sagen. Mit Anziehung meine ich das Erkennen dessen, was in der Essenz zu uns passt und was nicht.

Mit dem, was mir in meinem kognitiven Bewusstsein zugänglich war und was ich mir als Mensch auf der Persönlichkeitsebene erarbeitet hatte, hätte ich meinen Lieblingsmenschen niemals als solchen erkannt. Ich hatte die ersten Monate unserer Verbindung viel damit zu tun, verkrustete Egostrukturen aufzulösen, die mir im Weg standen. Zunächst waren es blanke Vorurteile (beschämend, aber so war es nun mal): »Kein Akademiker!«, »Ein technisches Genie, aber wir sprechen verschiedene Sprachen!«. Vor allem aber, so komisch das klingt, hatte ich Mühe, mit dem Respekt umzugehen, der mir entgegengebracht wurde. Ich war es gewohnt, gejagt zu werden. Damit meine ich nicht das erotische Spiel, zu dem die Energie von »Jagen« auch gehören kann. Ich verwechselte Besitzanspruch mit Begehren.

Aber auch wenn ich zu Beginn meiner ersten sicheren und glücklichen Beziehung vieles schmerzhaft interpretierte, sah und wusste ich intuitiv immer: Das ist er, das ist mein Mensch. Kognitiv verstand ich gar nichts, und es fühlte sich zu Anfang und auch in den ersten Jahren nicht immer gut an, aber ich wusste immer unumstößlich: Wir gehören zusammen. Ihre Energie und meine Energie sind gemeinsam mehr als einzeln. Und so ist es auch. Vor Kurzem haben wir unseren zehnten Hochzeitstag gefeiert, und was wir gemeinsam sind und aufgebaut haben – und dass ich das leben kann –, hätte ich mir noch vor fünfzehn Jahren niemals vorstellen können.

Übung: Erhöhe die bewusste Wahrnehmung deiner Affinität

Nimm wieder deinen Herzraum wahr. Vielleicht legst du die Hand auf deine Brust, oder du richtest einfach dein Bewusstsein dorthin. Wie siehst du die Essenz deines Herzraums jetzt? In der Essenz schwingt deine Affinität, dein Ja und dein Nein zu Energien außerhalb von dir. Wie siehst du diesen Aspekt deiner Herzessenz? Lass eine Skala von 0 bis 100 sichtbar werden. Wie klar ist dir deine Affinität bewusst? Wo auf der Skala steht dein Bewusstsein für ein genuines Ja und ein genuines Nein? Wenn du magst, schraub ganz einfach den Anzeiger auf der Skala höher und nimm wahr, wie du reagierst. Atme aus, lass los, was mit Starre auf die Erhöhung der bewussten Wahrnehmung deiner Affinität reagiert. Was brauchst du, damit die Skala auf 100 Prozent sein und bleiben kann?

TYPISCHE FALLSTRICKE: VERMEIDUNG VON INDIVIDUATION

Ich begegne häufig einem Missverständnis in Bezug auf die intuitive Liebe. Gelebte bedingungslose Liebe wird dann als entgrenzte Liebe verstanden und manchmal sogar eingefordert. Gesunde Grenzen werden als »Spaltung« und »niedrig schwingende Trennung« bewertet, man gestattet sie weder sich selbst noch anderen. In den Trainingsmodulen zum Herzraum und zu bedingungsloser Liebe wird immer wieder so oder ähnlich lautend protestiert: »Wir suchen doch die Auflösung des Egos und der Illusion der Trennung, und jetzt soll ich nach meiner Energie schauen und meine Energie von anderen trennen? Was ist der Sinn, wenn wir doch sowieso eins sind?«

Wenn ich Grenzen vermeide oder ablehne mit der Aussage »Wir sind sowieso eins« und meine Bedürfnisse nicht formulieren möchte, verweigere ich mich letztlich der Verbindung. Keine Grenzen zu setzen oder zu akzeptieren, erschafft keine Freiheit, sondern große Unfreiheit.

Übung: Grenzen setzen

Lass eine Verbindung oder eine Situation sichtbar werden, in der Grenzen für dich ein Thema waren. Was war das für eine Situation oder Verbindung? Und wie zeigte sich das Thema Grenzen? Fiel es dir schwer, sie zu setzen? Wurden sie nicht respektiert? Oder beides? Oder habt ihr beide keine Grenzen gesetzt oder zu wenig? Oder gab es zu viele und/oder zu harte Grenzen? Wie entwickelte sich die Qualität von Verbundenheit im Laufe der Verbindung beziehungsweise innerhalb der Situation?
Nimm dir einen Moment, nur um zu atmen und über das Ausatmen die Gefühle oder Bewertungen loszulassen, die bei der

erneuten Betrachtung geweckt wurden. Gib dir selbst und der anderen beteiligten Person ein spirituelles HALLO. Und nimm die Situation oder die Verbindung aus deinem intuitiven Bewusstsein wahr. Wie zeigt sie sich auf der Ebene? Und welche Form von Grenzen hätte es gebraucht, damit die Situation/Verbindung ihr Potenzial hätte entfalten können beziehungsweise integer (sicher, offen, ehrlich etc.) gewesen wäre. Warum hast du die Grenzen nicht so gestaltet, wie es stimmig gewesen wäre? Mach dir ein paar Notizen, damit du in einer ähnlichen Situation deine Erkenntnis und deine Möglichkeit erkennen und anwenden kannst.

Wir sind erst in der gelebten Einheit von Seele und Mensch frei. Wir können unsere menschliche Realität nicht ignorieren, wenn wir bedingungslose Liebe erfahren wollen. Es geht darum, die Seelenebene über die Intuition als Leuchtturm und Wegweiser dafür zu nutzen, wie wir unsere Seele und unsere Essenz verkörpern und so genau der Mensch sein können, der wir sind – mit allen Bedürfnissen, mit unseren Stärken und unseren Schwächen. Uns darin anzunehmen, heißt nicht nur, uns selbst zu lieben, sondern auch, liebesfähig zu werden. Nur wenn wir unsere Grenzen kennen und setzen können, sind wir in der Lage, die unserer Partnerin anzunehmen. Grenzen sind keine Bedingungen, Grenzen machen uns als Mensch in unserer Individualität sichtbar.

Ich weiß nicht, wie du es machst, aber ich mache meine Grenzen vor allem den Menschen deutlich, die mir sehr am Herzen liegen. Bei anderen drehe ich mich auch schon mal einfach um und denke mir meinen Teil, wenn jemand grenzüberschreitend ist. Für meine wichtigsten Menschen möchte ich transparent und sichtbar ich sein und riskiere dafür auch gerne eine Auseinandersetzung. Nichts eignet sich als Lernfeld für bedingungslose Liebe besser als der so komplexe und durch vergangene Erfahrungen verminte Raum von nahen und intimen Beziehungen. Denn hier zeigt sich wie unter der Lupe, wie klar wir in unserer Selbstwahrnehmung sind und wie weit unser Herz tatsächlich ist.

Übung: Verbinde dich mit allem, was ist

Begib dich in deiner Vorstellung an eine Stelle in der Natur, wo du dich gleichzeitig geborgen und frei fühlst. Wie siehst du deinen Weg vor dir? Erfahre deine Umgebung mit allen fünf Sinnen. Du kommst an eine Wasserquelle, einen Wasserfall, einen Teich oder einen Bach – vielleicht den Ozean? Begib dich ins Wasser und spüre, wie es alle sozialen Rollen und Verpflichtungen fortspült. Du wirst immer purer und nackter, bis du ganz und gar in deiner Essenz mitten in der Natur stehst. Finde einen Platz, an dem du dich sicher fühlst, und setze oder lege dich hin. Nimm deinen Atem wahr und spüre nach und nach, wie du dich mehr und mehr mit allem, was dich umgibt, verbindest. Du wirst eins mit der Erde, dem Wasser, der Luft, den Tieren, den Pflanzen, dem Kosmos. Mit jedem Ausatmen werden alle Barrieren zwischen dir und allem, was dich umgibt, feiner und dünner. Lass deinen Herzraum immer weiter werden und spüre schließlich über dein Herz die Verbindung und deine Einheit mit allem, was ist. Du bist in der Natur, in deinem Körper UND gleichzeitig in der Einheit mit allem, was ist. Du bist du selbst, du kannst deine Körpergrenzen spüren und gleichzeitig ist dein Herz unendlich weit. Du bist du und über dein Herz verbunden mit allem, was ist. Was nimmst du auf allen drei Bewusstseinsebenen wahr? Nimm dir für diese Erfahrung so viel Zeit, wie du möchtest. Komm schließlich zurück. Du kannst das Wasser bitten, dir die sozialen Rollen und Verpflichtungen zurückzugeben, die du weiterhin haben möchtest, du kannst auch pur bleiben. Mach dir anschließend ein paar Notizen zu deiner Erfahrung von Verbundenheit in Freiheit.

9
Wollen, was man will, oder Kontrollfreak? – Intuitiver Wille

> »Das Große ist nicht, dieses oder jenes zu sein, sondern man selbst zu sein; und das kann jeder Mensch, wenn er will.«
>
> – Sören Kierkegaard

Der intuitive Wille ist der freie Wille, wie ich ihn verstehe. Er hat gar nichts zu tun mit deinem Willen als Mensch oder Persönlichkeit. Er ist ganz und gar im Einklang mit deiner Seele und damit mit deinem höchsten Potenzial.

Die Haiforscherin war unglaublich beeindruckend, ich würde sie über drei Wochen lang bei ihrer Forschungstätigkeit vor der Südspitze von Südafrika begleiten. Den Satz »Du bist eine komische Regisseurin« sagte sie am dritten Tag zu mir. »Du sagst überhaupt nicht, was du willst oder was ich tun soll.« Ich sagte: »Ja, ich weiß. Ich höre das nicht zum ersten Mal. Ich versuche, so wenig direktiv zu sein, wie es geht. Ich öffne Räume.« Sie schaute mich an, als wollte sie sagen: »Was hast du denn zum Frühstück getrunken?« Ich bin sicher, dass sie zumindest etwas Ähnliches dachte. Wir hatten trotzdem eine gute Zeit. Nach und nach gewöhnte sie sich an mich und an meine Art zu führen.

DER WILLE AUS DEM EGO

Im Allgemeinen geht man davon aus, dass wir die einzige Spezies auf der Erde sind, die einen freien Willen hat. Das Phänomen »freier Wille« wird seit Jahrhunderten in vielen Disziplinen diskutiert, im religiösen Kontext genauso wie in der Philosophie oder den Naturwissenschaften. Im Alltag halten wir unseren Willen für frei, wenn wir meinen, frei zu entscheiden, was wir denken und was wir sagen, wer unsere Freundinnen sind und wer nicht, wie wir uns kleiden, was wir essen, wen wir wählen, welche Musik wir hören etc.

Tatsächlich treffen wir all diese Entscheidungen sehr viel weniger frei, als wir glauben. Die Hirnforschung hat gezeigt, dass die meisten Entscheidungen schon getroffen sind, bevor wir »wissen«, dass wir eine Entscheidung getroffen haben; bevor uns bewusst ist: Das »will« ich. Wir haben zwar eine Kontrollinstanz, die überprüfen und bis zu einem bestimmten Punkt unbewusst getroffene Entscheidungen korrigieren kann, aber meistens folgen wir einem Automatismus. Unser Gehirn verhält sich wie ein Computer, der alle Abläufe, die bekannt, also erlernt sind, automatisiert, damit die Ressourcen für Neues verwendet werden können. So können wir immer weiter Informationen sammeln, die uns als Entscheidungsgrundlage für unser Wollen dienen. Könnte man denken.

Allerdings steuert unsere Ratio, unser kognitives Bewusstsein, unsere Entscheidungen am wenigsten. Das liegt daran, dass wir auf der Ebene sehr langsam sind und nur begrenzt Zugriff auf alle Informationen haben, die unsere Entscheidungen beeinflussen. Eine viel größere Rolle für das, was wir wollen, spielt unser Unterbewusstsein, in dem auch die Gefühlsebene aktiv ist. Unser Unterbewusstsein wertet sehr viel mehr Informationen aus als unsere Ratio. Normalerweise haben wir auf diesen Prozess keinen Zugriff und können ihn nicht steuern. Darum raten Hirnforscherinnen auch dazu, für eine wichtige Entscheidung zwar alle wesentlichen Informationen abzuwägen, aber die Entscheidung erst dann zu treffen, wenn wir mindestens eine Nacht darüber geschlafen haben oder auf jeden Fall mindestens ein paar Stunden nicht über die Entscheidung nachgedacht haben. In dieser Zeit kann das Unbewusste in Ruhe alle relevanten Informationen auswerten.

Bestimmt kennst du das von dir, dass du dich eine Zeit lang mit einer Entscheidung gequält hast, um dann eines Morgens aufzuwachen oder mitten unter der Dusche plötzlich zu wissen: Das ist es! Das will ich wirklich. Das ist die richtige Entscheidung! Und doch ist es auch dann, wenn wir unserem Unterbewusstsein Zeit lassen, nicht immer einfach oder möglich, unseren Willen und das Richtige zu finden, gerade in Bezug auf größere Fragen oder Entscheidungen. Denn natürlich ist unser Unterbewusstsein in seinem Entscheidungsfindungsprozess nicht frei von den Erfahrungen, die wir in Bezug auf unseren Willen in unserem bisherigen Leben gemacht haben.

Nehmen wir an, du bist mit einer begnadeten Stimme gesegnet und hast als Kind nichts lieber gemacht, als zu performen. Vielleicht fanden deine Freundinnen und deine Großeltern das auch toll und haben dich bestätigt, ein Elternteil war aber eher ambivalent, weil es selbst gelernt hat, dass Zurückhaltung eine wesentliche Tugend sei und es »peinlich« ist, wenn man sich von sich aus in den Mittelpunkt oder das Spotlight stellt. Vielleicht war dieses Elternteil irgendwie schon stolz auf dich, hat sich aber gleichzeitig für deine Strahlkraft geschämt. Du hast sehr gemischte Botschaften empfangen in Bezug auf deinen natürlichen Willen, mit deinem Talent sichtbar zu sein, beachtet und gehört zu werden. Vielleicht übernimmst du die Scham deines Elternteils, vielleicht bleibst du in der Ambivalenz stecken oder du gehst in die Gegenreaktion und übersteigerst deine Fähigkeit und bist in jeder Situation die Rampensau, egal ob passend oder nicht.

Entsprechend der Variante, die du als Lösung für das ambivalente Feedback auf dein Talent und dein Sein wählst, wirst du deinen »Willen« erfahren. Denn er ist unmittelbar mit dem Selbstbild verknüpft, das du dir aufgebaut hast. Ein anderer Name dafür ist Egostruktur.

Wenn du die Scham übernommen hast, hältst du es womöglich für deinen freien Willen, eher leise und zurückhaltend aufzutreten, obwohl es dir an sich nicht entspricht. Wenn du die Ambivalenz übernommen hast, hältst du es vielleicht für deinen freien Willen, immer mal was zu probieren, aber keine ernsthaften Ambitionen zu entwickeln oder zu verfolgen. Du lässt dich vielleicht schnell entmutigen, hast Probleme mit Disziplin und glaubst Sprüche wie »Wenn es nicht leicht ist, ist es nicht das Richtige« nur zu gerne.

Wenn du dich durch Übersteigerung wehrst, hältst du es für deinen freien Willen, immer (!) den Mittelpunkt aufzusuchen und immer (!) zu performen, und findest nie den freien und natürlichen Umgang mit deinem Talent, der es dir erlaubt, auch mal Pause zu machen und Raum für organische Entwicklung und Veränderung zu lassen, der immer auch ein Nach-innen-Richten erfordert.

Dieser Wille, der einer Egostruktur entstammt, die nicht oder nur bedingt unserer Essenz und der Energiequalität unserer Seele entspricht, erfordert immer ein hohes Maß an Kontrolle. Wir müssen Kontrolle über uns selbst ausüben, um die Egostruktur, das konstruierte Selbstbild, aufrechtzuerhalten. Und wir versuchen gleichzeitig auch, und das ist meistens unbewusst, unsere Umgebung so zu kontrollieren, dass unser Selbstbild nicht gefährdet wird.

Das klingt nicht nur anstrengend, das ist es auch. Wir wenden sehr viel Energie auf, die Instandhaltung eines Bildes zu kontrollieren, das uns nicht nur nicht entspricht, sondern auch zunehmend Kraft kostet. Denn wir wenden viel Kraft auf, um etwas zu bekommen, was wir genuin weder haben noch sein wollen.

Es ist keine einfache Aufgabe herauszufinden, was man wirklich will und wie man diesen Willen manifestieren möchte. Ich bin in meiner Praxis vielen Menschen begegnet, die alles hatten, was sie »wollten«: die Karriere, den Kontostand, die Wohnung, den Partner etc. Und doch haben sie sich oft leer gefühlt, waren lustlos und ausgebrannt. Diese Menschen hatten nicht erreicht, was sie tatsächlich wollten. Sie hatten erreicht, was sie gelernt haben »wollen zu sollen« oder »wollen zu müssen«.

Ich habe einen Klienten, der auf dem Gipfel seiner Karriere ausgestiegen ist – gerade als sich Türen öffneten, wie er es niemals für möglich gehalten hätte und die ihm ein finanzielles Polster beschert hätten, auf dem er sich für den Rest seines Lebens hätte ausruhen können. »Ich wusste, dass ich nie wieder da rauskomme, wenn ich jetzt nicht die Notbremse ziehe. Ich war unglaublich erfolgreich, aber ich weiß gar nicht, ob ich das will; ich weiß nicht, was ich überhaupt will. Mehr noch: Ich weiß eigentlich überhaupt nicht, wer ich bin.«

Schopenhauer benannte die Unfreiheit unseres Willens mit der berühmten Aussage: »Der Mensch kann zwar tun, was er will. Er kann aber nicht wollen, was er will.« Was er damit ausdrückte, war, dass der Mensch keinen Zugriff auf das hat, was seinen Willen steuert. Momentan wird diese These – Determinismus genannt – in den Naturwissenschaften erneut diskutiert. Die Physikerin Sabine Hossenfelder ist der Meinung, dass es keinen freien Willen gibt, da wir, verkürzt gesagt, aus Atomen bestehen und alle Atome Bestandteil der Natur sind und alles, was der Natur angehört, sich ihren Gesetzen fügen muss: »Was du heute tust, folgt aus dem Zustand des Universums von gestern, der sich wiederum aus dem Zustand des Univer-

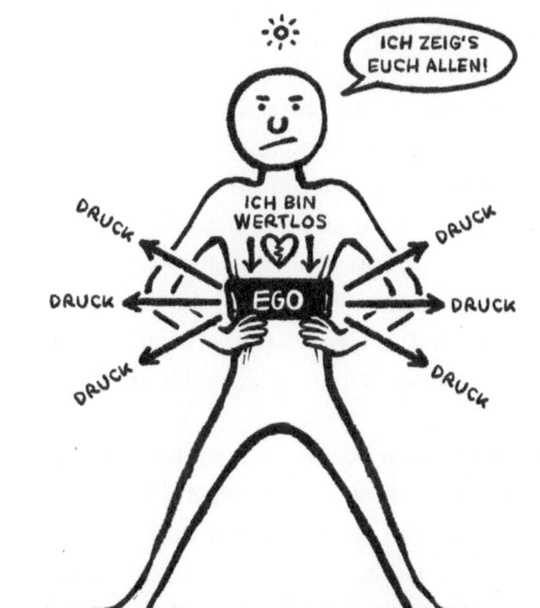

sums von vergangenem Mittwoch ergibt und so weiter – bis zurück zum Urknall.« Sie erklärt den Determinismus, den Glauben an die grundsätzliche Vorherbestimmtheit jeden menschlichen Handelns, mit Naturgesetzen.

Ich glaube auch, dass wir weder steuern können, was wir wollen, noch wollen können, was wir wollen – in Bezug auf den Willen, der sich aus dem konstruierten Selbstbild, der Egostruktur, ergibt. In Bezug auf den intuitiven Willen sehe ich das anders.

DAS INTUITIVE WOLLEN UNSERER SEELE

In vielen indigenen Religionen ist das Göttliche die Natur selbst. Und alles, was lebt, egal in welcher Form – ob feinstoffliche Wesenheiten, Pflanzen, Steine, die Elemente oder der Mensch –, ist ein untrennbarer Teil der Natur und damit ein Teil Gottes. Viele religiöse oder spirituelle Menschen wählen die Aufgabe des eigenen Willens, damit sie »ein Gefäß sein können für den Willen Gottes« beziehungsweise sie beschreiben sich oder ihr Leben so.

So wie ich Gott und das Göttliche verstehe, muss ich meinen Willen nicht aufgeben, um mit dem Göttlichen verbunden zu sein. Ich erlebe es so, dass mein Sein und damit auch mein Wille mit dem Göttlichen verbunden ist. Diese Wahrnehmung ist für mich auch ganz konkret überprüfbar, denn wenn ich etwas aus meiner Egostruktur will, gehört dazu ein ganz anderes Körperempfinden, als wenn ich in meiner Essenz bin und mein intuitiver Wille aktiv ist.

Den intuitiven Willen können wir nicht kognitiv steuern, er entspringt unserer Seele und ist einfach. Wenn unsere drei Bewusstseinsebenen geklärt sind und wir freien Zugang zu unserer Intuition haben und aus dem höchsten Selbst entscheiden, dann wollen wir immer, was wir wollen, weil

es keine Blockaden oder Prägungen mehr gibt, die unserer Egostruktur mehr Macht verleiht als unserem intuitiven Sein. Im intuitiven Willen ist Wollen und Sein eins und untrennbar.

Übung: Wie fühlt sich dein Wille an und wie, wenn du ihn aufgibst?

Wo in deinem Körper verortest du den Willen, der aus deiner Persönlichkeit oder der Egostruktur entspringt? Wenn du es nicht fühlen kannst, erinnere dich an eine Situation, in der du dich mit Kraft gegen etwas oder jemanden durchgesetzt hast; an diesen Willen, der dich das hat tun/schaffen lassen. Wie fühlt er sich an? Wo spürst du ihn? Kennst du das Gefühl gut? Hast du es häufiger? Oder eher selten?
Wie fühlt es sich an, wenn du deinen Willen »opferst«, also aufgibst? Vielleicht »um des lieben Friedens willen«? Wo spürst du diese Aufgabe, diese Energiebewegung in deinem Körper? Kennst du das Gefühl? Hast du es selten oder eher oft? Welchen Effekt hat dieses »Aufgeben« auf dich?
Erinnere dich an eine Situation, in der sich alles scheinbar magisch in deinem Sinne fügte. Vielleicht wurdest du sogar überrascht von dem, was sich in deinem Sinne manifestierte. Wie war deine Verbindung mit der Kreation? Auf welcher Ebene hast du »mitgewirkt«? Vielleicht wird es dir erst jetzt bewusst? Wie ist dein Körperempfinden in diesem Fall?

SELBSTTEST: WIE GROSS IST DEIN VERTRAUEN IN DEINEN INTUITIVEN WILLEN?

1: Ich habe ein großes Bedürfnis nach Kontrolle.

☐ Stimmt	1 Punkt
☐ Stimmt eher	2 Punkte
☐ Stimmt nicht	3 Punkte

2: Ich bin entspannt in Bezug darauf, meine Ziele und Visionen wahr werden zu lassen. Ich arbeite stetig daran, muss aber nichts übers Knie brechen.

☐ Stimmt	3 Punkte
☐ Stimmt eher	2 Punkte
☐ Stimmt nicht	1 Punkt

3: Wenn sich Dinge anders entwickeln, als ich es geplant und mir vorgestellt habe, kann ich gelassen nach den Ursachen schauen. Die Notwendigkeit, Kursänderungen vorzunehmen, ist mir vertraut und löst keine Irritation aus.

☐ Stimmt	3 Punkte
☐ Stimmt eher	2 Punkte
☐ Stimmt nicht	1 Punkt

4: Ich kann innere Veränderungen zulassen, die sich auf meine berufliche Lebensgestaltung auswirken. Auch wenn die Veränderungen existenziell sind, vertraue ich dem großen Bild.

☐ Stimmt	3 Punkte
☐ Stimmt eher	2 Punkte
☐ Stimmt nicht	1 Punkt

5: Ich lasse mich nicht dominieren.

☐ Stimmt	3 Punkte
☐ Stimmt eher	2 Punkte
☐ Stimmt nicht	1 Punkt

Auswertung:
Zähle alle Punkte zusammen und schau, wo du dich wiederfindest.

1 bis 6 Punkte:
Stufe 1: Du bist noch zum großen Teil im überholten Konzept von Entweder-oder gefangen: Entweder du setzt dich durch oder du fühlst dich ohnmächtig. Entweder du gibst nach oder du verlierst die Unterstützung der anderen. Dir diese innere Starre zu vergegenwärtigen und die Leere, die sie hervorbringt, nicht mehr zu vermeiden, sondern wahrzunehmen, ist der erste mutige Schritt in wirkliche Eigenmacht.

7 bis 10 Punkte:
Stufe 2: Du hast es schon erfahren, dieses Gefühl von Flow, wenn du nicht mehr über Kontrolle ansetzt, sondern auf den Flow und die Synchronizität der Energie vertraust. Ein Wahnsinnsgefühl, nicht wahr? Und trotzdem fliegst du immer wieder aus dem Vertrauen in deinen intuitiven Willen heraus. Kein Wunder. Du hast wahrscheinlich sehr wenig funktionierende Vorbilder. Vergegenwärtige dir die positiven Resultate deines intuitiven Willens und bleib dran!

11 bis 15 Punkte:
Stufe 3: Es ist magisch, nicht wahr? Du erlebst es immer wieder: Wenn du dich demütig deinem intuitiven Willen beugst und den Egowillen entkräftest, passieren die unglaublichsten Dinge. Der Himmel auf Erden ist nahe, wenn nicht das Ego kreiert, sondern die göttliche Seele – du weißt das. Geh deinen Weg genau so weiter. Der intuitive Wille ist der Wille der neuen Zeit, über ihn bist du verbunden mit allem. Die Idee der Notwendigkeit von »durchsetzen gegen« ist vorbei. Du hast bereits erfahren, wie befreiend das ist. Andere können von dir lernen. Toll!

HINTERGRUND: ESSENZ UND EIGENMACHT

Der intuitive Wille ist verbunden mit der Erfahrung von Eigenmacht. Wenn wir die Wirkweise von Eigenmacht verstanden haben und die Bewusstseinsebenen so harmonisch aufeinander abgestimmt sind, dass wir unsere Essenz nicht nur sehen, sondern sie auch realisieren, also umsetzen können, können wir den intuitiven Willen wirken lassen. Dieses »wirken lassen« ist etwas ganz anderes als »durchsetzen«. Der intuitive Wille ist vielmehr das Setzen einer Energie, als dass wir Kraft verwenden, um etwas zu erreichen.

Natürlich entscheiden wir im Alltag nicht immer aus dem intuitiven Willen und dem höchsten Selbst heraus. Netflix-Wochenenden mit Chips und Eiscreme sind wahrscheinlich durchaus von der Persönlichkeit gesteuert, genauso wie der Kinobesuch oder die Happy Hour. Das ist auch prima so. Der intuitive Wille wird dann wichtig, wenn es um die großen Entscheidungen im Leben geht: »Wie will ich leben?«, »Welche Verantwortung möchte ich für die Welt, in der ich lebe, übernehmen«, »Wo will ich leben?«, »Was bedeutet Liebe und Partnerschaft für mich«, »Wie will ich Liebe leben?«, »Will ich Kinder?«, »Welche Art von Tätigkeit erfüllt mich«, »Was möchte ich beruflich machen?«, »Ist diese Beziehung noch die richtige für mich?«, »Ist diese Tätigkeit noch die richtige für mich?«, »Was bedeutet mir Freundschaft?«, »Wie priorisiere ich die verschiedenen Elemente meines Lebens«, »Was ist mir am wichtigsten und worauf kann ich unter Umständen (zeitweise) verzichten?«.

Diese und weitere große Fragen an unser Wollen nehmen wir am besten ernst und beantworten sie sorgfältig, denn niemand außer uns selbst kann unser Leben so gestalten, dass es wirklich unser ureigenes und nicht ein fremdbestimmtes Leben ist.

Übung: In welchen Bereichen deines Lebens schwingt Begeisterung?

Wann warst du das letzte Mal richtig begeistert von etwas, das du erlebt oder kreiert hast? Rufe dir das Gefühl in Erinnerung. Lass das Gefühl größer werden. Jetzt erinnere dich an deine Essenz. Der unsterbliche, unveränderliche Teil von dir. Scanne einmal durch dein Leben: Wo schwingt Begeisterung? In welchen Bereichen nimmst du deine Essenz lebendig wahr? Welchen Effekt hat es auf dich, wenn du dich mit Themen/Lebensaspekten beschäftigst, in denen Begeisterung und Essenz gleichermaßen anwesend sind? Gibt es Bereiche, wo beides fehlt? Was machst du dann, wie wichtig sind dir diese Bereiche wirklich? Wenn weder Begeisterung noch Essenz vorhanden ist, wessen Energie führt in diesen Bereichen?
Wofür begeisterst du dich und bringst es bisher doch nicht in dein Leben? Warum nicht? Was könnte ein erster Schritt sein, um dieses Thema/diesen Aspekt nach und nach in dein Leben zu integrieren?

Wenn uns die Antworten klar sind und wir auf jeder Bewusstseinsebene alte Blockaden und Widerstände aufgelöst haben, sind wir auf unserem Weg, unserem Seelenpfad, nicht zu stoppen. Dann erleben wir echte Eigenmacht.

Eigenmacht heißt, dass du weißt, dass du Schöpferin und Gestalter deines Lebens bist. Du erschaffst dein Leben in Übereinstimmung mit deiner Seele.

Das bedeutet natürlich nicht, dass wir nicht alle möglichen Hindernisse überwinden müssen. Das Leben ist das Leben. Auch in einem intuitiven Leben, in dem wir aus dem höchsten Selbst heraus den intuitiven Willen wirken lassen, gibt es Konflikte, finanzielle Probleme, Scheitern oder Verzögerungen. Und doch lassen wir uns, wenn wir in Kontakt mit unserer Essenz sind, nicht von unserem Weg abbringen.

Der griechische Philosoph Epiktet sagte: »Es ist nicht wichtig, was dir widerfährt, sondern wie du darauf reagierst.« Wenn wir die Klarheit des intuitiven Willens in uns haben, verfolgen wir das, was wir wollen, hartnäckig, manchmal durchaus diszipliniert aber vor allem: entspannt. Hindernisse nehmen wir nicht persönlich, weil wir uns in die Verbundenheit mit allem was ist, hinein entspannen können. Wir haben die gesunde Demut, den Egowillen loszulassen und dem oft nicht greifbaren intuitiven Willen zu folgen. Unsere Seele ist wie ein Leuchtturm für den intuitiven Willen, und die Intuition ist der Wegweiser auf unserem Weg.

Fallbeispiel: Alexander B., Musiker und Intuitionstrainer

»Ich entdeckte früh, dass ich in der Musik Verbundenheit nicht nur fühlen, sondern irgendwie auch herstellen kann. Ich wusste schon mit fünf, dass ich Posaunist werden will. Ich sah, dass die Energie des Instruments und meine Energie verbunden sind, auch wenn ich das damals so nicht hätte sagen können. Aber meine Arme waren mit fünf noch zu kurz, deshalb konnte ich erst mit acht anfangen, dieses Instrument zu lernen, das ich heute immer noch gerne und nun professionell spiele.

Klänge und Töne, dieses unendliche, weite Netz voller Freiheit und Varianten – für mich war Musik eigentlich immer schon ein kosmischer Raum. Und doch habe ich mich auch zurückgezogen in meine Musik. Ich habe mich immer danach gesehnt, wusste aber nicht, wie ich Verbundenheit leben kann. Die Verbundenheit, nach der ich mich gesehnt habe, war vollkommen frei – ein Idealbild –, so wie mein Bild von Musik. Eigentlich unerreichbar, aber etwas anderes kannte ich ja nicht.

Ich habe nie reingepasst in Gruppen, habe mich zurückgezogen und mir vorgestellt, ich löse mich auf. So habe ich den Schmerz nicht mehr gespürt. Ich habe nicht gewusst, wie ich mich einbringen kann, denn ich wollte nie meinen Willen so durchsetzen, wie ich das bei anderen erlebt habe. Diese Egoschiene hat mich schon immer abgestoßen. Daher habe ich meinen eigenen Willen maximal unterdrückt. Ich dachte, ich habe keine Möglichkeit, mit meinem Willen bei den anderen zu landen. Manchmal stimmte das sicher auch, oftmals war ich aber zu sehr in meiner Verweigerungshaltung gefangen, um es einfach mal auszuprobieren.

Den anderen habe ich auch nie eine Chance gegeben. Das hat mir damals zwar im Moment Erleichterung verschafft, aber die Konsequenz war letztlich unerträglich. Insbesondere im musikalischen Kontext. Ich wurde leidenschaftslos und verlor die Verbundenheit mit dem einzigen Raum in meinem Leben, in dem ich mich immer verbunden fühlte: der Musik.

Ein Muster, mit dem ich mir geholfen habe, war Selbstüberhöhung. Ich habe mich aus den Gruppen emotional rausgezogen, habe die Gespräche mit emotionaler Distanz beobachtet und mir dabei immer gedacht: ›Mann, Leute, echt jetzt? Ihr mit eurem Ego – so wird das alles nie was!‹ Ich habe dann abgeblockt und nichts dazu gesagt außer so was wie: ›Jaja, von mir aus machen wir es so.‹ Heute weiß ich, dass das auch ganz schön Ego war, und muss über mich und meine Arroganz von damals lachen.

Durch meine Ausbildung zum Intuitionstrainer hat sich das drastisch geändert. Ich kreiere jetzt eigene Projekte, in denen ich den Hut aufhabe. In den Projekten weiß ich genau, was ich will. Und gleichzeitig bin ich offen. Denn was ich will, ist vor allem die Form von Verbundenheit im Ensemble, die mir immer gefehlt hat. Ich öffne einen Raum für alle beteiligten Musiker und Musikerinnen, in dem sie sich eingeladen und sicher fühlen, ihre Sichtweise auszudrücken. Natürlich setze ich auch Grenzen, klar, ich habe ja den Hut auf, es ist ja mein Projekt. Dabei bin ich aber immer transparent. Ich führe auch Übungen aus dem Intuitionstraining durch: Meditationen, Trancereisen, Zweierübungen – und gewöhne die

Leute so daran, dass der Raum des Projektes offen ist und sie nicht kämpfen müssen, sondern gehört und gesehen werden.
Diese Räume kommen meiner Idealvorstellung von Verbundenheit schon sehr nahe – ich glaube so nahe, wie man diesem kosmischen Bild im echten Leben und mit echten Menschen kommen kann. Dort, wo es nicht ideal ist, wo es hakt und Reibereien entstehen, gibt es immer eine irre Möglichkeit, zu wachsen und weiterzukommen.
Seitdem ich meinen Willen mit einbringe in meinen Wunsch nach Verbundenheit, ist mein Ideal lebbar geworden. Es ist keine ungestörte Harmonie, ich muss mich manchmal auch von Ideen oder Menschen verabschieden. Dann trauere ich. Verbunden bleibe ich trotzdem, das weiß ich.«

Unser Vertrauen in unsere Eigenmacht wird immer größer, je mehr Hindernisse wir überwunden haben. Auf diese Weise zu kreieren, kann natürlich auch temporär Kraft kosten – deinem intuitiven Willen zu folgen, ist nicht immer leicht! –, aber es ist niemals so anstrengend wie die Umsetzung des Egowillens, für die du neben der generellen Energie, die du für dein Tun brauchst, auch kontinuierlich Energie für die Kontrolle deines Tuns aufbringen musst.

Deine Essenz ist die unveränderliche Energie, die in deiner Seele immer mitschwingt. Wenn diese Qualität sichtbar wird, wie beispielsweise bei dem kleinen Alexander, der es zwar nicht hätte verbalisieren können, der aber seine Essenz in Verbindung mit der Posaune intuitiv wahrgenommen hat, dann entsteht Begeisterung und Klarheit, und du weißt: Das ist es. Das ist der Weg.

Gelebte Eigenmacht ist nicht unbedingt linear im Handeln und kann für das kontrollbewusste Ego durchaus chaotisch wirken. Das liegt daran, dass neben Phasen von hoher Disziplinbereitschaft immer auch Phasen dazugehören, in denen, von außen betrachtet, »nichts« geschieht oder in denen der Mensch, der mit der Umsetzung seines intuitiven Willens beschäftigt ist, unzugänglich oder auch abwesend wirkt. Ein wesentlicher Teil des Wirkenlassens ist die nur scheinbar passive Phase, in der wir dem sogenannten *Alignment* Raum geben.

Diese Phase ist ein Energiefeld, das kognitiv weder zu fassen noch zu steuern ist. Ein mystischer Raum, in dem nach und nach die Ausrichtung aller beteiligten Energien auf die Essenz erfolgt. Der Prozess des Alignments ist ein essenziell wichtiger Teil der Wirkweise des intuitiven Willens. Nicht unbedingt der einfachste, denn er ist nicht kontrollier- oder vorsehbar.

GELEBTE EIGENMACHT – ALS MEINE ENERGIE FREI WURDE

Ich hatte vor circa zwanzig Jahren einen klaren intuitiven Willen in Bezug auf die Arbeit als Intuitionstrainerin und spirituelle Lehrerin. Als sich meine damalige Lehrerin, bei der ich die mehrjährige Grundausbildung nach der alten, ursprünglich aus den USA in die Niederlande geschwappten Methode »Intuitive Training« abgeschlossen hatte, aus Deutschland zurückzog, »wusste« ich: Ich muss das machen, ich muss diese Arbeit im deutschsprachigen Raum etablieren.

Dieses »Müssen« habe ich nicht als Zwang empfunden, sondern als alternativlose Klarheit in Bezug auf meinen Weg. Ich hatte schon nach meinen ersten Monaten Energiearbeit angefangen, die Arbeit in Workshops für Frauen zu integrieren. Jetzt würde ich aber beginnen, Menschen darin zu unterstützen, ihre Intuition wieder zuverlässig wahrzunehmen.

Ich hatte eine solide Grundausbildung und sonst nichts. Ich wusste nicht wirklich, wie man mit Gruppen arbeitet, psychodynamische Prozesse waren mir nicht hinreichend bekannt – und habe einfach losgelegt. Zum ersten Schnuppertag kam eine einzige Frau, auf die ich meine ganze Begeisterung losließ. In meiner ersten Gruppe waren vier Teilnehmerinnen, mit nur dreien schloss ich die erste Runde der Basisausbildung ab. Ich veranstaltete Events, zu denen niemand kam, und erlebte, dass ich arbeitete, aber nicht bezahlt wurde. Drei lange Jahre war es eine unendlich zähe Aufbauarbeit, in der ich oft nahe dran war, aufzugeben und alles hinzuschmeißen.

Bis zu dem Zeitpunkt, als ich aus einem Burn-out heraus meine Festanstellung als stellvertretende Geschäftsführung und Senior Producer kündigte und mich selbstständig machte, konnte das Institut auch gar nicht wachsen. Ich habe erst später verstanden, dass viel zu viel Energie von mir in der Festanstellung gebunden war und dass ich einen Erfolg zeitgleich zur Festanstellung auch gar nicht hätte bewältigen können.

Von dem Moment an, in dem meine Energie frei war, begann das Intuitionstraining zu boomen. Und mit dem wachsenden Erfolg merkte ich schnell, dass ich mit dem, was ich bis dahin gelernt hatte, nicht den Erfolg haben würde, den ich mir vorstellte. Ich bildete mich weiter, trainierte immer größere Gruppen und arbeitete gleichzeitig als freie Filmemacherin. Das war nicht immer leicht, denn beides – Geschichten über bewegte Bilder zu erzählen und Menschen dabei zu unterstützen zu werden, wer sie sind – ist meine Berufung. Eine Entscheidung für das eine und gegen das andere ist mir unmöglich. Ich erinnere mich an Zeiten, in denen ich nachts Drehbücher geschrieben und tagsüber trainiert habe. Es gab auch Konflikte, weil ich es – natürlich – nicht immer schaffte, allen und allem gerecht zu werden. Und doch waren Weg und Umsetzung immer meins, immer leuchtete die Farbe meiner Essenz in allen Kreationen.

Natürlich ist auch das intuitive Leben manchmal mühsam. Und doch ist das Erleben von Eigenmacht so beglückend. Zu erleben, dass du, dass dein inneres Bild von deinem Leben, deine Vision und dein innerer Wille Gestalt annehmen und anfangen, auf dieser 3D-Welt zu leuchten, macht jeden Weg dorthin dreimal wett!

TYPISCHE FALLSTRICKE AUF DEM WEG ZUM INTUITIVEN WILLEN

In einem Teilaspekt der Ausbildung zur Intuitionstrainerin geht es um intuitive Führung. Ich erinnere mich noch gut an einen Teilnehmer, der in der Abschlussrunde sagte: »Ich fand das Training toll, jetzt weiß ich, dass ich führen kann!« Er machte eine kurze Pause und ergänzte dann: »Und ich gehe jetzt mit meinem Führungsanspruch hinaus in die Welt.«

Ich weiß noch genau, wie die anderen Teilnehmerinnen zusammenzuckten, als hätte ihnen jemand in die Magengrube geschlagen. Energetisch war es auch genauso. Das ganze Training behandelt die Führung aus der intuitiven Autorität heraus und fokussiert kontinuierlich die unbedingte spirituelle Autonomie, die wir jedem Menschen, der unsere Führung annimmt – uns also dazu autorisiert, ihn temporär zu führen –, zugestehen. Dieser Teilnehmer war in Sekundenbruchteilen aus der Freiheit des intuitiven Willens in die Egostruktur und die Kontrolle zurückgefallen. Energetisch ist Kontrolle immer eine invasive Energie, und alle Teilnehmerinnen haben empfindlich darauf reagiert.

Es ist schwer, die Kontrolle des Egos nach und nach loszulassen und sich in Demut zu üben. Wenn wir aus unserem höchsten Selbst heraus unseren intuitiven Willen anwenden, ist das keine Durchsetzung gegen etwas anderes, es ist immer die Hingabe an die eigene Essenz und die Vision, in der die Essenz schwingt. Wenn wir noch nicht so weit an uns gearbeitet haben, dass wir mit Egokränkungen umgehen können, wird es uns schwerlich gelingen, dauerhaft auf der Ebene des intuitiven Willens zu bleiben.

Ich möchte hier kein Perfektionsbild zeichnen, auch ich falle immer mal wieder raus, lande in meiner Egostruktur, werde starr, ohnmächtig oder pushy – das passiert uns allen, unabhängig davon, wie lange wir bereits trainieren. Wichtig ist in dem Fall deine bedingungslose Hingabe an deine Essenz und deine Vision. Dort findest du immer wieder zurück in die Demut und das (Selbst-)Vertrauen, das du brauchst, um die Kontrolle loszulassen und wieder aus dem höchsten Selbst heraus deinen Willen wirken zu lassen.

Dein intuitiver Wille entspringt deiner Seele. Deine Vision ist einzigartig. Wenn du deinem intuitiven Willen vertraust und dich lebst, wirst du diese Welt um dein einzigartiges Licht bereichern.

10
No more drama! – Intuitives Vertrauen

»Sobald du dir vertraust, sobald weißt du zu leben.«
– Johann Wolfgang von Goethe

DAS ALLGEMEINE VERSTÄNDNIS VON VERTRAUEN

Vertrauen ist eine komplexe Angelegenheit. Im Alltag machen wir uns meistens nicht viele Gedanken darüber, wem wir wann und warum vertrauen. Das ist auch gut so, denn alltägliche Abläufe würden kompliziert und langwierig, wenn wir uns in jeder Interaktion überprüfen müssten.

Das Thema Vertrauen wird für uns meistens erst dann relevant, wenn eine Störung stattfindet. Zum Beispiel wenn wir plötzlich misstrauisch sind, wenn wir uns verraten fühlen oder tatsächlich verraten werden, wenn unser Vertrauen also enttäuscht wird. Oder auch wenn wir bemerken, dass uns jemand anderes nicht vertraut. Aber was ist Vertrauen eigentlich, und wie funktioniert es?

Im Allgemeinen heißt Vertrauen, dass ich aufgrund einer meist unbewussten Basis eine zuversichtliche Erwartung in die Verbindung mit jemandem setze. Ich verzichte auf Kontrolle und gehe dadurch ein Risiko ein. Ich mache das, weil ich erwarte, durch die vertrauensvolle Verbindung ein breiteres Spektrum an Möglichkeiten zu haben als allein.

Fallbeispiel: Anke H., Bäckerin, Nageldesignerin, Alumna des Instituts

»Von meinem kleinen Grundstück im Südwesten Kretas aus sehe ich über das Meer der Ägäis. Ich lebe seit drei Jahren auf dieser wunderschönen Insel. Manchmal kneife ich mich, weil ich immer noch nicht glauben kann, dass ich das geschafft habe. So lange habe ich wirklich geglaubt, dass Träume und Sehnsüchte keine Kraft hätten.

Ich bin Bäckerin, Konditorin, Nageldesignerin und seit ein paar Jahren auch intuitive Heilerin. Bevor ich mit dem Intuitionstraining begonnen habe, war ich in einem Kreislauf von Mangel, Missbrauch, Betrug und Ausweglosigkeit gefangen. Ich arbeitete immer sehr hart und doch reichte das Geld nie. Immer wenn ich ein bisschen gespart hatte und Licht sah, wiederholte sich die Situation, dass ich für die Schulden von anderen, von Menschen, die ich liebte, aufkommen musste. Es endete immer wieder damit, dass ich weniger als nichts hatte. Immer und immer wieder dasselbe Muster. Warum das so war, hat biografische Hintergründe. Ich kannte die Zusammenhänge. Ändern konnte ich trotzdem nichts, und so vertraute ich meinem Urteilsvermögen schließlich überhaupt nicht mehr. Ich war kurz davor, mich aufzugeben, als ich über eine Freundin das Intuitionstraining kennenlernte. Mit der Wahrnehmung meiner Intuition begann ich, eine leise Stimme in mir zu hören, die vorher von Selbsthass übertönt wurde. Sie flüsterte mir in den dunkelsten Stunden immer wieder zu: ›Du schaffst das. Du kannst dir vertrauen. Du weißt, was für eine Frau du wirklich bist und wie du leben willst. Du bist frei.‹ Die Stimme wurde immer lauter. Und mein Leben begann sich langsam, aber sicher, zu verändern.

Ein Intuitions-Retreat auf Kreta war mein Durchbruch. Von dem Moment an, in dem ich meinen Fuß das erste Mal auf die Erde dieser Insel setzte, wusste ich intuitiv: Dieser Ort ist Heilung und Heimat für mich. Hier bin ich frei. Hier will ich leben.

Zwei Jahre habe ich gebraucht, um die Angst vor meiner eigenen Courage abzubauen. Um die abwertenden Stimmen aus meiner

> Kindheit immer leiser und die Stimme meiner Seele richtig laut werden zu lassen. Eines Morgens bin ich aufgewacht und wusste: Es ist so weit, du musst jetzt alles hier abschließen und nach Kreta gehen. Ein Wille, ein Weg, ich habe es geschafft. Zu Anfang war mein Leben hier sehr einfach. Ohne fließendes Wasser und Strom. Mir hat das nichts ausgemacht. Auch wenn es hart war, wusste ich einfach, dass alles genau so richtig war. Ich habe Menschen kennengelernt, die mich so sehen, wie ich bin. Die mich wertschätzen und nicht ausnutzen.
> Über Freunde bekam ich die Möglichkeit, in einem traditionellen griechischen Steinofen traditionelles deutsches Brot zu backen. Hier im Südwesten Kretas gibt es viele Deutsche. Sie kommen immer wieder hierher für den Urlaub oder leben ganz hier. Das Einzige, was sie aus Deutschland vermissen, ist – Brot. Und dafür kann ich jetzt sorgen.
> Von null auf hundert hatte ich Aufträge für drei Monate. Seitdem läuft es einfach. Ja, ich habe auch hier wieder bei null angefangen. Und doch ist alles anders. Gerade habe ich mir ein neues Auto gekauft, weil ich diesen Winter allein mit meinem alten Hund durch Griechenland reisen will. Jeden Morgen schaue ich auf das Meer und weiß: Nichts ist mehr, wie es war. Das hier ist wirklich neu. Das ist das richtige Leben. Mein Leben.«

Weißt du, wem du vertraust und warum? Weißt du, wem du misstraust und warum? Vertraust du dir selbst? Vertraust du dem Leben? Ist dir klar, dass du den Zustand eines tiefen und unzerstörbaren Urvertrauens in dir trägst? Ein Urvertrauen, das unabhängig ist von deinen biografischen Erfahrungen? Du kannst diesen Zustand bewusst wiederherstellen, unabhängig davon, was dir im Leben widerfahren ist. Welche Rolle spielt Vertrauen in deinem Leben? Bist du dir darüber bewusst, in welchem Kontext das Thema Vertrauen für dich wiederholt auftaucht?

Übung: Nimm deinen Umgang mit dem Thema Vertrauen wahr

Lass eine Situation auftauchen, in der dein Vertrauen enttäuscht wurde. Was nimmst du wahr? Worum ging es dir? Wovon warst du ausgegangen? Was ist tatsächlich passiert? Was, würdest du heute sagen, war die Basis, auf der du vertraut hast? Gab es eine leise Stimme, die dir geraten hat, nicht zu vertrauen? Wenn ja, wie bist du mit dieser Stimme umgegangen? Oder wolltest du unbedingt vertrauen, weil du etwas für dich wolltest – also war vielleicht dein Wunsch stärker als deine Wahrnehmung? Hast du etwas aus der Enttäuschung gelernt? Was hast du gelernt? Hat das Gelernte dich sicherer in deinem Vertrauen gemacht? Oder unsicherer? Wenn du dir die Situation und ihre Konsequenzen jetzt noch mal genau anschaust – kannst du noch etwas daraus für dich mitnehmen, das du bisher womöglich nicht gesehen und angenommen hast?

Hast du bei der kleinen Übung eine Idee davon bekommen, auf welcher Basis du vertraust? Wenn ja, ist deine Basis stimmig? Oder nimmst du wahr, dass es sich lohnen könnte, daran zu arbeiten?

DIE VERTRAUENSBASIS

In Ankes Geschichte fällt sofort auf, dass mit ihrer Basis, auf der sie vertraut, offensichtlich etwas nicht stimmt. Sie möchte vertrauen und schenkt, auch nach schlechten Erfahrungen, ihr Vertrauen immer wieder den »falschen« Menschen. Irgendwie scheint sie nichts aus den schlechten Erfahrungen zu lernen, das heißt, sie ändert die Basis, auf der sie vertraut, erst einmal nicht. Sie geht immer wieder ein Risiko ein und vertraut den Absichten der Menschen, die sie sich

»aussucht«, immer wieder. Sie verzichtet auf die Kontrolle der »Vertrauenswürdigkeit«, obwohl sie bereits einige negative Erfahrungen gemacht hat. Bevor sie ihre Intuition wiederentdeckt, erweitert sie durch das Eingehen des Risikos, enttäuscht zu werden, ihre Möglichkeiten und damit ihren Handlungsspielraum nicht. Im Gegenteil. Immer wieder macht sie die Erfahrung, dass ihre Möglichkeiten keine Erweiterung, sondern eine drastische Reduzierung erfahren.

Mit Sicherheit ist deine Geschichte ganz anders als die von Anke. Vielleicht kennst du trotzdem die Erfahrung, dass dein Vertrauen in einem bestimmten Punkt bereits häufiger enttäuscht wurde. Wenn es so ist – wie bist du damit umgegangen? Hast du eine Veränderung herbeiführen können und also etwas Positives aus den schlechten Erfahrungen gelernt? Oder vermeidest du die Enttäuschung deines Vertrauens nur, indem du diesen Aspekt deines Lebens (wie zum Beispiel eine Liebesbeziehung oder berufliche Weiterentwicklung) ausklammerst oder vermeidest? Oder hängst du in der Wiederholungsschleife fest und weißt nicht, wie du da rauskommen sollst?

Menschen wollen und müssen vertrauen. Wir Menschen sind soziale Wesen. Ohne einander vertrauen zu können, hätten wir als Spezies gar nicht überlebt. Wenn wir nicht vertrauen können oder auf einer fragwürdigen Basis vertrauen, werden wir immer Probleme in Beziehungen haben und uns zumindest temporär einsam und isoliert fühlen.

Anke vertraute also immer wieder – und immer wieder auf der falschen Basis und damit den falschen Menschen.

Dass wir unsere eigene individuelle Basis haben, aus der sich unser Vertrauensverhalten ergibt, wird uns eigentlich erst dann bewusst, wenn wir negative Erfahrungen machen. Und auch dann ist es nicht immer automatisch so, dass wir über uns selbst reflektieren. Vielleicht suchen wir die Ursache bei den Menschen, die unser Vertrauen missbrauchen, verteilen Schuld oder glauben tatsächlich, wir hätten »einfach« immer wieder Pech.

Bewusst vertrauen wir auf der Ebene von Erfahrungen, an die wir uns erinnern, also kognitiv einordnen und bewerten können. Viel entscheidender ist aber die unbewusste Ebene. Wenn Menschen, denen wir als kleines Kind vertrauen müssen, wie unsere Eltern oder andere direkte Bezugspersonen, nicht vertrauenswürdig sind, uns vielleicht sogar misshandeln, entwickeln wir eine ungesunde Vertrauensbasis.

Nicht jeder Mensch hat so schwierige oder extreme Erfahrungen in seiner Kindheit machen müssen wie Ankes Geschichte suggeriert. Und doch wirken in jedem von uns erlernte und unbewusste Überzeugungen, die unser Vertrauensverhalten beeinflussen. Da ein Kind ohne Vertrauen in seine Bezugspersonen emotional nicht überleben kann, wird es die Erfahrungsebene ausblenden, die sein berechtigtes Misstrauen begründen würde. Auch den natürlichen Radar, mit dem es intuitiv vertrauensunwürdige Menschen erkennt, wird es unterdrücken. Nur so kann die – lebenswichtige – Beziehung aufrechterhalten werden.

Hast du schon einmal den Begriff »transgenerationales Trauma« gehört? Die Journalistin und Buchautorin Sabine Bode hat das Thema »transgenerationales Trauma« insbesondere im deutschen Sprachraum untersucht. Sie beschreibt, wie die nicht aufgearbeiteten Kriegstraumata der Eltern- oder Großelterngeneration an die Folgegenerationen weitergegeben werden, auch oder gerade dann, wenn nicht darüber gesprochen wird. Falls du aus einer Familie mit solch starken transgenerationalen Traumata kommst, kann es beispielsweise sein, dass du allem Unbekannten gegenüber generell misstrauisch bist. Dann vertraust du womöglich nicht zu schnell, sondern im Gegenteil: kaum oder fast gar nicht. Das schränkt deinen Handlungsspielraum natürlich ein.

So kann es beispielsweise dazu kommen, dass du deine Geburtsstadt nie verlässt, auch wenn du den Impuls dazu hast. Du gehst vielleicht nie oder selten die Risiken ein, die lohnenswert beziehungsweise notwendig wären, damit du herausfindest, was DU im Leben willst, wie und wo DU leben möchtest – unabhängig von der Prägung durch dein Elternhaus.

Die unbewusste Basis, auf der wir vertrauen, ist nicht unbedingt immer förderlich für unsere Lebensgestaltung. Es ist also wesentlich, dass wir unsere unbewusste Vertrauensbasis kennen, verstehen und lernen, sie wenn nötig zu verändern.

DAS URVERTRAUEN

Generell verstehen wir Vertrauensverhalten im Zusammenhang mit vorhandenem oder fehlendem Urvertrauen. Urvertrauen ist ein psychologischer Begriff, der das grundsätzliche Vertrauen eines Menschen in andere Menschen und die Umwelt meint. Das Urvertrauen im psychologischen Verständnis gründet auf – und ist abhängig von – den emotional sicheren Beziehungen der ersten Monate und Jahre unseres Lebens.

Wenn wir als Säugling und Kleinkind geborgen waren, unsere Bedürfnisse nach Nahrung, körperlicher Nähe oder Distanz, Ruhe und Stimulation von unseren Eltern wahrgenommen wurden und sie unsere Empfindungen sicher regulieren konnten, sind wir gut in unserem Körper verankert und können im weiteren Entwicklungsverlauf unsere Bedürfnisse wahrnehmen und äußern. Wir haben Selbstvertrauen.

Durch die erschütternden Erfahrungen der Weltkriege, aber auch durch die generelle Unmöglichkeit, ohne tiefe innere Arbeit in einem dualistischen Glaubenssystem Verbundenheit mit sich selbst zu kreieren, existiert – zumindest in den westlichen Gesellschaftssystemen – keine Grundlage, auf der Urvertrauen und Selbstvertrauen vorausgesetzt werden können. Das bedeutet, dass der erste Aspekt von Vertrauen, die Basis, kein individuelles, sondern ein kollektives Problem ist.

Wenn wir unsere Bedürfnisse nicht kennen, fehlt uns jede Grundlage für ein erfülltes Leben. Wir leben – vereinfacht gesagt – in Reaktion darauf, wie früher mit unseren Bedürfnissen umgegangen wurde. Vielleicht kreieren wir ein Selbstbild, das auf die Erfüllung bestimmter Bedürfnisse vermeintlich verzichten kann.

Ich habe als Jugendliche und junge Erwachsene das Tough Cookie gegeben, habe in der Flucht nach vorne Sex & Drugs & Punkrock gelebt und den tiefen Schmerz, den ich in mir trug, mit selbstabwertendem grobem Humor überdeckt. Wenn man mir mit Anfang zwanzig gesagt hätte, dass ich hochbegabt, hochsensibel, hellfühlig und hellsichtig bin, hätte ich die Person wahrscheinlich ausgelacht, einen krassen Witz auf meine Kosten gemacht und zur Sicherheit einen Tequila hinterhergekippt.

Meine natürlichen Bedürfnisse nach Ruhe, Sanftheit, Berechenbarkeit, zarten Berührungen, emotionaler Tiefe, Sicherheit, Verbundenheit, Ästhetik etc. hatte ich bis dahin gar nicht wahrnehmen können, weil ich mein Herz nach innen, für mich selbst, verschlossen und meine Hochsensibilität dafür eingesetzt hatte, die Bedürfnisse anderer sehr fein erspüren zu können. Um den Schmerz des völlig zerstörten Vertrauens in mich, andere und das Leben nicht zu spüren, habe ich ein Selbstbild kreiert, das meinen eigentlichen Bedürfnissen diametral entgegengesetzt war.

So reagieren viele Menschen auf die frühkindliche Erfahrung unsicherer Bindung. Manche kreieren ein Selbstbild, das ihr Bedürfnis nach Beachtung und Anerkennung negiert; andere meinen von sich, sie bräuchten generell keine Menschen; wieder andere überbetonen eine vermeintliche oder tatsächlich vorhandene Sensibilität derart, dass Spontaneität und Abenteuer in ihrem Leben keinen Raum finden.

Die Liste von Beispielen ließe sich endlos weiterführen – wir entwickeln meistens eine Persönlichkeitsstruktur, die uns davor schützt, die Bedürfnisse, die am meisten negiert oder verletzt wurden, noch wahrzunehmen.

Übung: Was aus deiner Teenagerzeit macht dich heute noch aus?

Stell dir dich als Teenager vor. Wie hast du versucht, dich zu geben? Was hast du ausgedrückt, und was hast du für dich behalten? Wie bist du Verbindungen eingegangen, wie hast du dich eingebracht, und was hast du vermieden? Welches Selbstbild hast du in dieser sensiblen Phase entwickelt?
Was von diesem Selbstbild war – mit deiner Selbstkenntnis von heute – stimmig und was nicht? Gibt es Aspekte aus deiner Teenagerzeit, die dich immer noch ausmachen? Unterstützen sie dich darin, erfüllt zu sein? Oder eher nicht? Wenn nicht, was wäre deine größte Sehnsucht, stattdessen zu sein? Spüre nach, was davon Ego-Ebene ist und was wirklich deiner Seelenebene und Essenz entspringt. Was wäre eine kleine Veränderung in Richtung deiner Sehnsucht, die du heute noch durchführen könntest?

DAS INTUITIVE VERTRAUEN

Um zu lernen, uns selbst (wieder) vertrauen zu können, müssen wir unserem Umgang mit unseren Bedürfnissen vertrauen, wir müssen für uns selbst berechenbar werden.

Anke veränderte ihre Vertrauensbasis Schritt für Schritt: *»Mit der Wahrnehmung meiner Intuition begann ich, eine leise Stimme in mir zu hören, die vorher von Selbsthass übertönt war. Sie flüsterte mir in den dunkelsten Stunden immer wieder zu: ›Du schaffst das. Du kannst dir vertrauen. Du weißt, was für eine Frau du wirklich bist und wie du leben willst. Du bist frei.‹«* Sie konnte mit der beginnenden Wahrnehmung ihrer Intuition natürlich nicht sofort ihr gesamtes Leben umkrempeln. Sie brauchte Zeit, um intuitives Vertrauen aufzubauen, aus dem sich dann das Selbstvertrauen entwickeln konnte, das sie brauchte, um schließlich den Schritt zu wagen, nach dem sie sich so sehnte: den Umzug in ein anderes Land.

Das bewusste intuitive Vertrauen ist unabhängig von bestehendem oder fehlendem Urvertrauen, es hat seine Basis auf Seelenebene. Jeder Mensch, auch wenn er oder sie sehr verletzt oder traumatisiert ist, hat die Möglichkeit, über die Kommunikation mit der eigenen Seele die jetzt stimmige Basis für ein förderliches Vertrauensverhalten (wieder) zu finden. Über die Intuition kann es gelingen, die tiefer liegenden Gründe für die Bereitschaft zu erkennen, zu vertrauen oder zu misstrauen; starre und unbewusste Überzeugungen, die schadendes Vertrauen oder einschränkendes Misstrauen hervorbringen, energetisch zu lösen und so nach und nach ein gesundes Selbstvertrauen aufzubauen.

In der sicheren Verbindung unseres eigenen Göttlichen mit dem Göttlichen, der höchsten existierenden Schwingung, ist eine tiefe Erfahrung von Geborgenheit und Sicherheit auch dann möglich, wenn wir in unseren frühen Beziehungen kein oder nur bedingt Urvertrauen entwickeln konnten. In dieser Verbindung liegt eine andere Form des Urvertrauens: das intuitive Urvertrauen. Auf der Basis dieses intuitiven Urvertrauens können wir aktiv und erwachsen Verantwortung für unsere Bedürfnisse und deren Priorisierung und Erfüllung übernehmen, indem wir über unsere intuitive Wahrnehmung:

a) erkennen, was die Basis unseres Vertrauens ist, also verstehen, wann, wem und warum wir vertrauen und misstrauen;
b) in der Lage sind, diese Basis auf Stimmigkeit zu überprüfen;
c) was nicht stimmig ist, nicht nur erkennen, sondern bewusst lösen können;
d) ganz neues Selbstvertrauen in Übereinstimmung mit unserer Essenz aufbauen.

Wenn du über deine Intuition die richtige Basis für dein Vertrauensverhalten kreiert hast, wird auch der Verzicht auf Kontrolle sicher. Du bist für dich berechenbar geworden und darum kannst du dann, wenn du dich bewusst dafür entscheidest, vertrauensvoll auf Kontrolle verzichten. So entsteht aus intuitivem Vertrauen erst Selbstvertrauen und dann Vertrauen in das Leben – und dein Handlungsspielraum wird wie von selbst weitaus größer, als du jetzt noch für möglich hältst. Anke hat diese Erfahrung so ausgedrückt: »*Jeden Morgen schaue ich auf das Meer und weiß: Nichts ist mehr, wie es war. Das hier ist wirklich neu. Das ist das richtige Leben. Mein Leben.*«

SELBSTTEST: WIE STARK IST DEIN INTUITIVES VERTRAUEN?

1: Ich kann mich auf meinen ersten Eindruck von einem Menschen zu 100 Prozent verlassen.

- ☐ Stimmt — 3 Punkte
- ☐ Stimmt eher — 2 Punkte
- ☐ Stimmt nicht — 1 Punkt

2: In einem Konflikt kann ich mich umfassend wahrnehmen (Körperempfindungen, Gefühle, Gedanken), auch wenn ich bereits etwas aufgebracht bin.

- ☐ Stimmt — 3 Punkte
- ☐ Stimmt eher — 2 Punkte
- ☐ Stimmt nicht — 1 Punkt

3: In meinen Bedürfnissen kenne ich mich gut aus. Ich weiß, welche Bedürfnisse ich priorisieren möchte, worauf ich (temporär) verzichten kann und auch, wie ich meine Bedürfnisse zum Teil selbst stillen kann.

- ☐ Stimmt — 3 Punkte
- ☐ Stimmt eher — 2 Punkte
- ☐ Stimmt nicht — 1 Punkt

4: Wenn ich Teil einer Gruppe von Menschen bin (auf der Arbeit, auf einem Retreat, in einer Diskussionsrunde o. Ä.), fühle ich mich sicher. Ich kann den Kontakt zu meinen Wahrnehmungen und Bedürfnissen gut halten bei gleichzeitiger Wahrnehmung der Bedarfe der Gruppe.

☐ Stimmt	3 Punkte
☐ Stimmt eher	2 Punkte
☐ Stimmt nicht	1 Punkt

5: Wenn ich enttäuscht werde, lerne ich daraus. Ich lerne insbesondere, indem ich meinen eigenen Anteil an der Ent-Täuschung reflektiere.

☐ Stimmt	3 Punkte
☐ Stimmt eher	2 Punkte
☐ Stimmt nicht	1 Punkt

6: Ich bin einige Male in meinem Leben hintergangen worden, darum vertraue ich generell niemandem mehr.

☐ Stimmt	1 Punkt
☐ Stimmt eher	2 Punkte
☐ Stimmt nicht	3 Punkte

7: Wenn ich ein Bedürfnis äußere und nicht gehört werde, kann ich ruhig bleiben, meine Äußerung wiederholen und gelassen überprüfen, ob mich mein Gegenüber überhaupt verstehen will.

☐ Stimmt	3 Punkte
☐ Stimmt eher	2 Punkte
☐ Stimmt nicht	1 Punkt

8: Vertrauen ist gut, Kontrolle ist besser.

☐ Stimmt	1 Punkt
☐ Stimmt eher	2 Punkte
☐ Stimmt nicht	3 Punkte

9: Ich vertraue meiner Fähigkeit, die für mich richtigen Entscheidungen zu treffen.

☐ Stimmt	3 Punkte
☐ Stimmt eher	2 Punkte
☐ Stimmt nicht	1 Punkt

10: Andere beschreiben mich als vertrauenswürdig.

☐ Stimmt	3 Punkte
☐ Stimmt eher	2 Punkte
☐ Stimmt nicht	1 Punkt

Auswertung:
Zähle alle Punkte zusammen und schau, wo du dich wiederfindest.

1 bis 6 Punkte:
Stufe 1: Du hast gute Gründe dafür, dass das Thema Vertrauen für dich ein sehr schwieriges ist. Pushe deine Heilung und Entwicklung nicht, sondern nimm dir Zeit, erst mal die Ursachen zu ergründen und in Mitgefühl für dich zu kommen. Mach zuerst das Wichtigste! Wenn du das erreicht hast, kommt alles andere (fast) von selbst.

7 bis 10 Punkte:
Stufe 2: Vielleicht sind es bestimmte Schmerzpunkte, die dich ab und an aus dem intuitiven Vertrauen fallen lassen? Und dann erlebst du die klassische Wiederholungsschleife: »Ich hab's doch gewusst.« Humor und Mitgefühl hilft dir dann sehr viel mehr als Ärger über dich oder andere. Eine Bekannte von mir, eine Kabarettistin, sagte mal: »Das Leben ist eine Spirale. Und man kotzt immer in derselben Kurve!« Du machst unweigerlich Fortschritte, wenn du dich deiner Intuition öffnest und beginnst, dir intuitives Vertrauen zu erarbeiten. Auch wenn es sich manchmal überhaupt nicht so anfühlt.

11 bis 15 Punkte:

Stufe 3: Du weißt es: Intuitives Vertrauen ist sooo heilend und wunderschön. Du bist nicht, was dir widerfahren ist, und was dir widerfahren ist, bestimmt nicht deine Möglichkeiten. Wenn du intuitiv vertraust, hast du entweder Wahnsinnsglück mit deinem familiären Umfeld gehabt, oder du hast schon Tonnen von innerer Arbeit geleistet. Wie auch immer du hier gelandet bist: Ich gratuliere dir. Das Leben ist schön, auch wenn es manchmal strubbelig ist. Du weißt das genau!

HINTERGRUND: BEDÜRFNISERFÜLLUNG

Der Traumaexperte Dr. Gabor Maté benennt zwei menschliche Grundbedürfnisse, das eine ist das Bedürfnis nach Zugehörigkeit und Verbindung, das andere ist das Bedürfnis nach Authentizität und Autonomie. Wenn wir als Kinder keine Sicherheit im ersten erhalten, werden wir das zweite Bedürfnis opfern, um das erste Bedürfnis irgendwie einzulösen. Das Bedürfnis nach Zugehörigkeit muss erfüllt werden, denn unser Überleben hängt von der Anwesenheit unserer Eltern und unserer Verbindung zu ihnen ab.

Wenn wir keinen Zugang zu unserem Bedürfnis nach Autonomie haben, fällt die Individuation, das Werden, wer wir sind, unabhängig von den Vorstellungen oder Erwartungen unserer Eltern und unserer Umwelt, natürlich sehr schwer, beziehungsweise ist es unmöglich. Wie sollen wir authentisch unseren Weg gehen, wenn wir gar nicht wissen, was unsere autonomen Bedürfnisse sind – und somit auch wer wir selbst sind?

Vielleicht hast du schon mal von der Maslow'schen Bedürfnispyramide – einem Modell aus der Sozialpsychologie – gehört oder gelesen.

Maslow hat generelle menschliche Bedürfnisse in Gruppen aufgeteilt und diese qualitativ und quantitativ gestaffelt. Seine Idee, von der wir im Allgemeinen auch heute noch ausgehen, ist die, dass wir uns erst gänzlich einer nächsthöheren Bedürfnisgruppe zuwenden können, wenn die vorgeordnete Bedürfnisebene zumindest teilweise befriedigt ist. Die Pyramide vermittelt ein starr hierarchisches Bild der Bedürfnisabfolge, das so streng ursprünglich gar nicht gemeint war. Das Bild ist als Modell zu verstehen. Und doch ist die Idee Maslows, dass die Transzendenz – oder die »Selbstverwirklichung«, wie er es nannte – erst dann erfolgen kann, wenn alle anderen Bereiche zumindest zum großen Teil abgedeckt sind.

Wenn wir dieses Modell als gegeben hinnehmen würden, wäre kaum innere Bewegung, Wachstum und Heilung möglich. Wenn wir davon ausgehen, dass die meisten Menschen kein oder ein gestörtes Urvertrauen haben, bleiben sie spätestens irgendwo in der Mitte der Bedürfnispyramide stecken, wenn es um die Erfüllung ihrer Bedürfnisse geht. Wenn ich nicht weiß, wer ich tatsächlich bin, wie soll ich dann stimmige Individualbedürfnisse lokalisieren? Alle weiteren darauf aufbauenden Stufen müssen infolgedessen aus der Anpassung entwickelte Bedürfnisse sein, die wir noch nie mit unserer Essenz abgeglichen haben. Das transzendente Bedürfnis kann dann folgerichtig nicht aus dem Inneren oder einer höheren Erkenntnis entspringen; das transzendente Bedürfnis wird einem vorgegebenen Konzept folgen, dem wahrscheinlich die Augenhöhe fehlt. Es fehlt der eigene, überprüfbare, selbst entwickelte Bezug zu den »höheren« Bedürfnisebenen.

Das intuitive Vertrauen fußt auf einem anderen Verständnis der Zugangsebene zu unseren Bedürfnissen. Die Intuition liefert die wesentliche Informationsquelle, die wir uns auch dann nach und nach zuverlässig erschließen können, wenn wir kein Urvertrauen entwickeln konnten. Das intuitive (Selbst-)Vertrauen fußt, bildlich gesprochen, auf dem Bedürfniskreis, in dem alle Bedürfnisebenen gleichberechtigt, fließend und zyklisch überlappend interagieren. Das Transzendente ist dabei keine Bedürfnisebene wie die anderen primären oder höher entwickelten, der Persönlichkeit oder Psyche zugeordneten Bedürfnisse. Die Transzendenz, also die Seelenebene, die uns über die Intuition zugänglich ist, ist Zentrum und Referenzpunkt sowohl für jede einzelne Bedürfnisebene als auch für das Zusammenwirkungen und die Regulation der Gesamtheit der Bedürfnisebenen.

Dieser Bedürfniskreis lässt sich auch auf Ankes Geschichte anwenden. Ihr Weg wies immer wieder Momente großer Verunsicherung auf und berührt alle wesentlichen menschlichen Bedürfnisse. Die Grundversorgung ist in ihrem Beispiel genauso ein Thema wie die Authentizität, die Persönlichkeitsentwicklung, die Beziehungen, das kreative Wirken und so weiter. Über ihre Intuition hat sie es geschafft, klare Entscheidungen zu treffen und sich aus missbräuchlichen Mustern zu lösen. Gleichzeitig konnte sie sich in das Nichtwissen fallen lassen, da ihr das intuitive Urvertrauen schließlich zur Verfügung stand.

TYPISCHE FALLSTRICKE: ENERGETISCHER KONTROLLVERLUST

Der wesentliche Punkt für unsere Möglichkeit, uns selbst zu vertrauen, ist unsere Berechenbarkeit für uns selbst. Ein reifer Umgang mit unseren Bedürfnissen macht uns für uns selbst und für andere berechenbar und sicher. Mit Berechenbarkeit meine ich nicht, dass wir immer gleich sind oder niemals spontan getroffene Entscheidungen umwerfen könnten. Berechenbarkeit im Kontext von intuitivem Vertrauen bedeutet, dass wir bewusst entscheiden und unsere Entscheidungen auch transparent und integer kommunizieren können. Das macht uns emotional berechenbar.

Unberechenbarkeit und emotionale Unsicherheit entsteht aus dem unbewussten Schmerz über nicht integrierte, für uns existenziell wichtige Bedürfnisse. Wenn dieser unbewusste Schmerz getriggert wird, löst das immer ein massives Gefühlschaos aus. Wenn wir in diesem Gefühlschaos keine regulierende Kompetenz zur Verfügung haben – die Intuition oder anderes –, werden wir, energetisch betrachtet, zu Streumunition. Wir richten das Gefühlschaos nach außen, weil wir keine Möglichkeit haben, die Energie in uns zu halten oder zu kontrollieren, wir haben keinerlei Eigentum mehr.

Vielleicht kennst du das von dir selbst und/oder hast schon mal jemanden erlebt, in dessen Nähe du das Gefühl hattest, du solltest so schnell wie möglich in Deckung gehen. Dieses Reaktionsmuster nennen wir im Intuitionstraining »Drama«. Es hat nichts mit dem Drama zu tun, dass die TV-Redakteurin Caren T. nutzt, um ihre Geschichten zu erzählen. Was ich mit »Drama« meine, ist ein automatisch ablaufender energetischer Mechanismus, der der Gefühlsabwehr dient. Die Menschen, die »im Drama« sind, müssen gar nicht wie eine extrovertierte Dramaqueen wirken. Ja, manche brüllen und schmeißen mit Tellern, aber es gibt auch Menschen, die anfangen zu diskutieren, zu weinen oder sehr still werden.

»Drama« ist Ausdruck von energetischem Kontrollverlust. Die Energie, die durch einen Auslöser berührt und getriggert wird, muss im eigenen System unbedingt vermieden werden und wird nach außen geschleudert, meistens auf die Person, die, durch was auch immer, den Urschmerz des nicht erfüllten Bedürfnisses berührt hat.

Drama, egal ob lautes oder stilles Drama, geht immer mit Projektion einher und ist energetisch sehr gewaltvoll. Hast du schon mal die Erfahrung gemacht, dass du in einer Auseinandersetzung spürst »Es ist egal, was ich jetzt sage oder mache, sie hat ein Bild von mir kreiert und mich in eine negative Geschichte eingebaut. Ich werde nicht mehr gehört und wahrgenommen, auch wenn ich mich auf den Kopf stelle«? Sobald jemand im Drama ist, ist es genau so, du wirst zur Schmerzabwehr als Figur in ihr Theaterstück eingebaut und wirst Teil ihres Dramas. In so einer Situation hilft nur Kommunikationspause oder

Abbruch, wenn der/die andere sein Verhalten nicht reflektiert und ändert. Drama ist ein Muster, das leider jede Beziehung zerstören kann.

Wenn du selbst die Dramaqueen (m/w/d) bist, ist es wesentlich, dass du beginnst, den Schmerz, den du bisher vermieden hast, zu fühlen und anzunehmen. Darüber wirst du nach und nach deine Drama-Mechanismen wahrnehmen. Das heißt, du nimmst dein Drama in Eigentum! So wirst du nach und nach berechenbarer für dich selbst und auch für andere. Verbindungen werden berechenbar und sicher. Anke beschreibt anschaulich, wie neue Menschen begannen, ihr Leben zu bereichern.

Du beginnst, auf der Basis des intuitiven Urvertrauens unerfüllte Bedürfnisse anzuerkennen und nach und nach selbstverantwortlich

für deren Erfüllung zu sorgen. Die so schmerzhafte negative Abhängigkeit von anderen für die Erfüllung deiner Bedürfnisse löst sich, und über die wiederholte Erfahrung, dass du dir in der Wahrnehmung und erwachsenen Erfüllung deiner Bedürfnisse vertrauen kannst, entwickelst du die Kompetenz zu gesunder Abhängigkeit und damit echtes, unerschütterliches Selbstvertrauen.

Übung: Energetische Erfüllung eines Bedürfnisses

Welchem Mangel begegnest du immer wieder? Nähe? Geld? Geborgenheit? Gleichgesinnte? Sexualität? Anerkennung? Was auch immer es für dich ist, atme tief ein, entspanne dich und lass dann die sich wiederholende Mangelerfahrung präsent und groß werden. Atme weiter. Welches Alter kommt dir spontan in den Sinn, wenn du dich fragst, wann dieser Mangel entstanden ist? Sieh dich in diesem Alter vor dir. Was war das Bedürfnis, das nicht erfüllt wurde? Was hättest du so sehr gebraucht, dir gewünscht? Sprich dein unerfülltes Bedürfnis für dich aus. Lass die Gefühle zu, die sich melden. Vielleicht kannst du wahrnehmen, wann und wie sich dieses unerfüllte Bedürfnis auch in Situationen nach vorne schiebt, die an sich wenig mit dem kindlichen Schmerz zu tun haben. Atme und entspanne weiter.

Dann nimm Kontakt mit deiner Seelenebene auf. Wie ist der Blick von da aus auf das unerfüllte Bedürfnis? Nimm wahr, höre zu. Wie sähe die Energie des erfüllten Bedürfnisses aus? Wie würde es sich anfühlen? Nimmst du es als Farbe, Gefühl, Bild oder Symbol wahr? Weißt du es einfach? Gehört ein Körperempfinden dazu? Lass die Qualität größer werden und bring sie insbesondere dorthin, wo du zuvor den Mangel verspürt hast. Nimm die Veränderung wahr. Lass die Qualität des erfüllten Bedürfnisses so lange als Energie wirken, bis sich deine Körperempfindung ändert. Wende diese kleine Übung immer dann an, wenn du dem Mangelthema begegnest.

11
Nur keine Panik! – Intuitive Sicherheit

»Panta rhei – Alles fließt.«

– Heraklit

Das *Panta rhei* des griechischen Philosophen Heraklit ist in der intuitiven Sicherheit wörtlich zu verstehen. Jeden Tag den eigenen Energiekörper wahrzunehmen, die Energiebahnen und den Fluss der Energie durch das eigene System zu spüren, diesen Energiefluss bewusst zu steuern, blockierende, alte und fremde Energien zu erkennen, selbstständig zu klären und immer wieder der aktuellen Bewegung und Stimmigkeit anzupassen, ist die Basis der intuitiven Sicherheit.

WAHRNEHMUNG UND VERBUNDENHEIT

Wir sind konditioniert darauf, nur das für wahr zu nehmen, was wir mit den Augen sehen können, und nur Materie und Kognition als Wissens- und Realitätsebenen anzuerkennen. Die tägliche Routine in Energiewahrnehmung ist eine große Ressource von Sicherheit. Zu Beginn misstrauen die meisten Menschen ihrer Wahrnehmung, nehmen sich nicht ernst und relativieren ihre ersten Erfahrungen und Erfolge.

Dabei ist es frappant, wie simpel und gleichzeitig effektiv das Tool des Energiebewegens ist. Immer wieder sind die Teilnehmerinnen unseres Basistrainings sehr beeindruckt – von sich selbst!

Fallbeispiel: Jan K., Notarzt und Absolvent des Instituts

»In meiner ärztlichen und notärztlichen Tätigkeit profitiere ich mittlerweile generell, aber besonders in extremen Situationen von der Energiearbeit. Ich lasse immer Energie fließen, insbesondere auch auf dem Weg (mit Blaulicht) zum Einsatzort – das ist inzwischen zu einer Routine geworden.

Neulich trug sich Folgendes zu: Ich hatte den ganzen Tag vor meinem Dienst das Bild einer schwierigen Geburt vor meinem inneren Auge. Ich wurde immer unruhiger, je näher mein Dienst rückte. Einem inneren Impuls folgend, rief ich eine Kollegin an. Wir sprachen lange über Geburten, mögliche Komplikationen und Vorgehensweisen.

Schließlich war es so weit: Ich trat meinen Dienst an. Und siehe da: Der erste Einsatz, zu dem wir gerufen wurden, war bei einer erstgebärenden Frau. Ich kann nicht sagen, dass ich überrascht war. Sie hatte eine Entbindung im Krankenhaus geplant, aber es ging alles schneller als gedacht. Als ich sie untersuchte, kamen die Wehen bereits im Minutentakt, und ich konnte sogar schon das Köpfchen im Geburtskanal ertasten. Ich entschied in Sekundenschnelle, das Kind vor Ort zu entbinden.

Diese extrem seltene Situation wurde im Studium und Notarztkurs nur kurz abgehandelt, und ich hatte Angst. Dann aber erinnerte ich mich an meine intuitiven Tools. Auf einmal war es so, als würde meine Hand geführt. Ich wusste wie von selbst, was zu tun war, und war völlig ruhig. Auch wenn natürlich die Mutter die meiste Arbeit trug, konnte ich durch mein ruhiges, intuitiv wissendes Sein die Geburt sicher begleiten. Und zwar so, als hätte ich nie etwas anderes gemacht. Schließlich hatten wir es zusammen geschafft, und ich empfing das kleine Mädchen in meinen Händen. Was für ein magischer Moment! Ein Wunder. Auch weil ich den ganzen Tag WUSSTE, dass mich eine Geburt erwartete. Die Kleine hat sich bei mir angekündigt und dank des Intuitionstrainings konnte ich diese feinstoffliche und zarte Kontaktaufnahme wahrnehmen.

Ich bin so froh, dass ich an diesem Tag so eine klare Intuition hatte, auf die Zeichen gehört habe und ihnen gefolgt bin!«

Weißt du, wie du Sicherheit kreierst? Weißt du, wann du dich sicher fühlst? Und wann du dich unsicher fühlst? Und warum? Ist dir klar, dass du dieses Gefühl bewusst beeinflussen und den Urzustand von Sicherheit, die »intuitive Sicherheit«, unabhängig von äußeren Faktoren erreichen kannst?

DAS VERSTÄNDNIS VON SICHERHEIT

Im Allgemeinen verstehen wir unter Sicherheit Beständigkeit und die Abwesenheit von Gefahren, also wenn das Leben so bleibt, wie es ist. Wir fühlen uns sicher, wenn eine Situation bekannt ist oder wenn wir die notwendigen Kompetenzen haben, um mit einer Situation umzugehen.

Die Commission on Human Security der UN hat 2003 die folgende Definition für Sicherheit formuliert: »Sicherheit beinhaltet viel mehr als nur die Abwesenheit gewaltsamer Konflikte. Sie umfasst Menschenrechte, verantwortungsvolle Regierungsführung *(Good Governance)*, Zugang zu Bildung und Gesundheit sowie die Gewährleistung, dass jedes Individuum die Freiheiten und Möglichkeiten hat, sein Potenzial zu entfalten.« Dein Überleben ist gesichert durch den Staat: genug Nahrung, ein Dach über dem Kopf und eine sichere Gesellschaft. Du lebst in einem System, das dir Zugang zu Bildung und Gesundheit gibt. Jemand oder etwas gewährleistet dir die Möglichkeit zur Potenzialentfaltung.

Wende diese Definition einmal auf Jans Geschichte an. Fällt dir etwas auf? In Jans Geschichte gibt es keinerlei Sicherheit durch äußere Faktoren:

- Die Situation, eine Geburt, ist an sich schon sehr herausfordernd. Denn was auch immer die Schulmedizin versucht und entwickelt, eine Geburt bleibt ein mystisches und unkontrollierbares Erlebnis, in dem Leben und Tod nahe beieinanderstehen. In diesem Fall war die Herausforderung von Beginn an außerdem eine besondere, da es eine Erstgeburt war, die außerplanmäßig zu Hause stattfand.

- Jan hatte keine absichernde Unterstützung eines Systems, er war auf sich gestellt. Außerdem gab es auch keinen theoretischen, also mentalen, Handlungsrahmen: »*Diese extrem seltene Situation wurde im Studium und Notarztkurs nur kurz abgehandelt, und ich hatte Angst.*«

Der Notarzt Jan hatte eine andere Form der Sicherheit zur Verfügung: die intuitive Sicherheit. »*Dann aber erinnerte ich mich an meine intuitiven Tools. Auf einmal war es so, als würde meine Hand geführt. Ich wusste wie von selbst, was zu tun war, und war völlig ruhig.*« Über diese Form der Sicherheit hat er in einer risikoreichen Ausgangslage eine sichere Situation für alle Beteiligten kreieren können, für sich selbst, für die werdende Mutter und das Kind. Alle drei konnten dadurch eine angstfreie Geburtserfahrung machen und sogar einen »magischen« Moment erleben.

Die intuitive Sicherheit wird nicht von äußeren Faktoren bestimmt, sie entspringt dem Inneren. Ich definiere Sicherheit (die für mich letztlich nur als intuitive Sicherheit existiert) so:

»Die Urform der Sicherheit, die intuitive Sicherheit, liegt in der Möglichkeit des Menschen, in jedem Moment des Lebens in Verbindung mit der eigenen Seele zu sein, die Informationen der Seelenebene frei wahrzunehmen, ihnen vertrauensvoll zu folgen und sie sicher in der Alltagsrealität, auch in unbekannten und herausfordernden Situationen, umsetzen zu können.«

Da Jans Intuition geschult ist, wusste er um die mögliche Gefahr, die während seines am Abend beginnenden Dienstes entstehen könnte, schon am Vormittag, also weit bevor es nach kognitiv fassbarem Maßstab möglich gewesen wäre. In der Situation selber konnte er dann auf die längst integrierten Werkzeuge aus dem Training zurückgreifen, sich führen lassen, in sicherer Weise die Seelenkommunikation fließen lassen und so, ohne kognitiv nützliches Wissen, »geschehen lassen«, was geschehen wollte.

Wahrscheinlich bist du, wie wir alle, mit dem alten Sicherheitskonzept aufgewachsen und denkst dir jetzt: »Na toll, und wie soll das gehen?« Die Frage ist berechtigt, denn es geht nicht einfach von heute auf morgen, erlernte Strukturen zu verändern. Die gute Nachricht ist: Das musst du auch nicht! Intuitive Sicherheit lässt sich nach und nach herstellen, erfahren und in das Leben integrieren.

Das alte Sicherheitskonzept fußt, grob gesagt, auf drei Pfeilern:

1. Beständigkeit (Ich weiß, was sein wird.)
2. Äußere Autorität (Der Staat oder ein anderes regulierendes System sorgt für meine Sicherheit.)
3. Eigene Kompetenz (Ich kenne mich aus.)

Die intuitive Sicherheit hat ähnliche Grundpfeiler und ist doch meilenweit vom altem Sicherheitskonzept entfernt:

1. Beständigkeit (tägliche Routine, Disziplin)
2. Verbundenheit (verbunden mit mir selbst, anderen, der Erde und dem Kosmos, dem Göttlichen)
3. Eigene Kompetenz (Erfahrung in der Reaktion auf Unbekanntes und der Anwendung der intuitiven Kompetenz)

Beständigkeit ist in der intuitiven Sicherheit die tägliche Routine der Energiewahrnehmung und der Energiebewegung. Intuitive Sicherheit funktioniert nicht über ein »Ich weiß, was sein wird«. Die Beständigkeit in der intuitiven Sicherheit entsteht aber durchaus auch durch Routine, nämlich der täglichen Praxis des »Energiefließens«. Jan sagte es so: *»In meiner ärztlichen und notärztlichen Tätigkeit profitiere ich mittlerweile generell, aber besonders in extremen Situationen von der Energiearbeit. Es fließt immer Energie, insbesondere auch auf dem Weg (mit Blaulicht) zum Einsatzort – das ist inzwischen zu einer Routine geworden.«*

Die Beständigkeit der intuitiven Sicherheit ist eine für die du zu 100 Prozent selbst verantwortlich bist, die also deine Beharrlichkeit und Disziplin fordert. Gleichzeitig bietet sie dir auch unmittelbare Erfolge und eine ganz neue Form der Sicherheit. Eine Sicherheit, die unabhängig vom Außen ist und die du vor allem völlig eigenständig selbst herstellen kannst, so wie Jan es beschreibt: »*Diese extrem seltene Situation wurde im Studium und Notarztkurs nur kurz abgehandelt, und ich hatte Angst. Dann aber erinnerte ich mich an meine intuitiven Tools. Auf einmal war es so, als würde meine Hand geführt.*«

Wenn wir diese Fähigkeit nicht haben, lösen unbekannte und dadurch unsichere Situationen Angst aus, oftmals sogar so viel Angst, dass wir noch nicht mal die uns normalerweise zur Verfügung stehenden kognitiven Kompetenzen abrufen können. Bestimmt kennst du diese »Blockade im Kopf«, wenn du in einer Stresssituation wie beispielsweise einer Prüfung auf einmal überhaupt nicht mehr funktionierst.

Gerade in der aktuellen Zeit gibt es durch die Folgen der Pandemie und insbesondere durch den bis vor Kurzem noch unvorstellbaren Krieg in Europa viele Faktoren, die stressauslösend sind und die Grenzen des alten Sicherheitskonzeptes überdeutlich aufzeigen. Was ist jetzt noch beständig? Wir brauchen als Menschen eine neue Form der Sicherheit, eine Sicherheit, die die gesamte Menschheit umfasst. Diese Sicherheit kann nur über ein Bewusstsein für und die Wahrnehmung von Verbundenheit entstehen.

Die Wahrnehmung von Verbundenheit auf Augenhöhe kreiert intuitive Sicherheit, die Idee einer übergeordneten Autorität ist inexistent. »*Auch wenn natürlich die Mutter die meiste Arbeit trug, konnte ich durch mein ruhiges, intuitiv wissendes Sein die Geburt sicher begleiten. Und zwar so, als hätte ich nie etwas anderes gemacht. Schließlich hatten wir es zusammen geschafft, und ich empfing das kleine Mädchen in meinen Händen. Was für ein magischer Moment!*«, schreibt Jan.

Als Kinder und Jugendliche brauchen wir Menschen, die eine Autorität für uns sind. Die uns einen sicheren Rahmen bieten, die uns Grenzen setzen, an denen wir uns sicher abarbeiten dürfen, die uns den Weg in die Welt zeigen. Eine liebevolle Autorität, die uns Wurzeln und Flügel gibt. Das ist wichtig. Gleichzeitig sind unsere Eltern immer auch Menschen mit ihrer eigenen Geschichte, ihren Mustern, Möglichkeiten und Grenzen.

Und so lernen wir eben auch, dass Sicherheit einen Preis hat. Oftmals besteht der Preis u. a. darin, dass wir unsere eigene(n) Wahrnehmung(en) unterdrücken müssen, um Mutter oder Vater nicht zu konfrontieren. Wir lernen, mit welchen Wahrnehmungen und Äußerungen wir angenommen, aufgehoben und akzeptiert werden und mit welchen nicht. Wenn wir klein sind, sind unsere Eltern die Welt für uns. Wir glauben ihnen, und ihre offenen oder subtilen Reaktionen auf uns nehmen wir als die Wahrheit an – die Wahrheit über uns als Person und über das, was wir sehen, fühlen und wissen. Später gelingt es manchen von uns, die eine oder andere Prägung zu relativieren, meistens haben wir aber einige identitätsstiftende Bilder unserer Eltern über uns so grundlegend verinnerlicht, dass wir sie für unser tatsächliches Selbst halten. Diese tiefen Prägungen zu überprüfen, kann tiefe Ängste auslösen, schließlich war früher unsere Zugehörigkeit zur Familie davon abhängig, dass wir diese Bilder übernommen und ihnen entsprochen haben.

Sich diesen Ängsten mutig zu stellen und nach und nach die eigene(n) Wahrnehmung(en) über die tägliche Routine des Energiefließens und der Energiewahrnehmung in das alltägliche Leben zurückzuholen, birgt die Möglichkeit, wahrhaft erwachsen, mündig und (selbst)sicher zu werden.

AUFGEHOBEN SEIN

Es geht im Intuitionstraining nicht darum, dich von dem menschlichen Bedürfnis nach Zugehörigkeit und Verbindung zu lösen. Die Idee einer Selbstliebe, die sich, ohne verbunden zu sein, selbst genügt, ist immer eine Bypassing-Bewegung, sie führt in die Isolation und beinhaltet keinerlei Wachstum.

Die intuitive Sicherheit beinhaltet ein klares Element des Aufgehobenseins. Wesentlicher Teil des »Energiefließens« ist die Anbindung an die Erde und den Kosmos. Die Verbindung mit dem Planeten Erde und die klare Wahrnehmung ihrer Energie und ihrer Wesenhaftigkeit versorgt uns mit dem Erleben von Sicherheit, Willkommen-Sein und Heimat auf einer übergeordneten Bedeutungsebene, die anders als unsere Eltern eben keine menschlichen Grenzen hat, die uns in unserem Sein einengen oder sogar blockieren.

Der Planet Erde ist die Heimat deiner physischen Ebene, die Heimat des Menschen, der du bist. Sie hat eine bedingungslos unterstützende Energie für unser physisches Sein. Wenn wir damit in Kontakt treten und die Erdenergie bewusst durch unser System fließen lassen, erleben wir ein Angebundensein an eine »größere« Kraft, die neutral ist und uns in jedem Moment dabei unterstützt, alte, starre und uns behindernde Energien wie alte Glaubenssätze, Familienüberzeugungen und sogar Traumata nach und nach in Bewegung zu bringen und letztlich ganz zu lösen. Der Energiefluss wird frei, und unsere Anbindung an die Erde ermöglicht uns in unserem physischen Sein schließlich eine Form des Urvertrauens, das weit über das Vertrauen hinausgeht, das wir durch unsere Eltern vermittelt bekommen können. Jan beschreibt, wie er diese Verbindung und dieses Urvertrauen immer auf der Fahrt zum Einsatzort – mit Blaulicht – erlebt. Er erreicht so die größtmögliche Ruhe und Sicherheit in einer Situation, die immer stressig und unvorhersehbar ist.

Die andere Energie, oder »größere« Kraft, mit der wir täglich arbeiten, ist die kosmische Energie. Der Kosmos, die Heimat deiner Seele, vermittelt die Qualität, die dir den ununterbrochenen Kontakt mit deinem höchsten Selbst ermöglicht.

Die kosmische Energie fließt genauso wie die Erdenergie durch unseren Energiekörper. Sie ist genauso neutral und wohlwollend wie die Erdenergie und wird uns in jedem Moment dabei unterstützen, alles in unserem energetischen System wahrzunehmen und nach und nach zu klären, was nicht in Übereinstimmung mit unserem höchsten Selbst ist. Die Verbindung mit der kosmischen Energie ist die Verbindung mit unserer Seelenheimat. Sie gibt uns die Möglichkeit, kontinuierlich mit unserem höchsten Selbst, also der besten, sichersten und kompetentesten Version unserer Selbst, in Verbindung zu sein.

Genau das schildert Jan in seiner Geschichte. Er hatte Angst. Denn er hatte weder einen äußeren Rahmen (Autorität) noch kognitives oder erfahrungsbasiertes Wissen. In dem Moment, wo er die Angst loslässt und sich der »inneren Führung« überlässt, wird er ruhig und sicher. Er kann das aufgrund seiner Routine im Energiefließen. Jan hat Übung darin, dem Getragenwerden durch die Erde und der Anbindung an sein höchstes Selbst in Verbindung mit dem Kosmos zu vertrauen. So wird durch Jans Form von intuitiver Sicherheit die gesamte Situation ruhig und sicher. Jan selbst, der energetische Raum, den er für die Situation kreiert, und alle Beteiligten ebenfalls – Mutter und Kind. Was daraus entstehen kann? Jan sagt es deutlich: Magie!

Aufgehoben sein in der Verbindung mit Erde und Kosmos, klar im Bewusstsein der Anbindung an das eigene intuitive Wissen, erfahren in der Wahrnehmung und Bewegung von Energien – auf dieser Grundlage ist es möglich, unabhängig von äußeren Faktoren Sicherheit und Verbundenheit zu kreieren. Für sich selbst, für die Menschen, mit denen man verbunden ist, und damit in die Welt hinein.

Übung: Lass deine dich unterstützenden Energien fließen

Finde eine bequeme Sitzposition und sorge dafür, dass deine Fußsohlen Kontakt mit der Erde haben (ein Meditationskissen ist weniger geeignet). Dann nimm deine ganz eigene Erdung wahr: Ausgehend von deinem Energiezentrum, erstes Chakra (liegt ungefähr ganz am Ende deines Steißes), hast du eine Verbindung zum Herzen der Erde. Wie nimmst du diese Verbindung wahr? Textur, Größe, Klarheit, regelmäßig, unterbrochen? Begrüße über deine Fußsohlen die Erde und lade ihre Energie ein, durch deine Energiezentren in deinen Fußsohlen und deinen Beinkanälen (Energiebahnen) zu fließen, das Energiezentrum bei deinem Steiß zu durchspülen und dann über deine Erdung wieder abzufließen. Bitte die Erdenergie, alle Energie, die nicht von jetzt, nicht von dir und nicht in Freiheit ist, sanft zu lösen und über den Fluss wegzuspülen.

Richte deine Erdung mehr und mehr so ein, wie sie jetzt angenehm ist für dich. Du kannst damit spielen und verschiedene Farben und Konsistenzen in unterschiedlichen Situationen ausprobieren. Wie kannst du deine Erdung gestalten, damit du dich gleichzeitig sicher und frei fühlst? Nimm den Effekt wahr, wenn du deine Erdung selbstbestimmt gestaltest und den Fluss der dich unterstützenden Erdenergie spürst.

Richte jetzt deine Aufmerksamkeit auf die Stelle über deinem Kopf. Dort findest du deine ganz persönliche Sonne! Deine Sonne ist ein Energiezentrum, das außerhalb deines Körpers liegt – man kann sie auch das achte Chakra nennen. Wie nimmst du deine Sonne wahr? Möchtest du etwas verändern? Farbe? Position? Größe? Schicke über deine Sonne nun einen Gruß in den Kosmos und lade die kosmische Energie in dein System ein. Sie fließt über deine Sonne und deinen Hinterkopf, durch den Wirbelsäulenkanal (Energiebahnen am Rücken) bis zu deinem ersten Chakra und von dort durch den Zentralkanal (Energiebahn in der Mitte des Körpers) wieder hoch. Die Energie sprudelt wie ein Springbrunnen aus einer Öffnung oben an deinem Kopf in deinen Energiekörper hinein.

Ungefähr bei deinen Schlüsselbeinen zweigen deine Armkanäle ab, dort fließt die Energie ebenfalls durch und sprudelt aus deinen Handinnenflächen ebenfalls in deinen Energiekörper. Nimm wahr, wie du in jedem Moment von diesen beiden Energien (Erde und Kosmos) bedingungslos unterstützt bist. Sie spüren alles auf, was in deinem System in Unfreiheit, Starre, was alt oder nicht von dir ist, und sie bringen diese Energien in Bewegung, wenn du sie aus dem intuitiven Bewusstsein darum bittest.

Diese einfache Übung eignet sich für jeden Tag und unterstützt dich dabei, dich sicher und verbunden zu fühlen und dabei gleichzeitig bewusst wahrzunehmen, wenn es unterstützend wäre, unfreie Energien aus dem eigenen System loszulassen.

Die eigene Kompetenz in der intuitiven Sicherheit ist erfahrungsbasiert und in stetigem Wachstum befindlich. Während des Prozesses der Integration der Seelenebene in deinen Alltag wirst du womöglich immer wieder versuchen, die alte Form der Sicherheit herzustellen, das Gefühl »Ich kenne mich hier aus, ich weiß, wie es geht«. Diese – statische – Ebene der alten Sicherheit ist innerhalb der intuitiven Sicherheit allerdings überhaupt nicht möglich. Stärker noch, der Versuch, intuitiv gewonnene Erkenntnisebenen festzuhalten à la »Ich weiß Bescheid«, wird letztlich immer zu Stagnation und Begrenzung führen und damit auch zum Wieder-Herausfallen aus der intuitiven Sicherheit.

Zu Beginn des Trainings ist diese Erkenntnis eine der unangenehmsten. Sie zuzulassen und schließlich auch danach zu handeln, ist eine der größten Herausforderungen für Anfänger und Anfängerinnen. Damit das möglich ist, brauchst du die Erfahrung, dass du deiner Intuition vertrauen kannst. Das geht nur über die tägliche Erfahrung, in welcher Form du deine Intuition wahrnimmst; das Wissen, wie du ihr folgen kannst; und vor allem über die Erfahrung, dass du positive Veränderungen erlebst, wenn du deiner Intuition folgst. So wirst du nach und nach sicherer. Die Erfahrung vieler kleiner und großer Erfolgserlebnisse geben dir schließlich auch in einer Extremsituation, so wie Jan sie schildert, die Sicherheit, dich auf deine Verbindung mit Erde und Kosmos und auf die Führung und Sicherheit deines höchsten Selbst zu verlassen.

Vielleicht weißt du, wie es ist, wenn du beginnst, dich in einer neuen Sprache sicher zu fühlen. Du lernst Vokabeln, schreibst Tests und fühlst dich trotzdem weiterhin unsicher. Du überlegst immer wieder, suchst nach Worten, übersetzt im Kopf. Und dann kommt der Tag, an dem du einfach sprichst. Oder die Nacht, in der du in der neuen Sprache träumst. Und damit bist du in einer neuen Welt angekommen. Du kannst den Kopf herauslassen, du bist in einem ganz neuen Bedeutungssystem sicher geworden.

Diese Bewegung machst du als intuitiver Mensch kontinuierlich – immer und immer wieder. Eigene Kompetenz in der intuitiven Sicherheit heißt also, dass du in der Lage bist, immer wieder die gerade kreierte Komfortzone zu verlassen und dich auf Neuland einlassen zu können. Als intuitiver Mensch hört dein Wachstum nie auf.

SELBSTTEST: WIE SICHER BIST DU WIRKLICH?

1: Ich habe grundsätzlich Angst vor viel Veränderung.

☐ Stimmt 3 Punkte
☐ Stimmt eher 2 Punkte
☐ Stimmt nicht 1 Punkt

2: Ich liebe es, wenn ich mich im Urlaub verlaufe oder verfahre. So mache ich die interessantesten Erfahrungen

☐ Stimmt 1 Punkt
☐ Stimmt eher 2 Punkte
☐ Stimmt nicht 3 Punkte

3: Wenn ich ein Projekt verfolge, glaube ich an mich, auch wenn andere Menschen Zweifel äußern.

☐ Stimmt 3 Punkte
☐ Stimmt eher 2 Punkte
☐ Stimmt nicht 1 Punkt

4: Wenn ich mich in (m)einem gut bezahlten Job langweilen würde, wäre das Gehalt Grund genug zu bleiben.

☐ Stimmt 1 Punkt
☐ Stimmt eher 2 Punkte
☐ Stimmt nicht 3 Punkte

5: Mir fällt es aktuell sehr schwer, Sicherheit in mir zu finden.

- ☐ Stimmt — 1 Punkt
- ☐ Stimmt eher — 2 Punkte
- ☐ Stimmt nicht — 3 Punkte

6: Ich kann Dinge loslassen und schmeiße gerne Sachen weg.

- ☐ Stimmt — 3 Punkte
- ☐ Stimmt eher — 2 Punkte
- ☐ Stimmt nicht — 1 Punkt

7: Ich bin tolerant anderen Meinungen gegenüber.

- ☐ Stimmt — 3 Punkte
- ☐ Stimmt eher — 2 Punkte
- ☐ Stimmt nicht — 1 Punkt

8: Ich lasse mich auf Anregungen von anderen Menschen ein, verstehe diese aber nicht als Kritik.

- ☐ Stimmt — 3 Punkte
- ☐ Stimmt eher — 2 Punkte
- ☐ Stimmt nicht — 1 Punkt

9: Wenn ich an einem Punkt bin, wo ich mit Schwierigkeiten umgehen muss, zweifle ich an meinem Vorhaben.

- ☐ Stimmt — 1 Punkt
- ☐ Stimmt eher — 2 Punkte
- ☐ Stimmt nicht — 3 Punkte

10: Ich bin in einem guten Kontakt zu meiner Intuition.

- ☐ Stimmt — 3 Punkte
- ☐ Stimmt eher — 2 Punkte
- ☐ Stimmt nicht — 1 Punkt

11: Wenn ich essen gehe, probiere ich lieber neue Gerichte aus, anstatt mein Lieblingsgericht zu wählen.

- ☐ Stimmt 3 Punkte
- ☐ Stimmt eher 2 Punkte
- ☐ Stimmt nicht 1 Punkt

12: Ich finde den Umgang mit Unvorhersehbarem eher schwierig.

- ☐ Stimmt 3 Punkte
- ☐ Stimmt eher 2 Punkte
- ☐ Stimmt nicht 1 Punkt

13: Ich kann nur eine bestimmte Zeit durchhalten, wenn es mal Durststrecken gibt.

- ☐ Stimmt 3 Punkte
- ☐ Stimmt eher 2 Punkte
- ☐ Stimmt nicht 1 Punkt

14: Ich kenne meine Berufung.

- ☐ Stimmt 3 Punkte
- ☐ Stimmt eher 2 Punkte
- ☐ Stimmt nicht 1 Punkt

Auswertung:

Zähle alle Punkte zusammen und schau, wo du dich wiederfindest.

1 bis 13 Punkte:

Stufe 1: Du bist ehrlich zu dir selbst, und das ist prima! Leider traust du dir noch nicht. Du sabotierst Veränderungen und blockst die Wachstumseinladungen deiner Seele weitestgehend ab. Hast du Lust, das zu ändern?

14 bis 25 Punkte:
Stufe 2: Du lässt Veränderung zu, aber zu deinen Bedingungen. Deiner Intuition traust du leider noch nicht in dem Maße, das es braucht, damit du mühelos das Leben gestalten kannst, das zu dir passt. Ich wette, dass du dich immer wieder fragst, warum du zum wiederholten Mal an derselben Stelle frustriert wirst, obwohl du doch schon so viel tust? Vertrauen ist gut, Kontrolle ist besser. Das hast du vielleicht so gelernt. Der Glaubenssatz bringt dir keine Sicherheit, er bringt dir Stagnation.

26 bis 33 Punkte:
Stufe 3: Du folgst bereits deinem intuitiven Wissen und setzt deine Eingebungen sogar schon in die Tat um. Wenn du immer mal wieder erlebst, dass dein Vorhaben kurz vor dem Ende scheitert und dir der nötige Glaube an dich selbst fehlt, sei gut zu dir! Druck hilft jetzt nicht. Überlege, wie du einerseits dein Vertrauen in dich und deine Ziele vergrößern und andererseits deine Intention noch klarer machen kannst. Du bist auf dem richtigen Weg!

34 bis 42 Punkte:
Stufe 4: Herzlichen Glückwunsch zu deiner Selbstwirksamkeit und deiner intuitiven Sicherheit. Du bist ein Meister oder eine Meisterin. Viel Freude bei deinem nächsten Wachstumsschritt!

HINTERGRUND: INTUITIVE SICHERHEIT KREIEREN

Das alte oder herkömmliche Konzept von Sicherheit enthält eine starre oder statische Komponente, auch wenn es die Persönlichkeitsentwicklung – also eine Bewegung – als Idee einschließt. So ist auch das alte Bild von Erleuchtung ein starres. Erleuchtung als ein singuläres Erlebnis, das auf einer einzigartigen bewusstseinserweiternden

Einsicht beruht, die das ganze Leben schlagartig verändert, mag für manche Menschen zutreffend sein. Aber ich glaube, dass die Fähigkeit, erleuchtet zu sein und ein erleuchtetes Leben zu führen, jedem Menschen gegeben ist und dass es für mindestens die meisten von uns, die wir nicht in kontemplativer Abgeschiedenheit leben, einen bewussten Prozess braucht, um die Mensch-Seele-Kommunikation nicht nur zu erleben und zu benennen, sondern für ein erfülltes Leben umzusetzen.

Fallbeispiel: Jana W., Intuitionstrainerin, Unternehmerin, Projektleiterin

»Seit ich denken kann, wusste ich, dass ich in Afrika leben will. Ich hatte kein kognitives Wissen dazu, aber es war mir immer klar. Alle haben mich gefragt, ob ich verrückt bin, als so junge Frau und völlig unorganisiert und unvorbereitet nach Ostafrika zu gehen, aber ich wusste einfach, dass es das Richtige für mich ist. In Afrika waren meine körperlichen Schmerzen auch fast durchgehend weg. Ich habe mich immer so wohlgefühlt, auch in mir selbst. Ich wusste dort einfach immer: Egal, was passiert, ich bin in mir, und in mir bin ich sicher.

Natürlich habe ich in Afrika auch einige Extremsituationen erlebt. Einmal fuhr ich in einem Taxi durch Daressalaam, als der Taxifahrer plötzlich die Strecke änderte, in einem Vorort anhielt und drei Männer einstiegen. Sie bedrohten mich und sagten ganz direkt: ›Du überlebst das hier nicht.‹ Sie nahmen mir alles weg, meine Papiere, mein Geld, mein Handy, alles. Und ich blieb trotzdem völlig ruhig. Ich wusste, ich muss versuchen, irgendwie ihr Mitgefühl zu erreichen.

Mein Großvater hatte mir als Talisman für meine Reisen einen kleinen Schutzengel aus Messing geschenkt, den ich immer bei mir hatte. Ich holte den Engel raus und sagte: ›Schau mal, dieser Engel ist mir heilig. Mein Großvater hat ihn mir geschenkt. Ich gebe euch mein Heiligstes, wenn ihr mir bitte nichts tut und mir nur meinen Pass und mein Handy zurückgebt. Bitte.‹ Sofort veränderte sich die Energie in dem Auto. Die Männer sprachen kurz miteinander. Dann gaben sie mir alles zurück, sogar meine Kreditkarte. Sie gaben mir schließlich sogar Geld zurück, sie behielten nur die Hälfte! Dann fuhren sie mich in die Innenstadt, entschuldigten sich bei mir und ließen mich unversehrt aussteigen. Auch den Engel ließen sie mir.

Über die Schulung meiner intuitiven Wahrnehmung habe ich schließlich auch verstanden, dass mein Wunder-Erlebnis in Afrika genauso wenig ein Wunder war wie meine schmerzhafte und kontinuierliche Unfreiheit-Erfahrung in Deutschland. Die Energie in der Erde Ostafrikas entspricht meiner Essenz einfach sehr, also meinem Freiheitsbedürfnis und meiner großen Naivität, die in Deutschland immer belächelt wurde und wird. ›Ich mache das einfach mal, und es wird schon gut werden‹ – so ticken die meisten Ostafrikaner, so schwingt die Erde hier. Und so bin ich auch. Dadurch konnte ich in den vielen ›gefährlichen‹ Situationen hier in Kenia – das Erlebnis im Taxi war nicht das einzige! – immer bei mir bleiben. Ich wusste immer, es würde gut werden, weil ich sicher bin, wenn ich in meiner Essenz und auf Seelenebene bin. So war es immer, und ich weiß, so wird es auch in Zukunft sein.«

Die intuitive Sicherheit und das intuitiv erleuchtete Leben fußen auf dem bewussten Umgang mit dem Energiegesetz des »Panta rhei«, dass Energie immer in Bewegung ist. Sie beschreibt eine kreisförmige, nie endende Bewegung.

In einem intuitiven Leben ist Wachstum ein Kontinuum. Dieses Kontinuum zu kennen, ihm zu vertrauen und es immer wieder aufs Neue zu meistern, ist die Grundlage intuitiver Sicherheit. Wenn du in einem Zustand bist, der dem des alten Sicherheitskonzeptes gleicht – du bist sicher, kennst dich aus, weißt, was dich in deinem Leben erwartet –, wird dir deine Seele einen Wachstumsimpuls senden. Dieser Impuls kommt aus der hoch schwingenden Energiewelt und wird zunächst kognitiv nicht fassbar sein.

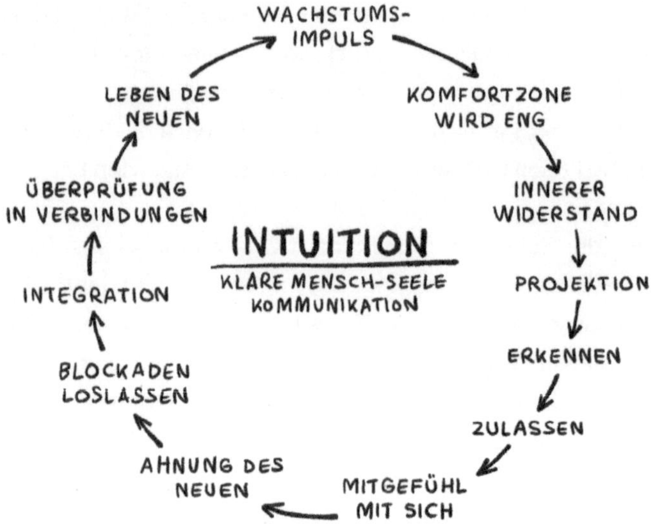

Vielleicht hast du eine inspirierende Begegnung, einen aufrüttelnden Traum oder eine Idee, die wie »aus dem Nichts« auftaucht. Wenn dein Zustand über einen längeren Zeitraum statisch ist, wird es immer einen Impuls geben, der dich in den folgenden Schritt einlädt.

Du spürst also in einem Zustand, in dem du dich über längere Zeit wohlgefühlt hast, ein Unwohlsein. Das ist der Moment, in dem du die Grenzen der bisherigen Komfortzone wahrnimmst. An sich ist dieser Moment ein positiver Zustand, denn du erfährst, dass du sicher bist in dem, was du bisher erreicht hast, dass du eine solide Basis dafür geschaffen hast, um im Wortsinne über dich hinauszuwachsen.

Weil wir alle aber so darauf trainiert sind, dass Sicherheit gleichbedeutend mit einem unveränderten Zustand ist, ist dieser Moment oft eine innere Herausforderung. Wir haben quasi Widerstand gegen uns selbst. Wenn du deinem Widerstand glaubst und diese Einladung ignorierst, wirst du relativ bald eine Konsequenz spüren. Vielleicht wirst du unzufrieden, traurig, niedergeschlagen oder gereizt sein. Wenn du diesen Spiegel nicht verstehst, ist es wahrscheinlich, dass die Begegnungen heftiger werden. Vielleicht begegnen dir aggressive Menschen, oder du wirst in einen Streit oder sogar einen Unfall verwickelt.

Wenn du die Einladung weiterhin ignorierst und deinen Widerstand nicht annimmst und bewegst, sondern projizierst, wirst du wahrscheinlich in ein lautes oder stilles Drama hineinrutschen, dann findet die Heftigkeit in dir selbst statt, und du wirst neidisch und schließlich sogar missgünstig und abwertend anderen Menschen gegenüber.

Nimmst du die Einladung deines höchsten Selbst, deiner Seele, an und lässt das größere Bild deines Selbst zu, entsteht eine Hinwendung zu dir selbst, ein friedliches Momentum, in dem oft Gefühle eine Rolle spielen. Vielleicht lässt du alten Schmerz gehen, kannst eine alte Erfahrungsebene, die dir bisher im Weg stand, loslassen und dir selbst vergeben. Darüber kannst du das freilegen und erkennen, was in dir nun ins Licht möchte, also Teil deines Lebens werden will. Vielleicht geht es um Sichtbarkeit, eine Gefühlsebene, ein zu eng gewordenes Selbstbild, das du jetzt loslassen kannst; um einen Umzug, eine Trennung oder eine Hochzeit; um die Veränderung deiner Ernährungsgewohnheiten oder um die Heilung eines Traumas, das deiner Entwicklung bisher im Weg stand.

Worum es in diesem Wachstum auch immer gehen mag, die Annahme ist der erste Schritt für die Umsetzung des größeren Bildes. Die Annahme schenkt dir die Sicherheit, nun in die Manifestation zu gehen. Auch wenn du den Prozess noch nicht kognitiv beschreiben oder fassen kannst, also noch keine Kontrolle im herkömmlichen Sinne über deine Entwicklung hast, hast du jetzt über die Annahme einen friedlichen und damit intuitiv sicheren Zustand erreicht. Du vertraust deiner Seelenkommunikation – auch wenn du noch nichts verstehst.

Dies ist der Moment, in dem deine Veränderung auch für das Außen sichtbar wird – für deine Liebsten und generell die dich umgebenden Menschen und Systeme. Weil alle Menschen vom alten und starren Sicherheitskonzept geprägt sind, wirst du in dieser Phase oftmals Widerstand von außen erfahren. Die Menschen, die dir nahe sind, bekommen unbewusst Angst, dich zu verlieren, und reagieren vielleicht bewertend oder aggressiv auf deine Veränderung.

Wenn du in der Lage bist, die intuitive Sicherheit zu halten, diesen Widerstand von außen nicht reaktiv als Ablehnung einstufst, bei dir bleibst und gleichzeitig die Verbindung mit den dir wichtigen Menschen hältst, bist du bereits in der Manifestation deines neuen, größeren Selbst angekommen. Jetzt hast du den Zustand erreicht, in dem du ernten kannst, was du hast wachsen lassen. Diese Phase ist häufig von innerem und äußerem Erfolg, Zufriedenheit und Glücksmomenten geprägt. Genieße diese Zeit! Denn es wird nicht lange dauern, bis dir deine Seele den nächsten Wachstumsimpuls schickt …

Diesen Prozess zu kennen, ihm zu vertrauen und ihn immer wieder aufs Neue meistern zu können, ist die Basisvoraussetzung für dein »Seele leben« und die intuitive Sicherheit.

TYPISCHE FALLSTRICKE IN DER ENTWICKLUNG DER INTUITIVEN SICHERHEIT

Natürlich ist jeder Wachstumsprozess einzigartig, und doch gibt es zwei klassische Fallstricke in Bezug auf Sicherheit, die ich während der Trainings regelmäßig erlebe:

- die Erwartung, dass das Außen mitgeht (Isolationsgefühle auf die Beziehung projizieren) und
- Leistungsdruck (Pushen, Tempo, Ergebnis).

DIE ERWARTUNG, DASS DAS AUSSEN MITGEHT

Wenn wir uns verändern – was durch das Intuitionstraining relativ schnell spür- und sichtbar wird –, verlieren wir oft erst einmal eingespielte Passungen mit unseren nächsten Beziehungen.

Das kann sich unterschiedlich auswirken: Vielleicht reibst du dich plötzlich an scheinbaren »Kleinigkeiten«, magst bestimmte Beziehungsrituale nicht mehr, lehnst Kompromisse ab, die du bisher eingegangen bist, verlangst authentische Kommunikation dort, wo du früher bereit warst zu schweigen etc. Die Möglichkeiten sind unendlich.

Was passiert ist? Dein Selbstbild hat sich verändert. Du weißt klarer als noch wenige Wochen vorher, wer du wirklich bist. Und wer du nicht (mehr) bist. Dir ist das völlig klar, auch der Weg dorthin ist dir klar. Aber deiner Partnerin oder deinem besten Freund wird das überhaupt nicht klar sein, denn in den seltensten Fällen beginnen Paare oder Freundinnen das Intuitionstraining gemeinsam. Du bist ein/eine plötzlich anderer/andere in einer womöglich schon lange bestehenden Verbindung, in der ihr euch »kennt«. Für dich ist die Situation schwierig, denn du hast in eurer Verbindung eine klarere Wahrnehmung von dir selbst als noch vor Kurzem. Du kannst deine Wahrnehmung aber nur bedingt mit deinem Partner oder deiner Freundin teilen, denn auch wenn er/sie es versteht, fehlt die Erfahrung.

Diese Momente im Wachstum können Gefühle von Isolation und Einsamkeit auslösen. Und je nachdem, wie gut – oder schlecht – du bisher mit diesen Gefühlen umgehen konntest, kann es sein, dass du unbedingt möchtest, dass dein Umfeld sich auch verändert. Dahinter steckt der Wunsch nach gemeinsamer Entwicklung in ähnlichem Tempo und nach einem gemeinsamen Weg. Dieser Wunsch ist natürlich verständlich und nachvollziehbar, entspricht aber in den meisten Fällen nicht der Realität.

Für deinen Freund oder deine Partnerin ist die Situation schwierig, weil du dich veränderst und er/sie sich dadurch in eurer Beziehung, egal ob Freundschaft oder Liebesbeziehung, zumindest eine Zeit lang nicht mehr sicher fühlt. Wenn er/sie nicht ein sehr bewusster Mensch ist, wird er/sie aufgrund der Verunsicherung Verlustangst bekommen und darauf reagieren. Je nach Persönlichkeitsstruktur kann so eine Reaktion unterschiedlich ausfallen: Rückzug, beleidigt, aggressiv, manipulativ, traurig sein …

Bis ihr einen neuen Status quo gefunden habt, liegt es bei dir, Verständnis und Bewusstsein in die Verbindung zu bringen. Du hast die Tools, für die Gefühle von Einsamkeit und Isolation in dir liebevoll zu sorgen, dein Gegenüber wahrscheinlich nicht, denn sonst würde er oder sie ja nicht so aus der Unsicherheit heraus reagieren.

Selten ist die Reaktion wirklich destruktiv. Verständnis, Erläuterung oder deine aktive Bemühung um eine neue Basis wird sukzessive eine neue Stabilität in eure Verbindung bringen, die lebendiger sein wird als vorher – einfach weil du lebendiger bist. Manchmal ist es allerdings nicht so, und durch deine Veränderung fällt auf, dass die Verbindung dich nicht unterstützt oder blockiert hat. Wenn du mehr du selbst wirst, erkennst du schnell, ob du eine Beziehung nur aus Unsicherheit führst. Du wirst es nicht mehr tolerieren, schlecht behandelt zu werden, nur um nicht allein zu sein.

Wir sind soziale Wesen und unsere Verbindungen sind wesentlich und wichtig für uns. Die Hinwendung zu deinem höchsten Selbst wird dich natürlich verändern. Lass die Menschen, die dir wichtig sind, an deiner neu gewonnenen Sicherheit teilhaben. Nicht, indem du von ihnen erwartest, dass sie sich mit verändern und am besten im selben Tempo, sondern indem du in Verbindung bleibst und deine neu gewonnene Sicherheit vorlebst. Das nimmt Druck raus für euch beide, und die Herzen können so wieder weit werden.

LEISTUNGSDRUCK

Wir leben im Kapitalismus und in einer Leistungsgesellschaft. Egal wie bewusst wir sind, wir alle sind davon geprägt. Wenn du beginnst, intuitive Sicherheit zu entwickeln und in dein Leben zu integrieren, kann es sein, dass du mit deinem Anspruch an dich selbst, deinen Wachstumsprozess vorhersehbar und kontrollierbar, womöglich linear zu gestalten, in Konflikt gerätst.

Erfahrungsgemäß dauert die Veränderung und Entwicklung bei allen Menschen, die ihre Intuition trainieren, zu Beginn länger, als sie es sich wünschen. Diese Frustration wiederholt sich so lange, bis der Anspruch daran, ein Ziel zu erreichen, der Freude und Freiheit am und im Prozess gewichen ist. Wie lange das dauert? Du kannst den Prozess nur beschleunigen, indem du die Erwartung loslässt, das Tempo deines Prozesses möge anders sein, als es ist. Klingt paradox. Gerade für die Sicherheit ist Übung und Dranbleiben an deinen Prozessen alles.

Auch die Absichtslosigkeit lässt sich üben, und sie macht schließlich richtig Spaß, denn die Erleuchtungsmomente, die nur dann entstehen, wenn es dir gelingt, Freiheit und Akzeptanz in genau die inneren Knoten hineinzubringen, in denen du dich vorher immer gepusht hast, sind so schön entspannend und wertschöpfend. Auch wenn du in einem intuitiven Leben häufig kognitiv nicht weißt, warum, wann und wie – intuitiv zu wissen, dass es gut ist und wird, dass der Weg der richtige ist, das setzt so viel Kreativität und Zuversicht frei, es bringt so viel Freude und echte Sicherheit. Intuitives Leben ist erfülltes und freies Leben. Und es ist jedem Menschen möglich. Auch dir.

EPILOG: DU BIST GOTT – ALSO BENIMM DICH AUCH SO

Die Robbe taucht auf und sieht uns an, mich und meinen Hund. Eine ganze Weile ertasten wir gegenseitig unsere Energien und staunen. Die Insel auf der mein Lieblingsmensch, unsere vier Hunde und ich gerade sind, ist an diesem Wintermorgen in klirrend kaltklare Luft getaucht.
Die Farben der Nordsee sind nahezu überirdisch schön. Ich denke an diesem frühen Strandspaziergang an dich, liebe Leserin, lieber Leser. Ich frage mich, wie es für dich war, das Buch zu lesen. Ob du dich gesehen gefühlt hast? Ob du dich, zumindest in Teilen, erkannt hast? Ich frage mich, ob du berührt bist? Nicht nur von den Geschichten der verschiedenen Menschen und von meiner Geschichte. Vor allem frage ich mich: Bist du berührt von dir selbst und der Fülle an Möglichkeiten, die das Wiederentdecken deiner Intuition, der Stimme deiner Seele, dir bietet? Vielleicht hast du beim Lesen etwas wiedergefunden, was lange vergessen war? Vielleicht fühlst du dich ermutigt, dir (wieder) zu glauben? Das hoffe ich aus tiefstem Herzen.

»Du bist Gott – also benimm dich auch so.«
Das war die erste Idee, die ich für den Titel dieses Buches hatte – vor über zehn Jahren. Damals habe ich das erste Mal wahrgenommen, dass die zunehmende Popularität der Beschäftigung mit Spiritualität und Bewusstsein eine Schattenseite hat. Nicht nur der Weg zur Erleuchtung wurde zu einer Konsumware, vor allem wurden illusionäre Abkürzungen als Weg zur Erleuchtung angepriesen. Diese Angebote erweitern das Bewusstsein nicht, sie führen nicht zu Heilung und Wachstum, sondern sie betäuben, lenken ab und verhindern so letztlich die Eigenmacht der Menschen. Das Versprechen der Abkür-

zung zur Erfahrung der eigenen Göttlichkeit hat gerade jetzt, in den unruhigen Zeiten, die wir erleben, eine enorme Verführungskraft. Neben den Kriegen, dem Klimawandel und der bröckelnden Wirtschaft ist der Umgang mit KI die entscheidende Herausforderung, die vor uns liegt.

Wir Menschen sind unfassbar beeindruckende Lebewesen. Unser Potenzial als Spezies wahrhaft anzunehmen, darin liegt die große Chance der Krise, in der wir uns gemeinsam und global befinden.
Über unsere Intuition erfahren wir die Verbundenheit mit der gesamten Menschenfamilie, und die Herausforderung verliert ihre einschüchternde Größe und ihren Schrecken. Denn die Veränderung, die wir brauchen: weg von dem Prinzip der Ungleichheit und des »Macht über« hin zu verbundenem und selbstverantwortlichem Handeln auf allen Ebenen des gesellschaftlichen Lebens im Großen genauso wie im Kleinen, wird über das intuitive Leben Realität.
Ich lade dich ein, dich (wieder) in deinem ganzen Sein wertzuschätzen, anzunehmen und die Stimme deiner Seele für wahr zu nehmen. Unterschätze die Bedeutung deines Seins nicht. Du bist wichtig. Es kommt auf dich an.

Ich sende dir einen Gruß aus diesem zauberhaft schönen Wintermorgen und bedanke mich von Herzen für dein Sein.
Alexandra

REGISTER

VERZEICHNIS DER ÜBUNGEN